Werner Simpfendörfer

Ernst Lange

Versuch eines Porträts

Wichern-Verlag

Die Deutsche Bibliothek - CIP-Einheitsaufnahme

Simpfendörfer, Werner:
Ernst Lange : Versuch eines Porträts / Werner Simpfendörfer. –
2., durchges. Aufl. – Berlin : Wichern-Verl., 1997
ISBN 3-88981-107-8

2., durchgesehene Auflage
Satz: Wichern-Verlag, Berlin
Druck: Color-Druck Dorfi GmbH, Berlin
Buchbinderei: Lüderitz & Bauer-GmbH, Berlin
ISBN 3-88981-107-8

Herz des Wandrers

Nur streunen
durch festgebaute Häuser
bleib Gast in den Unterkünften
die das Leben anbietet.

Behalt das Herz des Wandrers
Schütz deine Sehnsucht.

Hüllen

wieviel sind nötig zum Überleben
und
überlebt deine Freiheit in ihnen ...

Laß selbst Schönheit
wenn sie festhält.

Schlaf nicht zu lang
in gesicherten Wänden

Haus
hab
als Zelt.

Behalt das Herz des Wandrers

niste nur ein als
Zugvogel
sehnsüchtig nach anderem Land.

Gisela Dreher-Richels

Den Freunden: Hans Jürgen und Karin Schultz
Hildburg Kindt

Viele haben mir geholfen, dieses Buch zu schreiben. Ihnen gilt mein bleibender Dank – allen voran:
Ursula A. Merck, Ulrich Kabitz, Heiko Rohrbach, Roman Roessler, Peter Heilmann, Wolfgang Huber.
Ausdrücklich erwähnen möchte ich auch: Karl-Heinz Dejung, Albert van den Heuvel, William B. Kennedy, Peter Kraske, Georg F. Pfäfflin, Philip A. Potter, Konrad Raiser, Helmut Ruppel, Theo Vogt, Rudolf Weckerling, Christa Werner-Weiß, Ralph C. Young, Jörg Zink.

Boll, im November 1996 *Werner Simpfendörfer*

Inhalt

Jenseits vom Nullpunkt?

Herkünfte und Anfänge (1927 bis 1945)

Er hieß Ernst Karl Jakob Lange, geboren am 19. April 1927 in München. So das Register der Fremdenpolizei in Genf vom Januar 1968. Es vermerkt auch den Namen des Vaters: „Der verstorbene Professor der Psychiatrie Johannes Lange". Die Mutter wird nicht erwähnt – auch nicht in dem von Ernst Lange selbst verfaßten, dem Weltkirchenrat eingereichten Lebenslauf. Ihr Name war Kaethe Silbersohn. Sie entstammte einer jüdischen Kaufmannsfamilie in Gumbinnen/Ostpreußen. Johannes Lange und Kaethe Silbersohn hatten zwei Kinder, Ursula (1922) und Ernst (1927). Die Ehe der Eltern von Ernst Lange wurde im Jahr der Nürnberger Rassegesetze 1935 geschieden. Der Vater heiratete wieder und hatte mit seiner zweiten Frau Herta, geborene Cosack, noch eine Tochter, Jutta (1937). Ernst und seine fünf Jahre ältere Schwester Ursula fanden Aufnahme im Landschulheim Schondorf am Ammersee in Bayern.

Kindheit unter Schatten

Mit dem Eintritt in Schondorf hatte Ernst Lange eine Kindheit hinter sich, die unter Schatten gelegen hatte. Die Mutter, die ihren Beruf als Ärztin in Pasing bei München mit Hingabe ausübte, hatte ihre erfolgreiche Praxis aufgegeben, als Ernst sich ankündigte. Der Vater, damals noch Oberarzt in der Psychiatrischen Abteilung des Schwabinger Krankenhauses, lebte die Woche über in einem Zimmer seiner Klinik. Am Wochenende kam er selten nach Hause. Als Schüler des Münchener Psychiaters Emil Kraepelin, der die universitäre Psychiatrie begründet hatte, konzentrierte sich Johannes Lange voll und ganz auf seine wissenschaftlichen Arbeiten. Später schrieb er ein Lehrbuch der Psychiatrie, das ein Standardwerk wurde. Vielleicht hat er seinem Sohn nahegebracht und vorgelebt, daß erst eine akademi-

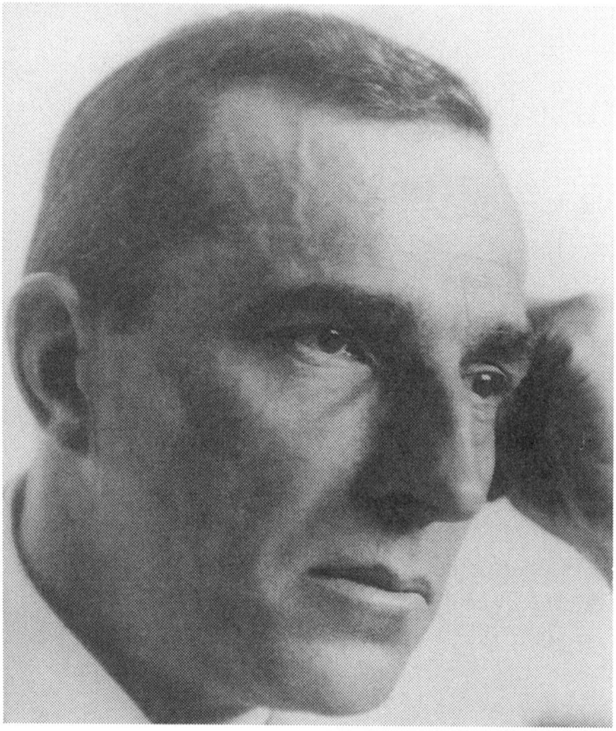

Ein Schatten auf dem Bild des Vaters.
Johannes Lange

sche Laufbahn, die von einer Professur gekrönt wird, das Leben lebenswert macht. „Der Mensch beginnt mit der Habilitation", bemerkt Ernst viel später einmal gegenüber einem Freund ironisch. Unter solchen Umständen konnte ein Geist des „Hauses Lange" schwerlich entstehen, zumal das Gespräch zwischen den Eltern nach und nach versiegte. Ein Familienleben hat es so gut wie nicht gegeben – keine gemeinsamen Feste, keine gemeinsamen Ferien, keine Ausflüge. Erst nach der Scheidung ist der Vater mit den beiden Kindern in die Ferien an Nord- und Ostsee gefahren. Sein deutschnational eingestelltes Elternhaus – der Großvater Lange († 1917) war Pädagoge gewesen – hatte die Verbindung des Sohnes mit einer Jüdin mißbilligt. Familiäre Spannungen hatte es schon während Johannes Langes Studienzeit gegeben, als er über die eigene Familie eine psychologische Studie anfertigte und sie auch noch veröffent-

Wählte den letzten Ausweg.
Kaethe Silbersohn

lichte. 1930 erhielt Johannes Lange einen Ruf auf den Psychiatrischen Lehrstuhl der Universität Breslau, den zwanzig Jahre vor ihm Karl Bonhoeffer, der Vater von Dietrich Bonhoeffer, innegehabt hatte. Zugleich wurde er Direktor der Psychiatrischen Klinik, die Karl Bonhoeffer seinerzeit geleitet hatte. Johannes Lange, der eine Röntgenstation einrichten wollte, schlug seiner Frau vor, sich als Röntgenärztin ausbilden zu lassen. Kaethe Lange-Silbersohn nahm dazu einen Anlauf, aber der Versuch scheiterte. Mitten in ihrer Ausbildung kam das Berufsverbot der Nazis für die Juden. Damit zerbrach nach Jahren der Entfremdung auch die Chance einer Zusammenarbeit der Ehepartner. Es kam zur Scheidung. Niemand weiß genau, wer die Initiative dazu ergriffen hat. Ursula Merck, die Schwester Ernst Langes, ist überzeugt davon, daß die Mutter die Scheidung angeboten hat. Sie habe eine weitere katastrophale Entwicklung für

Die ganze Welt lag zu seinen Füßen.
Ernst Lange, um 1932

die Juden in Deutschland erwartet. Ihre Familie sollte wegen der jüdischen Ehefrau beziehungsweise Mutter keinen Repressalien ausgesetzt sein. Für sich selbst sah Kaethe Lange-Silbersohn damals noch eine Chance in der Auswanderung. Dem rückblickenden Urteil legt sich nahe, Johannes Lange für die Scheidung verantwortlich zu machen. Er war in der stärkeren Position, vor allem wenn man das Jahr der Scheidung, 1935, bedenkt. Ernst Lange hat unter diesem Schatten auf dem Bild des Vaters lebenslang gelitten. „Er war aber kein Feigling", sagt Ernsts Schwester heute. „Er hat sich nach Kaethe Langes Tod dem Gespräch mit seiner Schwiegermutter gestellt."

Nach der Scheidung ging die Mutter mit den beiden Kindern 1935 nach München zurück, wo sie in einer schönen Neubauwohnung zurückgezogen lebten. Die Mutter verwandte jetzt ihre ganze Kraft auf die Möglichkeit, nach Amerika zu gehen. Sie hatte vor, dort

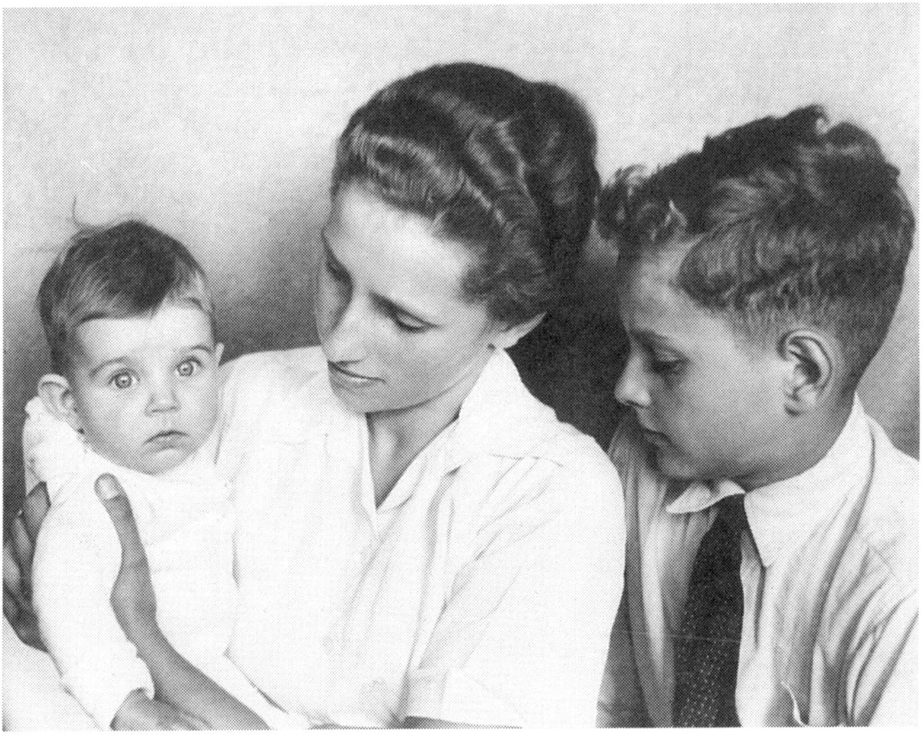

Fast eine Familie. Jutta – Ursula – Ernst, um 1937

ihr Medizinstudium zu wiederholen und die Kinder vielleicht nachreisen zu lassen. Daß mit Hitler Krieg kommen würde, war den Eltern Lange schon früh klar geworden. Obwohl ihr eine alte, in Amerika lebende Freundin bereits das Affidavit besorgt hatte, das ihr dort die Türen geöffnet hätte, gab Kaethe Lange auf. Während der Sommerferien 1937 – die Kinder waren in Breslau beim Vater – wählte sie den letzten Ausweg. Sie nahm sich das Leben. Johannes Lange, der seine Frau in München beerdigte, starb im Jahr darauf am „Bang'schen Bazillus" – einer Krankheit, „an der man normalerweise nicht stirbt", wie Ursula Merck heute erklärt. Sie will damit wohl andeuten, daß Johannes Lange sich möglicherweise über sein Verhalten und dessen Folgen schwerste Vorwürfe gemacht hat. Da aber waren die beiden Kinder schon längst in Schondorf.

Der Schondorfer

Schondorf gehört zum Verbund der von Hermann Lietz 1898 begründeten deutschen Landschulheime. Einrichtungen wie Schloß Salem, die Odenwaldschule, der Birklehof, die evangelische Urspringschule und die Zinzendorfschulen der Herrnhuter Brüdergemeine zählen dazu. Diese Schulen erlebten ihre Blütezeit in den zwanziger Jahren. Impulse der Jugendbewegung flossen ebenso ein wie der allgemeine Aufbruch der Reformpädagogik. Ganzheitliche Erziehung und musische Bildung gehörten zu den Grundelementen des Erziehungsprogramms, das auch gewisse Mitsprache- und Mitverwaltungsrechte der Schüler kannte. Ernst Lange hat in späteren Jahren unter Kollegen gelegentlich von diesem aufgeschlossenen Klima begeistert erzählt. Seine eigenen pädagogischen Entwürfe waren zweifellos von der positiven Jugenderfahrung mit bestimmt. Im allgemeinen waren es Kinder wohlhabender Eltern, die in diesen Internaten Aufnahme fanden. Daneben vergab die Schule auch etliche Stipendien.

Ernst Lange ist also in einer reformpädagogischen Atmosphäre aufgewachsen. Gründer und Leiter des Schondorfer Landschulheims waren das Pädagogenehepaar Ernst und Julie Reisinger. Sie kümmerten sich intensiv um den Jungen, der nach den Gesetzen des Nazistaates als „Mischling ersten Grades" galt. Da sie Gegner des Nationalsozialismus waren, nahmen sie auch Kinder anderer jüdischer Eltern auf. Diese Einstellung und Praxis sollte sie eines Tages Amt und Haus kosten. Julie Reisinger stammte aus der Kerschensteiner-Familie, die in der Welt der Reformpädagogik berühmt war. Sie war eine Cousine des Vaters Lange. Diesen hielt sie „für einen der gescheitesten Menschen, den ich kenne". Ihre Tochter, Hedwig Theisen, erinnert sich noch nach Jahrzehnten daran, daß sie sich immer etwas vor Johannes Lange gefürchtet habe, „denn er hatte etwas Düsteres". Ihr ist auch im Gedächtnis, daß „Tante Kaethe" wiederholt mit der Familie in Schondorf zu Besuch war. Julie Reisinger holte den Jungen oft zum persönlichen Gespräch in ihre Wohnung, während seine Kameraden in der Hitlerjugend ihren „Dienst" taten. Dort war Ernst „unerwünscht" und ausgeschlossen. Die menschliche Zuwendung und die Gespräche mit der hochgebildeten und

Julie und Ernst Reisinger

Internat als Heimat. Das Landschulheim Schondorf am Ammersee heute

anregenden Tante mögen für den Jungen wohltuend gewesen sein und allerlei positive Eindrücke hinterlassen haben. Gleichwohl litt er unter der von den Rassegesetzen der Nazis erzwungenen Ausgrenzung aus dem Kreis der Mitschüler. Einer seiner Klassenkameraden, Alexander Kayser, erinnert sich, daß „auch im sogenannten Dritten Reich in Schondorf der Zeitgeist spürbar war, und sicher hätte man ihn noch mutiger in Frage stellen können. Aber immerhin wurden wir damals von den Erziehern nicht indoktriniert. Manche regten uns zum Hinterfragen an, so daß viele von uns, natürlich auch unter dem Einfluß der Elternhäuser, eine kritische Distanz zum Faschismus entwickeln konnten." Bei seinen Mitschülern war Ernst beliebt. Es bildeten sich Schulfreundschaften. Er war ein hervorragender Sportler, ein temperamentvoller Schauspieler, und sein

Abgangszeugnis bescheinigte ihm, einer der besten Klavierspieler der Schule zu sein, zu der etwa zweihundert Schülerinnen und Schüler gehörten. In jener Zeit erwachte sein Wunsch, Pianist zu werden.

Gelegentlich galt er als eingebildet, „zu sehr von sich eingenommen", wie in seinen Zeugnissen vermerkt ist. „Das Urteil mancher seiner Kameraden ist verständlich", wird Hedwig Theisen später schreiben. Sie hatte als junge Lehrerin die Gruppe betreut, zu der auch Ernst Lange gehörte. „Ernst war seinen Altersgenossen in der menschlichen Entwicklung weit voraus. Er war ein besonderes Kind." „Ich habe tatsächlich kein Kind gesehen, was strahlender, was bezaubernder gewesen wäre als mein Bruder", versichert Ursula Merck. „Die ganze Welt lag zu seinen Füßen – nicht so sehr die Eltern." Die hätten sich gelegentlich sorgenvoll darüber unterhalten, ob es dem Kind wohl auch gut bekomme, so bewundert zu werden. Als dieses „besondere Kind" an Ostern 1937 in das Landschulheim Schondorf aufgenommen worden war, hatte es zum ersten Mal über dem Hauptportal die Worte gesehen, die es noch lange begleiten sollten: Non scholae sed vitae discimus (nicht für die Schule, fürs Leben lernen wir).

Während Ursula das Landschulheim nach dem Abitur 1939 verließ und zur Stiefmutter nach Berlin zog, wuchs Ernst immer tiefer in das Leben und in die Gemeinschaft der „Schondorfer" hinein. Später spricht er von diesem Internat gelegentlich als von seiner „Heimat". In Schondorf wuchs ihm in vielfältiger Weise zu, was er als Kind zu Hause entbehrt hatte und nun mit allen Fasern aufsog. Helmuth James Graf von Moltke, der zwanzig Jahre vor Ernst Lange Schüler in Schondorf gewesen war, urteilte später darüber, er habe dort die Einengung des Individuums durch ein Kollektiv erlebt: „Ich habe von Anfang an in einer Gegnerschaft zu der Masse der Mitschüler gestanden ... es gelang einigen Gleichgesinnten und mir, wenigstens in unserer Klasse erfolgreich gegen diesen Landschulheimgeist anzukämpfen." Ernst Lange hätte dieses Urteil wohl nicht bestätigt, zumal es sich auf eine ganz andere geschichtliche und pädagogische Konstellation bezog. Er machte vielmehr die Erfahrung eines reichen geistigen, kulturellen und handwerklichen Angebots, das seine Begabungen herausforderte und zur Entfaltung kommen ließ. In nahezu allem war er Primus. Als er 1943 das Heim verlassen mußte, nahm er ein phänomenales Abgangszeugnis mit, das fast nur die Note „sehr gut" aufweist. Er lernte freiwillig Spanisch und erwarb bei einem hervorragenden Neuphilologen ausgezeichnete Englischkenntnisse. Sie sollten ihm wenige Jahre später den Weg in die internationale Welt erleichtern und ebnen. Eine Kommilitonin aus den Studienjahren, Sigrid Lehrecke, wird später nicht ohne Neid erzählen, Ernst sei ihr seiner guten Englischkenntnisse wegen als Jugenddelegierter für die Vollversammlung des Weltkirchenrats in Evanston 1954 vorgezogen worden. Auch später verbesserte er seine Englischkenntnisse ständig und verfaßte eines seiner wichtigsten Bücher 1970 in Genf auf Englisch.

Frontstadt Berlin

Anfang 1942 fand in Berlin die berüchtigte „Wannsee-Konferenz" statt. Dort wurde die „Endlösung der Judenfrage" beschlossen – die vollständige Vernichtung der Juden. Bis dahin waren die Kinder aus sogenannten Mischehen aufgrund eines Göring-Erlasses von 1938 als „privilegiert" eingestuft worden, „wenn sie nicht im jüdischen Glauben erzogen wurden". Daher hatten die Reisingers die Lange-Geschwister in Schondorf aufnehmen können. Nun hob die „zweite" und „dritte Endlösungskonferenz", am 6. März und am 27. Oktober 1942, den Göring-Erlaß auf: Auch „Mischlinge ersten Grades" waren jetzt nicht mehr „privilegiert". Nun waren Ernst Langes Tage in Schondorf gezählt. Er mußte zur Stiefmutter nach Berlin übersiedeln. Der Fünfzehnjährige bereitete sich darauf vor und schrieb an die Schwester:

Nun gib bloß die Hoffnung nicht auf, daß noch mal alles gut wird, auch wenn jetzt nicht alles klappen sollte. Ich glaube so fest an ein schönes Leben, und es ist wirklich kein Grund zum Verzagtsein ...

In Berlin hatte die Stiefmutter eine Lehrstelle in einem Feinoptikerlabor ausfindig gemacht. Zwar war es infolge der Wannsee-Beschlüsse „Mischlingskindern" nicht mehr erlaubt, eine höhere Schule zu besuchen. Es war aber möglich, eine Lehre zu absolvieren. Der Chef, den Ernst Lange später als Kommunisten beschrieb, war bereit, ihn unter seine Fittiche zu nehmen. Die Arbeitskollegen akzeptierten ihn und mochten den eifrigen Jungen bald gut leiden. Doch Ernst wurde zunächst von einer heftigen Gelbsucht überfallen, die ihn wochenlang ans Bett fesselte. Es mag sein, daß sich der Körper gegen die gewaltsame Verpflanzung aus der vertrauten, ja geliebten Welt von Schondorf wehrte. An seine Arbeit zurückgekehrt, fühlte er sich unter den Kollegen aber recht wohl und schrieb an Ruth Kraft, eine Schulfreundin aus Schondorfer Tagen, häufig darüber. Eines Tages schickte er ihr eine von ihm selbst geschliffene Linse „als Talisman".

Mit der Stiefmutter kam es bald zu heftigen Auseinandersetzungen. Ihre Schwester, Wanda Wilcken, eine warmherzige Baltin, verhinderte ein emotionales Unglück, indem sie Ursula und Ernst kurzerhand bei sich aufnahm. Ihre Wohnung befand sich in der Schwäbischen Straße 21 im Berliner Westen. Nun lebten sie einige Monate lang in einer Atmosphäre von Herzlichkeit und Wärme. Aber im November 1943 ging die Wohnung der Tante während eines Bombenangriffs in Flammen auf. Um Haaresbreite entgingen die Geschwister einer Katastrophe, indem sie durch ein Loch in einer Brandmauer in den Keller des Nachbarhauses schlüpfen konnten. Im allgemeinen Gedränge verloren sie einander, fanden sich aber nach Stunden des Umherirrens zwischen den brennenden Häusern in einer Kirche wieder. Für einige Tage konnten sie in dem Ausweichquartier der Neurologischen Klinik Zuflucht nehmen, in der die Stiefmutter arbeitete. Dann kam als Retter aus der Not ein Studienfreund des Vaters: Hugo Spatz war Professor und Direktor des Kaiser-Wilhelm-Instituts für Hirnforschung. Er hatte seine Familie nach Bayern evakuiert und nahm die beiden in seiner Dienstwohnung nahe dem Institut am Stadtrand von Berlin auf. Ursula erinnert sich, daß in dem großen Zimmer, das sie bewohnten, ein Flügel stand – „er hat uns buchstäblich das Leben gerettet". Ernst spielte Klavier und begleitete Ursula, die Lieder von Hugo Wolf und Franz Schubert sang. „Es war unsere glücklichste Zeit." Zwar hatte Ernst nun einen längeren Weg zur Arbeit – er mußte noch vor Tagesanbruch aus dem Haus und kehrte erst spät zurück. Aber sie waren am Stadtrand relativ sicher und auch dem Blick der Behörden entzogen, wenngleich die Angst blieb, doch noch von der berüchtigten „Organisation Todt" erfaßt zu werden. Sie holte Leute wie Ernst Lange, um

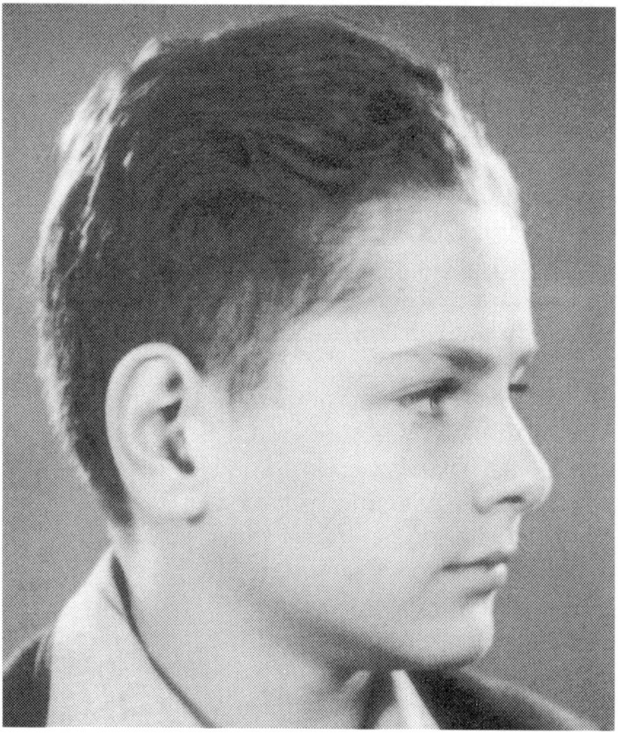

In der Hitlerjugend unerwünscht.
Ernst Lange, um 1937

sie bei nicht ungefährlichen Arbeiten hinter den Fronten einzusetzen.

Lutz Rosenkötter, heute Psychiater in Frankfurt, erinnert sich: „Wir lebten beide damals auf dem Gelände des Kaiser-Wilhelm-Instituts für Hirnforschung in Berlin-Buch, und unsere Lage war insofern die gleiche, als wir beide ‚jüdische Mischlinge ersten Grades' waren und beide unsere Schulen hatten vorzeitig verlassen müssen. Ernst lebte bei der zweiten Frau seines Vaters, die nach meiner Erinnerung Neurologin war und mit der er sich nicht besonders gut verstand. Diese hatte wohl in dem Institut für Hirnforschung gearbeitet. Ich war nach einer Gestapohaft in Dresden im Februar 1945 anläßlich der großen Luftangriffe freigekommen, konnte mich nach Berlin durchschlagen und bei einem Mitarbeiter des Instituts untertauchen und dort bis Kriegsende bleiben ... Wir verbrachten die chao-

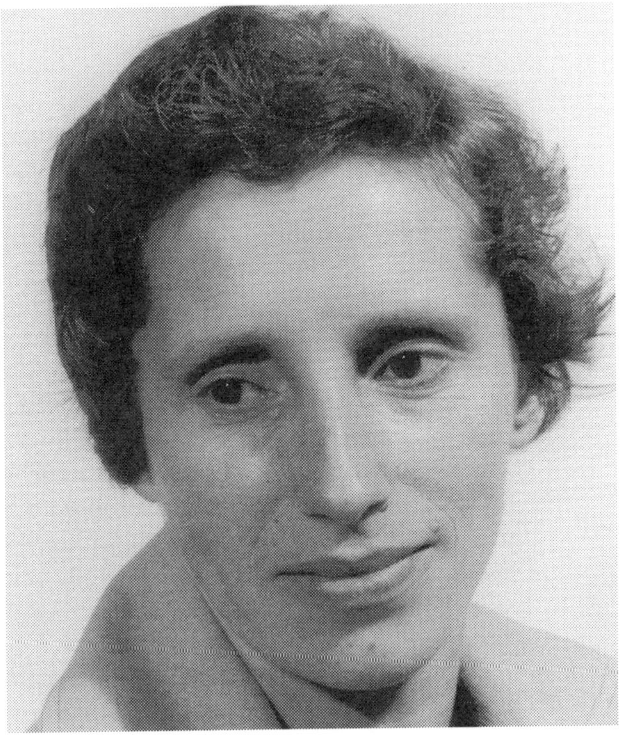

Nach dem Abitur zur Stiefmutter nach Berlin. Ursula Lange, um 1940

tische Zeit des Einmarsches der Roten Armee auf dem Institutsgelände, wo wir relativ geschützt waren ... Mit Ernst habe ich mich noch gelegentlich getroffen, unsere Wege gingen aber dann auseinander ... Durch meine damalige Mitgliedschaft bei der SPD und bei den sozialistischen Studenten gab es hier noch Querverbindungen."

Aus dem lebhaften Briefwechsel, den Ernst Lange nach seinem Abschied von Schondorf mit seiner Schulfreundin Ruth führte, erfahren wir, mit welcher Intensität er in den turbulenten, bedrohlichen und zugleich glücklichen Jahren in Berlin gelebt hat. Sogar ein Hauch von Familienleben entsteht, als „Onkel Spatz" anfängt, am Sonntagmorgen mit den beiden zu frühstücken. Die Geschwister verbringen die Tage im Auge des Orkans. Über den weiten Weg zur Arbeit und nach Hause war Ernst keineswegs unglücklich – im Gegenteil. Die vier Stunden täglicher Fahrt waren für ihn Lesezeiten, in denen er Literatur aller Art verschlang: den „Grünen Heinrich“ von Gottfried Keller ebenso wie Goethes Gespräche mit Eckermann. Solange es noch möglich war, nutzten die Geschwister jede sich bietende Gelegenheit, Theater und Konzert, Matineen und Lesungen zu besuchen. Ausführlich, manchmal geradezu hingerissen erzählt Ernst der Brieffreundin von Aufführungen mit Käthe Dorsch und Hermine Körner, Ewald Balser und Will Quadflieg, Horst Caspar und Victor de Kowa. Als einer der großen Mimen einmal Balladen und Gedichte des von ihm hochverehrten Friedrich Schiller vorträgt, meinte Ernst, Schiller hätte sich keinen besseren Interpreten wünschen können. „Ganz im Geheimen“ läßt er Ruth wissen, daß er beschlossen habe, Schauspielunterricht zu nehmen. Er läßt sich von ihr die Schondorfer Theateraufführungen schildern, nimmt Stellung, wie dieses oder jenes Stück inszeniert werden müßte und wer von den Kameraden für die und die Rolle bestimmt nicht geeignet sei. Er würde gerne Schauspieler werden – „aber das ist nur eine von den zwanzig oder dreißig Ideen, die ich im Kopf habe ...“

Das Glück, das Berliner Kulturleben zu genießen, findet ein Ende, als der Krieg näherrückt und die Luftangriffe sich intensivieren: die Theater werden geschlossen. Stark beeindruckt berichtet Ernst davon, daß manche Schauspieler sich nicht hindern lassen, aufzutreten – sie tun das aber ohne Kostüme und ohne Requisiten. Nur das Wort und dessen Vortrag bleiben. Ernst meint, daß sich hier ein epochaler Wandel auf der Bühne anbahne. Im Ende wird für ihn ein neuer Anfang sichtbar. An Ruth schreibt er:

Man muß über jede Stunde, die einem Freude bringt, dankbar sein, denn Ruth, darüber dürfen wir uns, glaub ich, keinen Illusionen hingeben, es wird eine Zeit kommen, die uns so tief in den Dreck wirft, daß wir froh sein können, wenn er nicht über uns zusammenschlägt. Aus dem Chaos, das der Zusammenbruch jeder alten Ordnung notwendig zur Folge hat, werden ein paar Menschen erstehen und aus ihrem Glauben eine Form schaffen, in der sich eine neue Ordnung entwickeln kann. Und zu dem Kreis dieser paar Menschen müssen wir uns berufen fühlen, demgemäß müssen wir einen Weg finden, der uns vom Chaos frei macht. Dazu sind wir aber wohl noch nicht tief genug gefallen. Das klingt wahnsinnig pathetisch, aber Du siehst daran, womit ich mich hauptsächlich beschäftige und wie ich mir meine Aufgabe gestellt sehe.

Hin und wieder läßt Ernst eine Bemerkung fallen, daß ihm sein Status als ausgeschlossener und ausgegrenzter „Mischling" zu schaffen macht. Nicht aus Freude am Krieg, wohl aber aus Solidarität mit seinen Schulkameraden bedauert er immer wieder, nicht Soldat werden zu können. Er – die Landratte – wäre gern zur Marine gegangen. Gelegentliche Treffen mit durchreisenden Schulkameraden, die an die Front müssen, machen ihm Freude, sind es doch Gelegenheiten, Schondorfer Erinnerungen auszutauschen. Nachrichten über gefallene Freunde erschüttern ihn. Als er hört, daß Ernst und Julie Reisinger von den Nazis gezwungen worden waren, Schule und Dorf zu verlassen, schreibt er an Ruth: „Nun also ist Schondorf tot!" Er bittet die Freundin, dafür zu sorgen, daß die Schulfahne gerettet wird. Er nennt sich einen „Schondorfer" und trägt sich mit dem Gedanken, die Geschichte der Schondorfer Jahre aufzuschreiben. „Es ließe sich da ja so viel Schönes und Befruchtendes sagen, wenn man nur einigermaßen die Fähigkeit hat, es lebhaft und lebendig darzustellen ..." Der sich steigernde Bombenkrieg und die wachsende Inanspruchnahme durch die Arbeit haben ihn dazu nicht mehr kommen lassen.

Und dann gerät das Kaiser-Wilhelm-Institut in die Reichweite der Luftangriffe. Ursula konnte im März 1945 Berlin noch mit einem Nachtzug in Richtung Bayern verlassen. Sie folgte einem wochenlangen Drängen des Bruders und der Bitte ihres Freundes, Eberhard Brockhaus, den sie im Juni 1945 geheiratet hat. Ihr Mann starb zwei Jahre später. Im März 1949 heiratete sie Emanuel W. Merck und ließ sich in Darmstadt nieder.

Ernst Lange und Lutz Rosenkötter blieben im Kaiser-Wilhelm-Institut zurück. In Schützengräben des Parkes überstanden sie die Bombenangriffe. Auch Ernst Langes Stiefmutter lebte mit ihrer damals achtjährigen Tochter Jutta im Institut. Jutta erinnert sich daran, wie sehr sie in dieser Zeit Ernst bewundert habe: Er habe mit der Dreijährigen geturnt, der Fünfjährigen wollte er das Klavierspiel beibringen und nahm sie mit dem Fahrrad an die Havel mit.

Fliegen lernen

oder: Von der Meisterung des Lebens (1945 bis 1955)

Am 8. Mai 1945 endete der Zweite Weltkrieg mit der bedingungslosen Kapitulation der Deutschen Wehrmacht. Berlin lag in Schutt und Asche. Dies war die Stunde der Befreiung von der Naziherrschaft. Es war auch die Stunde der Befreiung für Ernst Lange. Ein neues Leben begann. Lutz Rosenkötter schreibt: „Wir beide nahmen den Schulbesuch im Juli 1945 wieder auf, nachdem wir erfahren hatten, daß spezielle Klassen für Kriegsteilnehmer und rassisch Verfolgte eingerichtet worden waren, die zum Abitur führen sollten ... Nach einigen Wochen beschloß ich, wieder in meine alte Schule zurückzukehren, und konnte 1946 das Abitur machen, danach studieren."

Ernst Lange und Lutz Rosenkötter besuchten den „Sonderkurs zur Erlangung der Reife für rassisch Verfolgte", der im Gebäude der ehemaligen NS-Reichsjugendführung untergebracht war. Zu diesem Kurs gehörten Dietrich Rössler, später Mediziner und Theologieprofessor in Tübingen, mit dem er zeitlebens verbunden blieb, und Herbert Kundler, der später den RIAS-Jugendfunk leitete und mit Ernst Lange hin und wieder Rundfunksendungen produzierte. Außerdem war dabei Gerhard Löwenthal, der spätere „Rechtsausleger" des ZDF und Fernsehkommentator. Den Jugendträumen freilich, Pianist oder Schauspieler zu werden, gab Ernst Lange den Abschied. Jetzt entschied er sich dafür, Arzt zu werden.

Ein Gefühl der Zugehörigkeit

Doch auch aus dem Arztberuf, der ihn in die Welt seiner Eltern geführt hätte, wurde nichts. In dem Förderkurs für das Abitur begegnete ihm nämlich Beate Heilmann. Auch sie hatte das Schicksal eines „Mischlings ersten Grades" erlitten. Ihr Vater, Ernst Heilmann, war Jude und ein bedeutender Politiker gewesen. Der Fraktionsführer der

„An diesem Ort lebte von 1921 bis 1933 Ernst Heilmann, Vorsitzender der SPD-Fraktion im Preußischen Landtag und Mitglied des Reichstages bis 1933. Als Gegner des Nationalsozialismus wurde er 1940 nach siebenjähriger Haft in Buchenwald ermordet.“ Gedenktafel von Ludmilla Seefried-Matejkova, 1987

SPD im Preußischen Landtag galt als der „ungekrönte König Preußens“. Auch gehörte er der sozialdemokratischen Fraktion des Reichstags an und war kurz nach dem Ermächtigungsgesetz, dem die Sozialdemokraten ihre Zustimmung verweigert hatten, verhaftet worden. Ein grauenhafter Leidensweg führte ihn durch zahlreiche Konzentrationslager, darunter Plötzensee, Oranienburg und Dachau, nach Buchenwald, wo ihn der Lagerarzt der SS 1940 mit einer Giftspritze ermordete. Peter Heilmann, Beates Bruder, war 1943 ebenfalls in ein Arbeitslager eingewiesen worden. Kurz vor Kriegsende konnte er fliehen und überlebte im Berliner Untergrund.

Als Ernst Lange und Beate Heilmann sich kurz nach dem Ende des Krieges begegneten, trafen sich so zwei junge Menschen völlig unterschiedlicher Herkunft: die Tochter einer sozialdemokratischen Familie, groß geworden im politischen Widerstand, und der Sohn eines Arzthauses, erzogen im Internat eines Landschulheims für Sprößlinge wohlhabender Eltern, miteinander verbunden durch die leidvolle Erfahrung von „Mischlingskindern", die in ihrer Umwelt unerwünscht und aus der Gesellschaft ausgegrenzt waren.

Beate und Ernst freundeten sich an. Rasch entwickelte sich eine feste Bindung. Im März 1947 heirateten sie – drei Wochen ehe ihr erstes Kind Michael geboren wurde. Beate erinnert sich fünfzig Jahre später an Ernst als an einen „romantischen Jüngling".

Während er keine ständige Bleibe hatte, wohnte sie bei ihrer Mutter zusammen mit der älteren Schwester Eva in Wilmersdorf. Das Haus, in dem die Heilmanns vorher gewohnt hatten, wurde, wie Peter Heilmann mitteilt, „während der Kampfhandlungen im Mai 1945 total vernichtet". An der heutigen Brachvogelstraße 5 (Berlin-Kreuzberg) befindet sich eine Gedenktafel für Ernst Heilmann. Mutter Heilmann war Bezirksverordnete der SPD in Berlin-Wilmersdorf und arbeitete beim Landesvorstand der SPD. Ab Anfang 1950 war sie beim Entschädigungsamt des Berliner Senats tätig. Seit dem Tod Ernst Heilmanns war sie Oberhaupt der Familie. Doch die Erinnerung an das Schicksal und den Geist des ermordeten Vaters waren und blieben bestimmend.

In der Heilmann-Familie fand Ernst Lange Aufnahme und ein Zuhause. Hier hat er zum ersten Mal Familienatmosphäre erlebt, selbst gelernt, kaum zwanzigjährig, Familienvater zu sein. Er war voll akzeptiert, wenngleich eine gewisse Befremdung durch die unterschiedliche Herkunft und die gegensätzlichen Vätergeschichten im Spiel gewesen sein mochte. Ein in die Anfänge seiner Kindheit zurückreichendes Gefühl der Nichtzugehörigkeit hat ihn wohl immer begleitet. Im April 1974 wird er der Schwester seinen siebenundvierzigsten Geburtstag im Kreis seiner Familie schildern als „eine freundliche Erfahrung". Er wird einräumen, „daß ich mich bei dem Gedanken ertappte, daß ja doch eigentlich eine ganz nette und interessante Gruppe von Menschen herausgekommen ist". Er wird erzählen vom guten Essen, vom Spaziergang in den Herrenhäuser

In der Heilmann-Familie Aufnahme und ein Zuhause gefunden.
Peter Furth (Schwager), Magdalena Heilmann, Ernst Lange, Mitte 1957

Gärten, vom Kinobesuch („der Film nicht erfreulich, aber lohnend" – Lacombe Lucien) und von der guten Flasche Wein zum Schluß, um dann aber hinzuzufügen: „Daß das Gefühl der Zugehörigkeit, des Zugelassenseins nicht stabil wird, auch an solchen Tagen nicht, ist niemandes anderen Schuld." Dagegen schreibt Peter Heilmann: „Ich erinnere mich an eine ganz hervorragende Rede zum siebzigsten Geburtstag von Magdalena Heilmann (1964). Es gab in der ganzen Familie keinen Zweifel daran, daß es richtig war, daß Ernst Lange bei dieser Gelegenheit für die ganze Familie spricht."

Beate hatte Ernst öfters zu den Gottesdiensten der Berliner Stadtmission mitgenommen, wo ein Pastor Dannenbaum so eindrucksvoll predigte, daß Beate sich noch heute daran erinnert. Eines Tages habe Ernst erklärt: „Das wäre doch auch etwas für mich!" So wurde der Kontakt zur Kirche geknüpft. Ganz unvorbereitet traf ihn diese Begegnung mit ihr und ihrer Verkündigung freilich nicht. Johannes Lange hatte einen mit ihm befreundeten Breslauer Pfarrer, Georg Noth, zum Vormund seiner Kinder bestellt. Diesen verehrte Ernst sehr. Als er sich im September 1943 wieder einmal beim Vormund in Breslau aufgehalten hatte, hatte er der Freundin in Schondorf geschrieben:

Ich erlebe hier eine wunderbare Zeit. Neulich hörte ich sechs Konzerte, Spätwerke Bachs, die zum Schönsten gehören, was ich je gehört habe. Außerdem lebe ich in einem sehr anregenden Kreis, der, da mein Vormund Pastor ist, vorwiegend aus Pastoren oder doch Leuten besteht, die sich wenigstens mit dieser wichtigsten aller Fragen auseinanderzusetzen wagen (alle anderen sind nämlich dazu zu träge oder zu feige). Doch über unsere Gespräche und das, was ich hier alles gelernt habe, läßt sich schlecht berichten auf dem Papier.

Später konnte es freilich vorkommen, daß Ernst Beate im Spaß vorhielt, sie sei „schuld an seinem ganzen Unglück".

Daß er nach dem Zusammenbruch Deutschlands einen besonderen Beitrag leisten wollte, ja daß er einen Auftrag dazu in sich spürte, „aus dem Glauben eine Form zu schaffen, in der sich eine neue Ordnung entwickeln kann", hatte schon der Siebzehnjährige 1944 der Freundin in Schondorf auseinandergesetzt. Ernst Lange hatte damals von einer „Berufung" gesprochen. Es mag sein, daß er aus diesem Gefühl heraus nach dem Abitur 1946 zur allgemeinen Überraschung beschloß, Theologie zu studieren und sich an der Berliner Universität einzuschreiben.

Das überragende geistige Haupt der Theologischen Fakultät war damals der Systematiker Heinrich Vogel, ein enger Freund Karl Barths. Überhaupt sammelten sich von Anfang an die Männer und Frauen der „Bekennenden Kirche" in Berlin – namentlich die „Illegalen", die sich bald zum „Unterwegs"-Kreis zusammenfanden. Zu den führenden Köpfen dieser Gruppe zählte Eberhard Bethge, der Freund und Weggefährte Dietrich Bonhoeffers. Er war im April 1945 der Gestapohaft in Berlin entkommen. Ebenfalls gehörten dazu Wolf-Dieter Zimmermann, Winfried Maechler, Albrecht Schönherr – lauter ehemalige „Finkenwalder", die an den Kursen des Predigerseminars teilgenommen hatten, die Dietrich Bonhoeffer im Auftrag der Bekennenden Kirche organisiert und geleitet hatte. Eberhard Bethge wurde Ernst Langes Studentenpfarrer. Er begann schon damals, den Nachlaß Bonhoeffers zu sammeln und herauszugeben. Im Sommersemester 1947 hielt Bethge seinen ersten öffentlichen Vortrag über Bonhoeffer unter dem Titel: „Die Tat der freien Entscheidung" – ein Text, der die Grundlinien aller späteren Bonhoeffer-Darstellungen und -Interpretationen prägte. Ernst Lange hat ihn wahrscheinlich gehört. Ein prominenter Schüler und Freund Karl Barths, der französische Theologe Georges Casalis, der in Frankreich der Résistance angehört hatte, war als Militärpfarrer in Berlin. Auch er schloß sich sofort dem „Unterwegs"-Kreis an. Auf sein Betreiben und mit seiner tatkräftigen Unterstützung wurde bald die Zeitschrift „Unterwegs" gegründet. Casalis besorgte die Lizenz der Besatzungsmacht. „Unterwegs" erschien sechsmal im Jahr und veröffentlichte unter anderem die ersten Bonhoeffer-Texte.

Das also war die geistige Welt, in die sich der Theologiestudent Ernst Lange einarbeitete. Hier empfing er seine erste theologische Grundnahrung. Die Begegnung mit der Widerstandsgeschichte der Bekennenden Kirche und mit den Männern, die sie verkörperten, bestätigten und bekräftigten seinen Entschluß, Kirche und Theologie als Feld seiner Lebensarbeit zu wählen. Er blieb diesem Kreis einige Jahre hindurch eng verbunden und schrieb für „Unterwegs" mehrere Beiträge. Als junger Vikar vertrat er sogar ein halbes Jahr lang den Schriftleiter der Zeitschrift, Wolf-Dieter Zimmermann, der zu Studienzwecken nach Amerika ging.

Andererseits respektierte Ernst Lange den konservativen Bischof Otto Dibelius. Als er, wie kirchlich üblich, Beate dem Bischof als seine Braut vorstellen wollte, wies sie dieses Ansinnen zurück. Dibelius nahm ihr das keineswegs übel, sondern äußerte sich amüsiert zu dem Vorfall, als sie sich wenig später begegneten. Beate heute: „Er war richtig nett!" Ernst Lange war auch beeindruckt davon, daß der

Bischof ihn zusammen mit einigen anderen Ordinierten am Tag nach der Ordination zu einem persönlichen Gespräch einlud, um ihm für die Predigtarbeit gute Ratschläge zu geben. Doch ehe er die Hürde des Ersten theologischen Examens überwand und seinen kirchlichen Dienst als Vikar der Berliner Kirche antrat, machte er zwei Grunderfahrungen, die sein ganzes weiteres Leben nachhaltig prägen sollten. Er begegnete der Ökumene, und er traf den Freund, der ihn von der ersten Begegnung an ein Leben lang begleitete, ihn beriet, ihm beistand, seine Kämpfe, seine Krisen und seine Erfolge teilte. Ernst Lange stieß auf Alfred Butenuth.

Alfred, ich brauche dich

Alfred Butenuth, Jahrgang 1923 und also vier Jahre älter als Ernst Lange, stammt aus dem Ruhrgebiet. Nach dem Krieg hatte er zunächst als Maurer gearbeitet. Ernst Lange bewog ihn, das Abitur nachzumachen und Theologie zu studieren. In einem Vortrag im April 1992 erzählte Butenuth ihr erstes Zusammentreffen: „Zufällig weiß ich das Datum: Am 31. Oktober 1947 war ich abends auf dem Weg zum ‚Haus St. Michael' – Hamburg Blankenese. Bei dünnem Regen stand da im Schein einer der wenigen intakten Straßenlaternen ein junger Mann mit einem viel zu großen Koffer und einem viel zu großen Mantel. Schlanke Gestalt, schmales und blasses Gesicht, irgendwie vornehm, fast zart und verletzbar sah er aus. Ich wollte vorübergehen ... es stellte sich heraus, daß wir beide eingeladen waren, nach Schweden zu reisen, um das Wintersemester in der Heimvolkshochschule Sigtuna zu verbringen. An diesem Abend begann ein Gespräch, das für mich auch heute noch nicht aufhört." Alfred Butenuth und Sigtuna in Schweden: So begann eine lebenslange Freundschaft, der zwar noch zahlreiche andere Freundschaften folgen sollten – aber Alfred war und blieb Ernst Langes einzigartiges Gegenüber, Quelle und Zuflucht, Herausforderung und Kritik. „Alfred, ich brauche dich!" wurde zum geflügelten Wort, vor allem wenn wieder einmal eine kritische Situation zu bewältigen war. Und dann Schweden, ein Ursprungsland der ökumenischen Bewegung, Heimat Nathan Söderbloms, des schwedischen Erzbischofs und öku-

Alfred ist und bleibt der ruhende Pol.
Alfred Butenuth

menischen Pioniers der ersten Stunde. Er war es, der 1925 in Stockholm die „Bewegung für Praktisches Christentum" ins Leben rief. Ohne es damals zu ahnen, hatte Ernst Lange mit seinem Freund Alfred Butenuth bereits in jenem Herbst 1947 die Welt betreten, die er zwanzig Jahre später „mein Gelobtes Land" nennen sollte.

Während der Sigtuna-Wochen lasen die Freunde miteinander Bonhoeffers Buch „Nachfolge". Sie blieben nicht unter sich. Ruth Koehn, eine Berliner Studentin, und der Hamburger Hans Reimer Leptihn schlossen sich bald mit ihnen zu einem kleinen deutschen Freundeskreis zusammen. Zwischen Hans Leptihn und Ernst Lange entwickelte sich eine besondere Beziehung. Leptihn hatte unmittelbar nach Kriegsende in Hamburg ein Philosophiestudium aufgenommen und war dabei auf einen Nestor der deutschen Erziehungswissenschaft, den Philosophen und Pädagogen Wilhelm Flitner, gestoßen. Flitner, ein engagierter Anwalt der Erwachsenenbildung, hatte Leptihn das Stipendium für Sigtuna verschafft, um ihm, wie Leptihn heute erzählt, „Gelegenheit zu geben, Eindrücke von der schwedischen Erwachsenenbildung zu gewinnen. Sigtuna war auch im Zusammenhang der eindrucksvollen skandinavischen Volkshochschulen etwas Besonderes. Die ‚Sigtuna Folkshogskola' ist eine Gründung aus dem Umkreis der schwedischen ‚Jungkirchlichen Bewegung' ..." Tatsächlich hatte der spätere Bischof von Stockholm, Martin Björkquist, Sigtuna 1917 gegründet. Sigtuna gilt heute als die älteste „Evangelische Akademie" in Europa. Björkquist hatte „Abgeschlossenheit, Weitblick und Wachsamkeit" zu den Prinzipien dieses inzwischen weltberühmten Bildungsinstituts erhoben. Auf die Prioritätenliste seiner Konferenzarbeit hatte er schon 1917 den „Christlich-Marxistischen Dialog" gesetzt.

Hans Reimer Leptihn, der zunächst Leiter des Kirchenfunks beim Norddeutschen Rundfunk wurde, ging später selbst als Studienleiter in die Erwachsenenbildung. Ernst Lange ist ihm noch wiederholt in Hannover und Berlin begegnet und hat in den fünfziger Jahren ein bemerkenswertes Hörspiel für den Kirchenfunk des NDR geschrieben. Aus der Zeit in Sigtuna weiß Leptihn von eingehenden Gesprächen mit Alfred Butenuth und Ernst Lange zu berichten, die der Frage galten, „ob und wie das ‚Modell' Sigtuna uns in Deutschland als Vorbild dienen könne ... Die beiden Modelle der Heimvolksschule und der Tagungsstätte in Sigtuna erschienen uns als praktikable Möglichkeiten für die Idee eines ‚Durchgangsklosters', die uns damals sehr bewegte ... In Deutschland erwies sich dann die Akademietagung als die brauchbarste institutionalisierbare Form dessen, wozu uns das ‚Durchgangskloster Sigtuna' anregte, um die Vielfalt der Traditionen, Fach- und Lebensbereiche zur Begegnung und zum fruchtbaren Gespräch zusammenzuführen."

Sigtuna hat die Aufmerksamkeit Ernst Langes für die Erwachsenenbildung angeregt. Besonders beeindruckte die Freunde die Erfahrung des gehaltvollen und fruchtbaren Gemenges von intellektueller Bildungsarbeit, frömmigkeitsbestimmter Spiritualität und erfahrbarer Gemeinschaft. „Für uns, die jungen Deutschen", schreibt Leptihn, „war die ausgeglichene Atmosphäre der Volksheimschule Sigtuna von größter Anziehungskraft. Hielt sich doch die Schule von Gefahren der weltanschaulichen oder politischen Ideologisierung ebenso fern wie von einer einseitigen Betonung des Intellekts und einer nur instrumentell begriffenen Rationalität." Er fügt hinzu: „Ein Glücksfall schien uns zu sein, daß der damalige Rektor der Schule, Ingvar Sahlin, ein vielseitig begabter Pädagoge, Pfarrer und Musiker war ... Durch das große Gewicht, das die Musik im Leben der Schule spielte, aber auch durch die Rolle von Spiel, Tanz, Laientheater und so weiter wurde dem emotionalen Leben stärkere Entfaltung zuteil ... Durch das Zusammenleben in der internatsartigen Schulgemeinschaft wurde aber überhaupt dem emotionalen und sozialen Lernen auf die natürlichste Weise Rechnung getragen."

Ernst Lange, dem mittlerweile zwanzigjährigen Theologiestudenten, mögen manche Erinnerungen an die glücklichen Jahre in Schondorf aufgestiegen sein. Die internationale Prägung des Zusammenlebens in Sigtuna, verbunden mit seinem spirituellen Klima, haben darüber hinaus Eindruck und Einfluß auf sein pädagogisches Denken und Handeln späterer Jahre ausgeübt.

Auch mit der bereits erwähnten Ruth Koehn, Tochter eines Kinderarztes aus Berlin-Zehlendorf, hatte sich eine lebhafte Beziehung ergeben. Sie hatte wie Ernst Lange an der Humboldt-Universität studiert und kannte ihn aus der dortigen Studentengemeinde. Auch sie erhielt ein Stipendium für einen viermonatigen Studienaufenthalt in Sigtuna. Die beiden trafen sich beim Vorbereitungskurs im Haus „St. Michael" in Hamburg und freundeten sich rasch an. In einem vom 6. Dezember 1947 datierten Brief schildert Ruth Koehn den Eltern ihre etwas turbulente Ankunft in „St. Michael", wo sie sich zunächst „wie in einem Rausch" gefühlt habe. „Es war gut", fügte sie hinzu, „daß Herr Lange da war und mir ein wenig hineinhalf." In einem

Ernst schmiß alle Kaffeetassen um. Das Schulgebäude von Sigtuna

späteren Brief heißt es dann: „Mein Schwedenplan ist noch um eine Woche verschoben. Herr Lange hat sein Visum noch nicht, und wir wollen doch gern zusammen fahren. Wenn es bis Freitag (12.12.) nicht kommt, fahre ich allein. Schade ist, daß ich sicherlich nicht nach Sigtuna und nicht mit Ernst zusammen komme.“ Ruth Koehns Studienplatz war mittlerweile anderweitig besetzt worden, und sie mußte nach einem einwöchigen Aufenthalt in Sigtuna nach der nördlicher gelegenen Heimvolksschule Brunnsvik reisen. Doch zwischen Brunnsvik und Sigtuna entwickelte sich eine lebhafte Korrespondenz – teils brieflich, teils persönlich. Ruth Koehn schilderte ihren Eltern:

„Am letzen Tag, ehe das Semester aufhörte, kam Ernst. Das war ein richtiger Feiertag. Wir Deutschen saßen bis 12 Uhr zusammen, sangen deutsche Weihnachtslieder, malten und schrieben Weihnachtskarten für alle Hausgeister und hatten zum Schluß eine deutsche Andacht. Es war ein wunderschöner Abschied für mich von Sigtuna."

„Ich fahre heut abend mit dem Schlitten übers Eis nach Sigtuna, mit der Dänin zusammen, und kann mit Ernst und seinem Freund Alfred (Butenuth) zusammen das Jahr zuende bringen. Ich freue mich so darauf. Vorgestern war ich auch drüben, zum ersten Mal, und wir hatten eine so wunderbare deutsche Andacht vor einem von Ernst geschnitzten Holzkreuz. Um 11 Uhr bei herrlichem Mond auf dem glitzernden Schnee brachten sie mich nach Haus. Wir sangen in den Schneewind hinein. Ernst wußte so viele schöne Gedichte, und das Eis krachte, daß es über den ganzen See hallte. Es war herrlich! (Alle Sigtunaer Küchenmädchen und sonstigen weiblichen Wesen sind verknallt in Ernst und, wie Ihr merkt, habe ich Verständnis dafür.)"

„Ich hatte eine wunderschöne Neujahrsnacht. Die Dänin, eine Schwedin und ich ‚sparkten' um ½ 9 übers Eis nach Sigtuna. Sparks sind Schlitten, auf denen man hinten stehen kann und mit einem Fuß abstoßen. Das geht herrlich (Federskizze anbei).

In der Schule war zuerst Konzert und Kaffee und um ½ 12 Kirche. Sahlin selbst predigte, und es wurde ein schöner Anfang im neuen Jahr. Aber das schönste war unsere deutsche Andacht, zu dritt, in der Jungsbude. Da wart Ihr alle bei uns und wir bei Euch und Christus in uns, und wir spürten ein wenig, was seine Kraft vermag. Ganz hell war der Mond, als wir um 2 Uhr wieder übers Eis gingen, sangen und froh und dankbar waren.

Gestern waren die Jungs und ein dänisches Mädchen aus Sigtuna hier in meinem Zimmerchen. Die reizende Friherrinna hatte mir Kaffee und Kekse gegeben. So hatten wir es doll gemütlich mit Kerzen und meinem Weihnachtsbäumchen und einem Licht vor Euren Bildern. Wir sangen viel, in 3 Sprachen; das schwedische Mädchen und meine Dänin waren natürlich auch da. Es war ganz doll schön, so als Menschen zusammenzukommen über Sprach- und Landesgrenzen hinweg.

Ernst schmiß unter anderem alle Kaffeetassen um, zerbrach aber Gott sei Dank keine und fühlte sich dann erst richtig wohl. Ihm war die ganze adlige Atmosphäre hier scheußlich ..."

Ein paar Wochen später erreichte Ruth Koehn ein Brief von Ernst Lange aus Sigtuna, datiert vom 12. Februar 1948:

Meine liebe Ruth! Wir haben uns schrecklich über Deinen Brief gefreut und haben ein entsprechend schlechtes Gewissen, daß wir so lange nichts haben von uns hören lassen. Du mußt uns halt glauben, daß wir sehr oft an Dich gedacht haben und nicht aus bösem Willen so lange geschwiegen haben. Das Leben ist hier wirklich derart intensiv, daß man kaum zum Schnaufen kommt. –

Ach Ruth, manchmal bin ich ein bißchen traurig, daß wir diese herrliche Zeit nicht zusammen erleben können. Wir kennen uns doch eigentlich erst ein paar Tage, und doch habe ich das Gefühl, als gehörten wir ganz eng zusammen. Unsere Männergruppe könnte das weibliche Element ganz gut gebrauchen, trotzdem wir ganz gut hinkommen und richtig zur Gemeinschaft gehören.

Es vergeht kein Tag, an dem wir nicht auf irgendeine Weise reicher werden. Ob es nun die herrlichen Lektionen beim Rektor oder bei Halbeck, ob es die gemeinschaftlichen Unternehmungen mit den Eleven oder die Sonnabende im stora salon sind, immer werden wir so beschenkt, daß wir es manchmal gar nicht alles vertragen können.

Kurze Zeit nach Schulbeginn haben wir unsere Morgenwachen wieder aufgenommen. Wir stehen also jetzt immer eine halbe Stunde früher auf und versammeln uns in der Kapelle. Abends ist die Sache ja leider nicht möglich. Da müssen wir eben jeder für sich beten. Schon seit Wochen haben wir vor, wenigstens einmal die Woche eine deutsche Stunde mit Gesang und Bibelarbeit zu machen. Aber erst diesen Sonnabend kommt es zum ersten Mal dazu. Wir hatten in den letzten drei Wochen soviel mit Vorbereitungen für die jeweiligen Sonnabendveranstaltungen zu tun, daß einfach keine Zeit mehr war.

Alfred ist und bleibt der ruhende Pol in unserer kleinen Gemeinschaft. Ich bin, zu meiner Schande muß ich es gestehen, viel zu wenig ausgeglichen, um der Gruppe das sein zu können, was sie eigentlich bräuchte. Außerdem habe ich schrecklich viel mit einem persönlichen Problem zu kämpfen, das mich recht unruhig und, wie ich fürchte, manchmal launisch macht.

Übrigens bin ich jetzt viel mit Hans Leptihn zusammen, der nach Alfred hier für mich der Nächste ist. Unser Verhältnis ist natürlich scheußlich gebildet und philosophisch ...

Eins aber hoffe ich sehr, Ruth, daß unsere Bekanntschaft nicht zuende ist, wenn wir wieder in Deutschland sind. Ich habe schon daran gedacht, ob wir nicht gemeinsam an irgendeine Arbeit in der Jugendarbeit gehen wollen.

Der Weg hinein in Theologie und Kirche

Ernst Langes Weg vom „Berg“ in Sigtuna führte zunächst wieder zurück ins „Tal“ des Theologiestudiums: Berlin und später Göttingen hießen die Stationen. In den theologischen Fakultäten Deutschlands war die Luft erfüllt vom Streit um die Rolle der Kirche und vor allem der Theologieprofessoren während der Zeit der Naziherrschaft. Die Stimme Karl Barths beherrschte die Diskussionen. Sie löste Konflikte unter Professoren und Studenten aus. Der von den Nazis 1935 aus Bonn Vertriebene – Autor des Barmer Bekenntnisses – war schon 1946 auf einer Reise durch das zerstörte Deutschland auch nach Berlin gekommen, um die alten Freunde aus der Bekennenden Kirche wieder zu sehen. In Göttingen lehrten zwei der engsten Vertrauten Barths: Ernst Wolf und Hans-Joachim Iwand.

In Berlin war am 29. Januar 1946 die Friedrich-Wilhelm-Universität (ab Februar 1949 Humboldt-Universität) im sowjetischen Sektor wiedereröffnet worden. Unter Anleitung der SMAD (Sowjetische Militäradministration in Deutschland) begann ihre Umgestaltung. Das führte zu einer Änderung der Zulassungsbestimmungen und zur Einschränkung der studentischen Selbstverwaltung. Im April 1948 wurden die Mitglieder der Studentenvertretung Otto H. Hess, Otto Stolz und Joachim Schwarz relegiert. Nach öffentlichen Protesten führte dieses Ereignis zum Auszug einer größeren Anzahl von Studenten, die im Dezember 1948 im amerikanischen Sektor Berlins die Freie Universität gründeten. Ernst Lange, der in den Fakultätsrat der Theologischen Fakultät gewählt worden war, unterzeichnete am 14. Juni 1948 eine an den Rektor der Universität gerichtete Protestresolution: „Ew. Spektabilität!

...

Der Fakultätsrat der theologischen Fakultät schließt sich dem Protest der zurückgetretenen Mitglieder des Studentenrates an. Die

Unterzeichnenden lehnen es unter den gegebenen Umständen ab, Mitglieder einer Körperschaft zu sein, die nur dazu dient, den Schein einer demokratischen Selbstverwaltung aufrechtzuerhalten. Sie legen unter Protest ihr Amt nieder und geben ihr Mandat an die Studentenschaft zurück.

Herr stud. theol. Ernst Lange ist als Mitglied des Fakultätsrates zwar gewählt, aber noch nicht von Magnifizenz bestätigt. Er bittet jedoch, von einer Bestätigung Abstand nehmen zu wollen und sich durch seine Unterschrift diesem Schreiben anschließen zu dürfen.
Mit vorzüglicher Hochachtung!
gez. Waltraut Rabes
Aribert Jentsch
Ernst Lange."

Mit seiner Unterschrift unter diesen förmlichen Protest hat sich Ernst Lange als einundzwanzigjähriger Student zum ersten Mal in der politischen Öffentlichkeit zu Wort gemeldet. Es war der Beginn einer entschiedenen politischen Einmischung, die er zeitlebens immer wieder bei markanten Anlässen geübt hat. Das hat ihn wiederholt mit seiner Kirche in Konflikt gebracht. Ernst Lange blieb Student der Friedrich-Wilhelm-Universität, da in Berlin nur dort ein Studium der Theologie möglich war.

In Göttingen erreichte ihn dann nach einjähriger Pause wieder ein Brief von Ruth Koehn. Sie schrieb ihm aus Lund, und er bedankte sich mit einer Antwort vom 22. Februar 1949. Der Brief gibt nicht nur Aufschluß über Ernst Langes weiteren Weg, sondern vermittelt zugleich ein anschauliches Bild des damaligen studentischen Lebens, besonders der Evangelischen Studentengemeinde, in der sich Lange nachhaltig engagierte:

Meine liebe Ruth! Du glaubst wohl kaum, wie sehr wir uns über Deinen lieben Brief gefreut haben. Alfred und Michel und ich waren ordentlich traurig über diese abgerissene Verbindung. In Berlin habe ich ein paarmal bei Dir angerufen, erfuhr dann auch von dem Umzug Deiner Familie, aber über Dich konnte ich nichts erfahren und dachte schon, Du seist wegen irgend etwas eingeschnappt.

Auch ich habe die Weihnachtszeit über viel an Dich und unsere schöne Zeit zusammen denken müssen. Ich bin auch dies Weihnachten wieder von meiner Familie getrennt gewesen, aber diesmal gab es statt des aufregenden Anstandes und der vielen lieben Menschen nichts wie pausenlose, angestrengte Arbeit, oft 20 Stunden täglich, damit zwischen Weihnachten und Ostern 50 das Examen steigen kann. In Berlin ist an Arbeit jetzt natürlich nicht zu denken, darum habe ich halt noch einmal die Koffer gepackt, diesmal mit schwerem Herzen und schlechterem Gewissen als das letzte Mal ...

Ich bin so froh, daß Du Anschluß an die schwedische Studentengemeinde hast. Hier in Göttingen ist die Studentengemeinde eines der aktivsten Elemente des ganzen Universitätslebens. Die akademischen Gottesdienste sind jeden Sonntag überfüllt, man kann mit 1200–1500 Studenten rechnen, für Deutschland eine enorme Zahl, wenn man bedenkt, daß die ganze Uni nur 4500 Studenten zählt. Bibelstunden und Kleinkreise sind ähnlich besucht, jede Woche ist Abendmahl, und im übrigen hat die Gemeinde jeden Abend in der Woche eine Veranstaltung, häufig die besten, die man hier geboten bekommt.

Eine umfangreiche Sozialarbeit, nur von Studenten geleistet, bringt mittellosen Studenten wirkliche Hilfe. Dem entspricht, daß die hiesige theologische Fakultät, derzeit die beste in Deutschland, durchaus mit den Ton angibt. Sie steht von der Wahlbeteiligung bei den Astawahlen bis zur Ausgestaltung ihrer Semesterbälle durchaus an erster Stelle. Man sollte so etwas in Deutschland kaum für möglich halten und muß sich natürlich hüten, irgendwelche voreiligen Schlüsse daraus zu ziehen.

Ich selbst wohne in einem Wohnheim der evangelischen Studentengemeinde und leite den dazugehörigen Hauskreis. Im übrigen aber kenne ich nichts als Arbeit und die Sehnsucht nach Berlin. Es studiert sich hier ideal, aber ich glaube, ich werde froh sein, wenn ich wieder in Berlin bin, nicht nur, weil ich meine Familie dort habe.

... Schreib' bald mal wieder, Ruth, wir wollen die Verbindung nicht wieder reißen lassen. Ma sa gott! Nar kommer Du tillbaka?

Gott segne Dich! Ernst.

1947 hat Ernst Lange Hermann Berger kennengelernt. Dieser hatte zunächst ebenfalls Theologie studiert, wurde aber später Sozialpädagoge. Er war Mitglied der Bekennenden Kirche vom Tag ihrer Gründung in Dahlem an gewesen. Seit 1933 hatte er die Leitung des Bibelkreises in Berlin-Charlottenburg inne, der dem Bund Deutscher Bibelkreise angehörte. Nach seiner Rückkehr aus der Kriegsgefangenschaft war Hermann Berger gebeten geworden, wieder die

Jugendarbeit zu übernehmen. Ernst Lange kam häufig in die Wohnung der Familie Berger. Hermann Berger berichtet: „Da meine Frau und ich das Glück hatten, in unserer Wohnung nicht von den abendlichen Stromsperren betroffen zu sein, sammelte sich eine kleine Gruppe von Kommilitonen häufig bei uns, um zu arbeiten, Literatur zu lesen und zu diskutieren. Unter ihnen war Ernst. Er zeichnete sich als besonders literarisch interessiert und belesen aus. Ich lud ihn ein, auch in unseren ‚Älterenkreis' zu kommen. Seine Belesenheit half uns sehr. Wir wurden Freunde, und ich bat ihn eines Tages, innerhalb unserer Jugendarbeit noch einen ‚Mittlerenkreis' (etwa 14- bis 16jährige) aufzubauen. Er war sofort bereit, schlug aber vor, daß es in Abweichung von der BK-Tradition ein mit Jungen und Mädchen gemischter Kreis sein sollte. So entstand bei uns ein erster Kreis dieser Art. Ernst hatte die Gabe, die Bibelarbeit als spannendes Gespräch durchzuführen und die Jugend auch durch seine Musikalität und Sportlichkeit zu begeistern. Er schrieb auch Laienspiele, die in den Gemeinden aufgeführt wurden ... So trug er zu einer wesentlichen Bereicherung der Jugendarbeit bei."

So fand Ernst Lange seinen Weg hinein in Theologie und Kirche – hinter sich und in sich seine eigentümliche und einzigartige Erfahrung, die er kaum mit anderen zu teilen vermochte. Nur seinem Freund Alfred Butenuth konnte er sich anvertrauen, zum Beispiel seine Ängste vor Rohrstiefeln und Ledermänteln, denen man in der Nachkriegszeit häufig begegnen konnte. Mit Alfred fing er an, das Erlebte zu verarbeiten, das Neue zu verstehen. Hinzu kam die Chance, bei den Heilmanns in eine antifaschistische Familie hineinzuwachsen, die ihm, dem Bürgersohn, das Gewesene, Erlittene, Unbegreifliche in den Kategorien des sozialistisch motivierten politischen Widerstandes zu interpretieren vermochte. Auf diese Weise gewann er gesellschaftliche Perspektiven und politische Kategorien nicht nur für die gesellschaftliche, sondern auch für die kirchliche Analyse.

Nach dem Ersten theologischen Examen im Frühjahr 1950 begann Ernst Lange als Vikar bei dem Bonhoeffer-Schüler Pastor Winfried Maechler in Berlin-Westend. Der Dreiundzwanzigjährige war da aber der Kirche in ihrer herkömmlichen Gestalt durch seine Lebenserfahrung, seine innere Einstellung und seine brillante Begabung eigentlich schon entwachsen. Zwar nahm er den kirchlichen Dienst in seinen traditionellen Formen wahr, aber er folgte kaum den vorgegebenen Geleisen.

Unter seinem Vikarsvater Winfried Maechler fand er schnell seinen zukünftigen Arbeitsschwerpunkt: Ihm wurde auch hier die Jugendarbeit anvertraut. Er stürzte sich in die Arbeit – ungeleitet, aber auch unbelastet. Er besuchte mit seinen Jungen das Kino und besprach mit ihnen die Filme. Er führte sie in die moderne Nachkriegsliteratur ein und machte sie mit Autoren wie Hemingway, Sartre und Camus bekannt. Gleichzeitig kümmerte er sich um straffällig gewordene und strafentlassene, um arbeitslose und obdachlose Jugendliche.

Sein erster Aufsatz, den er 1951 als junger Vikar in „Unterwegs" veröffentlichte, hatte zum Thema: *Von der sozialen Lage Westberlins.* Der Artikel des vierundzwanzigjährigen Vikars verrät seine analytische Begabung, die er zu verbinden versteht mit menschlichen und gesellschaftlichen Schlußfolgerungen. Es ist zugleich ein Aufruf gegen die öffentliche Ungerechtigkeit, hervorgegangen aus scharfer Beobachtungsgabe im Blick auf die menschlichen Konsequenzen.

Er beleuchtet „die verzweifelte soziale Lage Berlins". Er verknüpft eine Fülle statistischen Materials mit Hinweisen auf die menschlichen Schicksale, die dahinterstehen:

Jeder arbeitende Berliner muß zwei andere Berliner durchs Leben bringen. Zwei von drei Menschen in Berlin müssen ein menschenunwürdiges Leben führen, denn zum menschenwürdigen Dasein gehört unbedingt, daß ein jeder die Möglichkeit hat, für sich selber zu sorgen.

Scharfe Kritik übt der Autor am „Verlust der elementarsten Menschenrechte, dem Recht auf Arbeit: 700 000 Menschen leiden direkt unter der Berliner Arbeitslosigkeit". Er erinnert daran, daß die Massenarbeitslosigkeit zu Beginn der dreißiger Jahre der „Weimarer Demokratie das Rückgrat gebrochen hat". Er verweist auf die „lebenslangen Schäden, die als Folge der Jugendarbeitslosigkeit auftreten", und konstatiert, daß das Arbeitslosenproblem in West-Berlin dreimal so groß ist wie im Bundesgebiet. Kritisch nimmt er Stellung zur Praxis der Sozialhilfe und stellt fest:

Von 80 Mark kann kein Mensch auf die Dauer normal leben. Unter diesen Bedingungen aber müssen Ehen geführt werden, unter diesen Bedingungen müssen sogar Kinder aufwachsen. Wollte man ein voll-

ständiges Bild der sozialen Lage Westberlins geben, müßte man von der Wohnungsnot reden, die Verwahrlosung erwähnen, die Jugendkriminalität, die Krankheits- und Selbstmordstatistik. Wir befinden uns in einer schlechthin verzweifelten Lage!

Was folgt für Ernst Lange daraus?

Keine Symptombehandlung, sondern eine gesellschaftliche Umwandlung grundlegender Art!

Spielen ist die Weise, in der ein Mensch seinen Möglichkeiten auf die Spur kommt

Im Jahr 1950 hatte sich eine weitere lebenslange Freundschaft und Zusammenarbeit angebahnt: Der Freund hieß Ulrich Kabitz. Der kam aus der bayrischen kirchlichen Jugendarbeit und wurde in der Evangelischen Jugendarbeit Deutschlands führend verantwortlich für den Arbeitszweig „Spiel und Feier". Er traf in Ernst Lange einen in vieler Hinsicht kongenialen Weggenossen. Ihm zeigte Lange bei ihrer ersten Begegnung ein soeben fertiggestelltes Manuskript für ein Laienspiel, das den Titel trug: *Ein frommer Fehlschlag*. In diesem Spiel verarbeitete Ernst Lange seine Erfahrungen mit den straffälligen Jugendlichen: In einer bürgerlichen christlichen Familie, in der der Vater Bauunternehmer und Mitglied im Kirchenvorstand ist, kommt es zu einem Eklat. Der Vater hatte einen straffällig gewordenen Jugendlichen während seines Freigangs zum Mittagessen eingeladen. Es stellt sich heraus, daß der junge Mann nicht, wie angenommen, wegen Diebstahls, sondern wegen Totschlags im Gefängnis sitzt. Ein anwesender Freund der Familie bezeichnet ihn nun als „Totschläger". In seiner Verzweiflung zerschmettert der daraufhin eine Vase am Boden und wird vom Hausherrn aus der Wohnung gewiesen. Darauf sagt der Sohn: „Wir beten jeden Tag: ‚Komm, Herr Jesu, sei du unser Gast' – und wenn er kommt, schmeißen wir ihn hinaus!"

Ulrich Kabitz war von dem Spieltext fasziniert. In den folgenden Jahren schrieben die beiden Freunde viele Laienspiele gemeinsam, einander anregend und ergänzend.

Auch auf anderen Arbeitsfeldern blieben sie miteinander verbunden. Ulrich Kabitz schreibt:

„Das Laienspiel war neben Volkslied und Volkstanz schlechthin Ausdrucksform der ‚Jugendbewegung'. Im Gegensatz zu Berufs- und Vereinstheater stand hier das Gemeinschaftserleben im Vordergrund; einerseits verdichtete sich dieses für die betreffende Gruppe im Vollzug der Probenarbeit, andererseits erweiterte es sich zum Zusammensein und Einverständnis mit den Zuschauern. Dieser Gemeinschaftsbezug kam in besonderem Maße beim Laienspiel in den evangelischen Jugendbünden zur Geltung, da es jeweils in die Gemeinde eingebettet war.

Hier knüpften die Spielaktivitäten in der evangelischen Jugend während der Nachkriegszeit an, freilich sehr bald von alten Mustern gelöst und um gegenwartsnahen Stil bemüht. Zu dieser Entwicklung hat Ernst Lange einen unvergleichlichen innovativen Beitrag geleistet. Dafür ist bereits *Ein frommer Fehlschlag* bezeichnend. Als junger Vikar durch Gertrud Staewen (Gertrud Staewen war Mitarbeiterin des Burckhardthauses in Berlin und arbeitete im „Dritten Reich" in der illegalen Judenhilfe – Anm. d. Vf.) mit der Betreuung junger Strafentlassener in Berührung gekommen, hatte er von daher die ‚anstößige' Figur für dieses Stück und die Spannung zwischen sozialer Herausforderung und bequemer Frömmigkeit für dessen Ablauf zur Hand. Zahlreiche Jugendgruppen haben es aufgeführt, denn das war ihre Sprache im Aufbegehren gegen verbürgerlichtes Christentum.

Betrachten wir die Reihe der Spieltexte, die in den folgenden Jahren entstanden sind, dann fallen zwei Motive auf, die bereits hier zur Wirkung kamen und weiterhin bestimmend blieben. Das eine ist die Figur des Außenseiters oder Abenteurers vom *Frommen Fehlschlag* an über *Abenteurer vor der Krippe* und zwei Versionen vom *Verlorenen Sohn* bis zu *Onesimus* und dem Entwurf gebliebenen *Jonny the Peacemaker*.

Das andere Motiv steht dem ersten gegenüber und gibt sich in der wiederholten Intention zu erkennen, neue Horizonte für Kirche und Gemeinde aufzuzeigen, zu sehen in dem 1953 für den Hamburger Kirchentag verfaßten Stadionspiel *Gott war auch in Ninive* und schließlich in seinem bekanntesten szenischen Werk, dem 1956 uraufgeführten Musical *Halleluja, Billy*.

Um gegenwartsnahen Stil bemüht.
Ulrich Kabitz (im Hintergrund rechts) und Gerhard Valentin (im Hintergrund links), Wannseeheim Berlin, 1956

Bemerkenswert ist noch ein anderer Aspekt. Mit wenigen Ausnahmen, wie den Musical-Projekten, hat Ernst Lange seine szenischen Texte ‚im Dienst', also zu bestimmten Anlässen verfaßt. Das gilt für die *Weihnachtsstunde* und für *So ein Glied leidet;* die Spielmotette vom *Verlorenen Groschen* entstand für einen Spandauer Kreisjugendtag und *Die Bewährungsfrist* zur Einweihung einer wiederaufgebauten Berliner Kirche. Mehreres gehörte zum Jugendprogramm der Kirchentage."

In einem Atemzug mit Lange und Kabitz muß als Dritter im Bund der Berliner Schauspieler und Songtexter Gerhard Valentin genannt werden. Ohne seine kreative und unermüdliche Mitarbeit als Regisseur und Fachberater, als Verfasser von Songtexten und Werkbüchern sind die Spiele von Ernst Lange nicht zu denken. Kabitz schreibt über Valentin: „Im Verborgenen ein tiefgründiger und sensibler Lyriker,

Aus dem Spiel muß der Ernstfall des Lebens werden. Helmut Barbe (links), Friedrich Gerlach (Mitte), Ernst Lange (rechts) nach der Uraufführung von „Halleluja, Billy" in Frankfurt 1956

steuerte er zu *Halleluja, Billy* und *Onesimus* die auftrittsstarken Songs bei. Er starb 1975 an den Folgen eines Unfalls."

Ernst Lange ging es in seinen Stücken weder um die Darstellung biblischer Geschichten, wie in den Krippen- und Passionsspielen, noch um unterhaltsame Belehrung mit einer „Moral von der Geschicht". Vielmehr versuchte er, krisenhafte Situationen des alltäglichen Lebens mit ihren menschlichen und ethischen Herausforderungen zu zeigen. Er will menschliches Verhalten – und Fehlverhalten – zur Diskussion stellen und zu selbständigem Nachdenken anregen. Nie bietet er Antworten oder Lösungen. Auf dem Cover der Schallplatte *Halleluja, Billy* finden sich die Sätze:

Ein „Happy End" gibt es in East River nicht, kann es nicht geben. Dergleichen billige Triumphe kennt der gekreuzigte Christus nicht. Sein Triumph ist, daß sein Wort nicht zum Schweigen gebracht wird, auch nicht in East River. Das letzte Wort des Spiels heißt: „Wir müssen weitermachen."

Was Jesus mit seinen Gleichnis-Geschichten seinen Hörern vor Augen geführt und in ihre Herzen geprägt hat, das hat Ernst Lange mit seinen Laienspielen auf die Bühne gestellt: Fallbeispiele von Praktischer Theologie.

Ostern 1958 wird Ernst Langes Osterspiel *Dann kam das Licht – ein Wächterspiel* erscheinen. Es ist die faszinierende Dramatisierung der fiktiven Geschichte von vier römischen Legionären, die die Geißelung, Kreuzigung und Grabwache Christi übernommen haben. Am Ostermorgen werden sie vom Osterlicht überfallen, was ihr Leben so radikal verändert, daß sie nun auf dem Weg nach Rom sind und der Verurteilung durch den Kaiser und ihrer Hinrichtung entgegensehen müssen. Das Spiel gibt die Gespräche wieder, in denen die vier Legionäre ihre Erinnerungen austauschen. Es illustriert eindrucksvoll, wie Ernst Lange Ostern als Protest gegen Gewalt und Tod interpretiert und als eine verändernde Kraft darstellt, die selbst auf auf Gewalt und Tod dressierte Soldaten grundstürzend wirkt.

In den Regieanweisungen zum *Wächterspiel* äußert sich Ernst Lange zur Auseinandersetzung über das Verhältnis von Verkündigung und Laienspiel und führt aus:

Es mag sein, daß der Leser an dem Text Anstoß nimmt, weil er kein „Verkündigungsspiel" darstellt. Das will der Text auch ausdrücklich nicht sein. Der Verfasser kommt immer mehr zu der Überzeugung, daß die evangelische Laienspielarbeit sich mit dem Begriff des „Verkündigungsspiels" auf einer falschen und gefährlichen Fährte befindet ... Das Gemeindespiel hat vorbereitende oder unterstreichende Funktionen. Es fordert die Predigt heraus, es weist auf sie hin, aber es darf sie nicht ersetzen, auf keinen Fall.

Bald nach seinem Vikariat in Westend wurde Ernst Lange dem Landesjugendpfarramt der Berliner Kirche zugeteilt. Hier ergriff er eine Vielfalt von Initiativen. Schnell wurde die Evangelische Jugend Deutschlands auf ihn aufmerksam. Er wurde eingeladen, beim

Stuttgarter Kirchentag 1952 zusammen mit zwei anderen die „Botschaft der Jugend" vorzutragen. Sein Thema hieß: *Vor uns das Leben!* Er sagte:

Das Leben der Zeit ist nicht in Kirchenräumen, nicht an Lagerfeuern oder Freizeitheimen. Das Leben der Zeit ist in Maschinenhallen, an Werkbänken und Schreibtischen. Jesus Christus, unser Leben, will nicht ein Scheinleben neben dem Leben sein, sondern er will dieses wirkliche Leben retten. Gott hat die Probleme der Welt zu seinen Problemen gemacht. Das Leben der Massen ist unser Leben und unsere Aufgabe. Dort müssen wir bewähren, daß Gottes Wort uns zu Menschen macht, nicht in den windstillen Räumen der Gemeindehäuser. Mit dem Arbeitskollegen in der Frühstückspause ein gutes Wort zu sprechen, das ist so biblisch wie eine Bibelstunde und erfordert vielleicht mehr Liebe, denn das Leben Christi will hinein in das Leben der Zeit!

Mit diesem Auftritt beginnt Langes regelmäßige Mitwirkung beim Deutschen Evangelischen Kirchentag, dem er bis zum Düsseldorfer Kirchentag 1973 treu geblieben ist.

Nach dem Weggang von Eberhard Bethge ist 1952 die Stelle des Berliner Studentenpfarramts neu zu besetzen. Ernst Lange kandidiert gegen seinen Freund und Kollegen Rudolf Weckerling. Er predigt über die Stelle aus dem Epheserbrief: „Vertraget einer den anderen in der Liebe und seid fleißig zu halten die Einigkeit im Geist durch das Band des Friedens" (Epheser 4,2.3). Sigrid Lehrecke, geb. Hitzigrath, die in Berlin und Göttingen mit Ernst Lange studiert hat, berichtet temperamentvoll, wie genau sie sich noch „an diese ausgezeichnete Predigt erinnert". Aber gewählt wurde Rudolf Weckerling.

Bekehrung zur Ökumene

Nicht lange danach bestimmt die Evangelische Jugend Deutschlands Ernst Lange zu ihrem Jugenddelegierten für die Zweite Vollversammlung des Ökumenischen Rates der Kirchen in Evanston bei Chicago. Ernst Lange reist dorthin und begegnet zum ersten Mal der ökumenischen Elite aus der ganzen Welt. Er schließt die ersten ökumenischen Freundschaften, vor allem mit jüngeren Kollegen aus anderen Kirchen und Erdteilen, mit denen er später immer wieder zu tun haben wird wie Philip Potter und Hans Hoekendijk. Auf dieser Reise freundet er sich auch mit Heiko Rohrbach an, der damals beim ÖRK in Genf arbeitete – eine Freundschaft, die ihn begleiten wird. Das Thema der Vollversammlung in Evanston lautete: „Jesus Christus, die Hoffnung der Welt". Zum inhaltlichen Schwerpunkt wird die „Laienfrage" unter dem Stichwort „Der Christ in seinem Beruf" – das wird auch mehr und mehr zu einem Lebensthema Ernst Langes.

In Evanston begegnet er Klaus von Bismarck, der das Hauptreferat in der „Laien"sektion hält und von da ab einer der führenden ökumenischen Köpfe in der deutschen Kirche wird – zugleich Vorsitzender jenes Arbeitsausschusses, der Jahre später an Langes Berufung nach Genf mitwirken wird. Im Anschluß an Evanston reist Ernst Lange vier Wochen zusammen mit Freunden kreuz und quer durch die USA. Heiko Rohrbach erzählt: „Drei Wochen Abenteuer. Eine englische Sekretärin in unserer Jugendabteilung in Genf und deren Freundin aus Schottland hatten die Idee. Wir reisten zu viert in einem gemieteten Chevi mit Zelt und Schlafsäcken. An den Wochenenden predigten wir, hielten Jugendstunden et cetera und verdienten uns so ein wenig Geld ... Heute schüttle ich lächelnd den Kopf über uns große Kinder. Natürlich hatten wir nichts miteinander, wir waren schlicht Reisekumpels. Es war wie ein Rückfall in einen Obersekunda-Karl-May-Reisetraum ... Ernst nahm auch auf diese Reise seine Schreibleidenschaft und seine Ideen von einem spirituellen Leben mit. Ohne seine Initiative hätten wir kaum in der Wüste, eben aus unserem Zelt gekrabbelt mit Blick auf die weite Ebene, ein Morgengebet gehalten mit Gebeten aus dem ‚Book of Common Prayer' und aus ‚A Diary of Private Prayer' von John Baillie. Übrigens: Ernst gebrauchte schon damals mit Begeisterung die englische Sprache. Er hat die Eindrücke dieser Reise mit allen Sinnen aufgesogen." Aber schon dort wurde er von Terminen verfolgt. Dem „Sonntagsblatt" in Hamburg hatte er einen großen Evanston-Erfahrungsbericht versprochen. Rohrbach erzählt, er habe sich zum letztmöglichen Termin abends im Motel an seine Schreibmaschine gesetzt und die ganze Nacht hindurch daran gearbeitet. „Eine Zigarette um die andere. Ein Gesicht wie ein Toter. Schließlich waren wir den ganzen Tag mit dem Auto gereist. Frühmorgens, als wir frühstückten, war er fertig. Er lächelte entschuldigend, als wolle er sagen: Seid nachsichtig mit einem armen Irren."

Auf dieser Reise gerät Ernst Lange auch nach New York. Dort begegnet er Bill Webber, dem Gründer und Mentor der „East Harlem Protestant Parish". Mitten in einem schwarzen Slum hat er als Theologiestudent zusammen mit zwei anderen eine „Dienstgruppe" ins Leben gerufen. Sie hatten einen leerstehenden Metzgerladen gemietet, zu einem Gemeindezentrum umfunktioniert und von da aus mit den Menschen dieses heruntergekommenen Quartiers, vor allem den herumstreunenden Jugendlichen, eine Gemeinde aufgebaut. Das Vorbild des „Dienstgruppenkonzepts" ging um die Welt. Ernst Lange ist tief beeindruckt von dieser „Einwohnung Gottes unter den Ärmsten der Armen". Es ist dieses ihn geradezu schockierende Erlebnis, das ihn bald darauf zu seinem Musical *Halleluja, Billy* inspiriert hat. Seither trägt er sich mit dem Gedanken, in Berlin eine solche „Ladenkirche" zu gründen.

Doch solch ein Projekt kann Ernst Lange erst fünf Jahre später in Angriff nehmen. Als er nämlich im Herbst 1954 von seiner USA-Reise zurückkehrt, findet er die Einladung vor, als Lektor und Dozent in das „Burckhardthaus" zu kommen. Diese in Gelnhausen bei Frankfurt gelegene Einrichtung diente damals der evangelischen Mädchenarbeit in Deutschland als Ausbildungsstätte von Gemeindehelferinnen. Sie betreibt einen Verlag mit wachsendem Renommee, der aber zunächst einmal in den roten Zahlen steckte. Ernst Lange nimmt die Einladung an und läßt sich für drei Jahre von seiner Kirche beurlauben. Als er 1959 nach Berlin zurückkehrt, sind die roten Zahlen des Verlags verschwunden.

Challenge and response

Ernst Lange ist siebenundzwanzig Jahre alt, als er 1955 aus seinem Berliner Jugendvikariat ins Burckhardthaus wechselt. Hinter ihm liegt eine fünfjährige kirchliche Arbeit von atemberaubender Vielfalt. Im Rahmen seines Auftrags, Jugendarbeit zu treiben, hat er eine Fülle von Gaben entfaltet: Der junge Theologe wurde zum Betreuer jugendlicher Strafentlassener, zum Stückeschreiber und Regisseur, zum Autor und Redakteur, zum Feuilletonisten und Schriftsteller. Er stieg in die ökumenische Arbeit ein, plante mit Ulrich Kabitz den Zusammenschluß Gleichgesinnter in der Evangelischen Jugend in Deutschland und hatte das Konzept für ein Buch im Kopf. Es scheint, als hätte sich in den Jahren seines von vielen Restriktionen behinderten Heranwachsens ein Potential von Ideen und Kräften angehäuft, das sich fast explosionsartig Ausdruck verschaffen mußte. Das Ende des Krieges, der Zusammenbruch des Hitlerreiches, der Fall Berlins bedeuteten für ihn Befreiung und Hoffnung. „Ich glaube fest an ein schönes Leben, und es ist wirklich kein Grund zum Verzagtsein" – das hatte der Fünfzehnjährige 1942 an die Schwester nach Berlin geschrieben, als sich seine Vertreibung aus Schondorf ankündigte. Dieser Glauben beseelte ihn, als er dem Chaos entkommen war. Nun gehörte er zu dem „Chor der Geretteten", dem die jüdische Dichterin Nelly Sachs in ihren erschütternden Versen eine Stimme gegeben hat: „Wir Geretteten bitten Euch: zeigt uns langsam Eure Sonne. Laßt uns das Leben leise wieder lernen." Als einer der „Geretteten", der „Verschonten" (Eberhard Bethge), konnte er gar nicht anders, als eine „politische Theologie" entwickeln, die sich in den Dienst eines „schönen Lebens" stellte. Ernst Lange hätte seine Theologie wohl kaum selbst mit diesem Etikett versehen. Seine Berliner Praxis, sein öffentliches Auftreten beim Kirchentag, sein Einstieg in die Ökumene folgten demselben Gesetz wie sein praktisches Engagement in der sozialen Lage West-Berlins. Seine Mitwirkung in Evanston, wo das ökumenische Konzept der „Verantwortlichen Gesellschaft" proklamiert worden war, ja selbst seine Bühnenstücke lagen auf einer Linie. Sie läßt sich am besten mit dem Motiv beschreiben, das der britische Historiker Arnold Toynbee formuliert: „challenge and response". Ernst Lange folgte nicht irgendwelchen ideologischen Vorgaben, sondern orientierte sein Denken, sein Handeln, sein Schreiben an konkreten Herausforderungen. Er besaß eine Witterung für das, was jetzt „dran" war, worauf man sich im Blick auf morgen einzustellen und vorzubereiten hatte. Er konnte und wollte

Ich glaube fest an ein schönes Leben. Ernst Lange, 1956

sich nicht einnisten, nirgends seßhaft werden. Nachdem ihm so lange die Flügel gestutzt, die Kräfte gefesselt waren, wollte er „fliegen lernen". Als er endlich frei war, spannte er die Flügel, flog in die Höhe und in die Weite. Bei diesem Höhenflug war die Kirche weniger seine Heimat als sein Revier, das er nach allen Seiten durchmaß, in dem er seine Kräfte erprobte, sich beflügeln ließ von Intuition und Phantasie. Dabei ließ er sich nicht einfach hierhin oder dorthin treiben, und er folgte weder einer „Geschäftsordnung" noch einer „Tradition" noch einem bestimmten „Erwartungsschema" – jenen drei in der Kirche üblichen Normen. Er gab die Antworten, die seiner gegenwärtigen Einsicht, seiner Erfahrung, seiner Begabung entsprachen. Ernst Lange war weder ein „Überflieger" noch ein „Spinner". Er hörte und folgte dem Ruf des Lebens nach vorn. „Man resigniert nicht, man prosigniert", hat er später einmal geschrieben, „man setzt die Zeichen der Hoffnung so weit vor, wie man es irgend verantworten kann." Aber damit war zugleich die Frage nach den Grenzen seiner Kräfte gestellt.

Abenteuer des Lebens

oder: Die Chancen des Alltags (1955 bis 1960)

Von der Paulskirche ins Burckhardthaus

Das Jahr 1955 begann für Ernst Lange mit einem politischen Paukenschlag. Ein „Deutsches Manifest“ sollte verkündet werden, das sich gegen die „Pariser Verträge“ und die mit ihnen verbundene deutsche Wiederbewaffnung richtete. Hunderte strömten am 29. Januar in die Frankfurter Paulskirche, um der Versammlung beizuwohnen, die als öffentlicher Protest gegen die Ratifizierung der Verträge durch den Deutschen Bundestag gedacht war. Konrad Adenauer war 1949 mit einer (seiner eigenen) Stimme Mehrheit zum ersten deutschen Bundeskanzler gewählt worden. Er hatte seine Politik zwischen der UdSSR im Osten und den USA im Westen ohne Zögern an der West-Option orientiert. Das bedeutete von vornherein die Preisgabe Ostdeutschlands, der DDR. Das Bündnis mit Amerika schien politisch und wirtschaftlich opportuner als jeder Versuch, Rußland zur Herausgabe der DDR zu nötigen. Gegen diese West-Option gab es heftige Proteste nicht nur bei der oppositionellen SPD, sondern auch in den Reihen der Evangelischen Kirche in Deutschland. Der Präses ihrer Synode, Gustav Heinemann, gehörte zunächst als Innenminister dem ersten Kabinett Adenauer an, verließ es aber im Protest gegen Adenauers einsame Entscheidung, der deutschen Wiederbewaffnung zuzustimmen. Viele warfen Adenauer vor, den protestantischen Teil Deutschlands bewußt preiszugeben. Martin Niemöller wurde damals das Diktum zugeschrieben, die Bundesrepublik sei in Rom gezeugt und in Washington geboren worden. Der Preis: die Wiederbewaffnung Deutschlands. Mit seiner Zustimmung würde der Deutsche Bundestag die Deutschen zugleich in die NATO führen.

Unter den Rednern auf dem Podium der Paulskirche saß neben dem kurz zuvor aus dem Kabinett Adenauer ausgeschiedenen Gustav

Hört uns, ehe es zu spät ist. Während der Rede Helmut Gollwitzers in der Frankfurter Paulskirche am 29. Januar 1955. 1. Reihe, ab dritter von links: Carlo Schmid, Erich Ollenhauer, Gustav Heinemann, Ernst Lange. 2. Reihe, zweiter von links: Martin Niemöller

Heinemann, neben Erich Ollenhauer, dem Fraktionsvorsitzenden der SPD im Bundestag, neben Carlo Schmid und Helmut Gollwitzer auch Ernst Lange. Das Thema seiner Rede lautete: „Die Jugend und die Pariser Verträge". Die „Süddeutsche Zeitung" berichtete am 30. Januar 1955: „Dann wieder ein evangelischer Pastor, ein unbekannter Mann von 27 Jahren. Er heißt Ernst Lange. Schmal, blaß und leise", fährt die „Süddeutsche" fort, „wirkte er doch derartig aggressiv, daß das Echo auf seine Worte alle Beifallsrekorde des Tages brach. Ernst Lange sprach auf raffiniert tonlose Weise. Er erinnerte an einen begabten Schauspieler, der einen publikumswirksamen Text vorträgt ...“ Der Bericht stammt vom damaligen Chefreporter der „Süddeutschen Zeitung“, Hans-Ulrich Kempski. Wutentbrannt ging er hinterher auf Ernst Lange los: „Sie sind der geborene Demagoge!“ Was hatte Ernst Lange gesagt?

Wir glauben, daß wir ein Recht haben zu reden und gehört zu werden. Viele unter uns tragen die Spuren des letzten Krieges an ihrem Leibe; alle, die älteren wie die jungen, tragen sie in ihrem Herzen.

Will man es uns wirklich verübeln, daß wir unsere Stimme erheben? Wir glauben, daß wir das Recht und die Pflicht dazu haben. Wir sagen Nein zu den Pariser Verträgen! Wir sagen Nein zu den Pariser Verträgen auch um unser selbst willen. Wir glauben nicht, daß wir ein Recht haben, heute schon wieder, 10 Jahre nach dem letzten Krieg, Waffen in die Hand zu nehmen. Nein, wir glauben nicht, daß irgend jemand ein Recht hat, sie uns heute schon wieder in die Hand zu zwingen. Wir Jungen sagen Ja zur Demokratie, weil sie es uns gestattet, als Menschen zu leben.

Wir stellen fest: Wir jungen Menschen, die so denken, sind weder Kommunisten noch Nihilisten noch Drückeberger. Wir sind freilich keine jugendlichen Idealisten. Wir haben kein Zutrauen zu den großen Worten mehr. Unsere Augen leuchten nicht mehr, wenn man an unsere soldatischen Tugenden und Instinkte appelliert. Denn unser Wunsch ist es, unser kleines alltägliches Leben möglichst friedlich und frei und menschlich leben zu können. Höhere Ziele haben die meisten von uns in der Tat nicht. Höhere Ziele machen uns mißtrauisch.

Wir lieben unser Land ebenso, wie die Anhänger der Wiederbewaffnung es tun. Wir lieben es als ein Land, in dem man menschlich leben kann, und weil wir es auf diese Weise lieben, darum glauben wir Nein sagen zu müssen zu den Wiederbewaffnungsplänen und Ja zu sofortigen Verhandlungen über die Wiedervereinigung.

Ich weiß nicht, wie viele wir sind, aber wir sind zahlreich. Wir kommen aus allen Lagern, und wir bitten die Verantwortlichen unseres Landes: Hört uns! Hört uns, ehe es zu spät ist, wir haben keine Zeit zu verlieren.

Ernst Lange hatte gerade seine Arbeit im Burckhardthaus aufgenommen. Er saß in einer Zentrale evangelischer Meinungsbildung in Deutschland. Bis dahin war es ungeschriebenes Gesetz gewesen – häufig auch ausdrücklich verordnet –, daß sich kirchliche Mitarbeiter in öffentlichen Dingen, in politischen allemal, strikte Zurückhaltung auferlegten. Lange hat diese Zurückhaltung weder gekannt noch geübt. Er glaubte nicht an „Neutralität" – schon fünfzehn Jahre bevor sein brasilianischer Freund Paulo Freire die Devise ausgab: „Education is never neutral!" Bei Ernst Lange war das die Konsequenz aus bitterer Lebenserfahrung. Die von ihm sonst hoch respektierte Bekennende Kirche hatte nach seiner Meinung dort versagt, wo sie sich auf die Verteidigung des „Raumes der Kirche" beschränkte, statt – wie Dietrich Bonhoeffer gefordert hatte – sich ins Politische einzumischen und „für die Juden zu schreien".

Zwanzig oder dreißig Ideen im Kopf

Nun meldete sich also Ernst Lange seit dem 1. Januar 1955 aus dem Burckhardthaus in Gelnhausen. Das kleine Städtchen, an der Bahnlinie Frankfurt-Kassel gelegen, verband durch seine zentrale Lage den Norden und den Süden Deutschlands. Der etwas wuchtig geratene Briefkopf informierte darüber, daß das Burckhardthaus (West) ein Institut des „Reichsverbands der weiblichen Jugend" sei – im Jahr 1955 ein merkwürdig klingender Name. Man spürte das Gewicht einer Tradition, die auf „Reichs"zeiten zurückging. Man spürte aber auch die Last der Gegenwart, deren politische Umstände erzwungen haben, daß sich ein „Haus" in (Ost) und (West) auseinanderdefinieren muß.

Der Pastor Johannes Burckhardt hatte in den späten achtziger Jahren des letzten Jahrhunderts mit der Mädchenarbeit in Berlin begonnen und 1893 das später nach ihm benannte Burckhardthaus gegründet. Seine erste Gehilfin Hulda Zarnack, eine Frau von bewundernswerter organisatorischer und konzeptioneller Kraft und genuiner ökumenischer Gesinnung, wurde 1933 zur „Oberin" des Werkes berufen. Auf diese Weise sollte es vor dem Zugriff der Nazis geschützt werden, denn mit diesem Titel erhielt das Haus einen kirchlich-diakonischen Anstrich. Hulda Zarnack hat dann allerdings erlebt und durchlitten, was viele in kirchlicher, zumal diakonischer Verantwortung damals erfuhren: In ihrem Bemühen, das ihnen Anvertraute zu retten, verstrickten sie sich in Schuld. Hulda Zarnack mußte „schweren Herzens" ihre Mitarbeiterin Elly Heuss-Knapp auf politischen Druck hin entlassen, „um Schaden vom Werk zu

Eine Zentrale evangelischer Meinungsbildung. „Die weiße Villa“ des Burckhardthauses

wenden“. Hulda Zarnack hat aber gleichzeitig die illegale Arbeit ihrer Berliner Kollegin Gertrud Staewen gedeckt, die (mit Frau Zarnacks Wissen!) in der subversiven Judenhilfe überaus effektiv tätig war. Elly Heuss-Knapp, Lehrerin und in der Sozialarbeit stark engagiert, war mit dem Journalisten und Politiker Theodor Heuss verheiratet. Nach Hitlers Machtübernahme wurde auch er als entschiedener Nazigegner aus seinen Ämtern entlassen und kaltgestellt. 1949 wurde Theodor Heuss der erste Bundespräsident der BRD.

Hulda Zarnack war es, die Ernst Lange in das Burckhardthaus berief. Nach seiner ersten Begegnung mit ihr schreibt Lange im Dezember 1954 an Ulrich Kabitz:

Hulda Zarnack ist eine große Frau. Sie meinte, ich solle doch ein Osterspiel schreiben. Ich wunderte mich ... Sie kam später noch einmal darauf zurück: sie dächte nur, wo ich doch jetzt so viele Dinge mit der linken Hand schreiben müßte, sollte ich rechtzeitig für Ausgleich sorgen, da, wo mein wirkliches Herz schlägt. Das hat mich richtig gerührt. Die Frau denkt doch offenbar über ihre Mitarbeiter nach! Mein wirkliches Herz schlägt freilich nicht für ein Osterspiel. Ich trage mich mit dem Plan für ein Buch.

Dazu berichtet Christa Werner-Weiß, seine damalige Kollegin als Verlagsredakteurin: „Er hatte die Idee einer Ethik für junge Menschen, und der Gelnhausener Verlagskreis hatte ihn umgehend mit der Konzeption des kleinen Werks beauftragt. Er benötigte nur kurze Zeit, um Titelvorschlag und Entwurf vorzulegen ... Der Plan bestach durch Einfachheit, Klarheit und Schlüssigkeit. Als wir zufällig im Treppenhaus aufeinandertrafen und er mir seine Konzeption darlegte, war ich fasziniert und verblüfft bis zur Sprachlosigkeit. Ich staunte wohl auch über den glücklichen Ausdruck seiner Augen, der mir bisher fremd gewesen war." Das Buch, Ernst Langes Erstlingswerk, erschien 1957 im Burckhardthaus-Verlag und trug den Titel: *Von der Meisterung des Lebens – eine Besinnung für junge Menschen.*

Ernst Lange war mit seiner fünfköpfigen Familie – mit seiner Frau Beate und den damals drei Kindern Michael (geboren 1947), Andreas (geboren 1951) und Hannah (geboren 1953) – zunächst in einen entfernteren Stadtteil „jenseits der Bahnlinie" gezogen. Erst später fanden sie eine Wohnung auf dem Gelände des Instituts. In Gelnhausen kam die jüngste Tochter Ruth (geboren 1956) zur Welt. Mit vier kleinen Kindern hatte Beate Lange alle Hände voll zu tun. Immer war es vor allem ihre Aufgabe, den Kindern den Wechsel an einen neuen Ort zu erleichtern: zuerst nach Gelnhausen, dann zurück nach Berlin, später ins fremde Genf. Für die Kinder war damit jedes Mal ein Verlust von Kontakten und Freundschaften verbunden sowie die Schwierigkeit, neue Freunde zu finden. In Genf kam die fremde Sprache hinzu.

Man mag sich darüber wundern, warum Lange den Schritt aus Berlin in die Provinz getan hat. In Wirklichkeit war er aus einem parochial begrenzten Wirkungsbereich in die Weite eines bundesdeutschen Tätigkeitsfeldes gewechselt. Hier konnte er sich nicht nur der weiteren Entfaltung seiner Begabungen widmen. Vielmehr wurde ihm die Möglichkeit eröffnet, sein Engagement in vielfältigen

Alle Hände voll zu tun. Beate, Ruth und Ernst Lange, 1956

persönlichen Kontakten umzusetzen. Seit seinem Auftritt beim Stuttgarter Kirchentag 1952 war die kirchliche Öffentlichkeit auf ihn aufmerksam geworden. Nun hatte seine Rede in der Paulskirche auch politisches Aufsehen erregt. Ökumenisch wach und engagiert war er von der ÖRK-Vollversammlung in Evanston zurückgekommen. Elisabeth Specht, die heute als Pfarrerin im Ruhestand in Hanau lebt, war damals Schülerin von Ernst Lange. Sie erinnert sich: „Er war ein Licht, das sich nach beiden Seiten verzehrte, wie eine Kerze, die von oben und von unten brennt ... Er war ein leidenschaftlicher Ökumeniker. Gern erzählte er uns von seinen Erfahrungen als Jugenddelegierter in Evanston." Auch in mehreren Publikationen hatte er kenntnisreich und akzentuiert darüber berichtet. Es waren also weitreichende Erfahrungen auf unterschiedlichsten

Ebenen, die er in Gelnhausen einzubringen vermochte. Die entscheidenden Schwerpunkte seiner bisherigen Tätigkeit behielt er bei: Als Pfarrer im Dienst der Kirche blieb er primär der Jugendarbeit verbunden, wo sich zweifellos die Zukunft der Kirche vor allem entscheiden würde. Im Burckhardthaus selbst beteiligte er sich an den theologischen Ausbildungsvorgängen bis hin zur Gestaltung der täglichen Andacht. Das Schwergewicht seiner Arbeit aber galt dem Burckhardthaus-Verlag, bei dem er als Lektor angestellt war.

Daß er das geschriebene Wort in vielfältiger Form beherrschte, hatte er in Berlin längst unter Beweis gestellt. Rudolf Weckerling hatte dem jungen Vikar ein Zeugnis ausgestellt: „Herr Vikar Ernst Lange, Berlin-Wilmersdorf, Geisenheimerstraße 43, arbeitet seit vielen Monaten verantwortlich in der Redaktion der Zeitschrift ‚Unterwegs'. Er hat in dieser Zeit eine hohe journalistische Begabung und ein großes Verantwortungsbewußtsein an den Tag gelegt. Bei der Entscheidung über Aufnahme oder Ablehnung von Beiträgen zeigte er ein gediegenes, begründetes und unbestechliches Urteil. Mit viel Fleiß und Geschick überarbeitete er Aufsätze namhafter Autoren und beteiligte sich maßgeblich an der Gesamtplanung. Unsere Zeitschrift wurde durch eine ganze Reihe von Originalbeiträgen aus seiner Feder bereichert, die auf politischem, sozialem und kulturellem Gebiet eine umfassende Kenntnis und eine sehr ansprechende schriftstellerische Gestaltungskraft aufwiesen."

Noch immer hatte Ernst Lange ständig „zwanzig oder dreißig Ideen im Kopf". Viele davon hat er auch tatsächlich umgesetzt. Zu seinen vordringlichen Plänen gehörte eine „Theologie für Laien", die er in einer Taschenbuchreihe anbieten wollte. Das war ein anspruchsvolles Unternehmen, mit dem sein kleiner Verlag möglicherweise überfordert war. So reiste er nach Stuttgart, wo der Kreuz-Verlag in seiner Arbeit für den Kirchentag schon länger theologischer Literatur für Laien auf der Spur war. Hier begegnete Ernst Lange Hans Jürgen Schultz, dem ein Jahr jüngeren Cheflektor. Der begeisterte sich augenblicklich für Langes Idee. Eine intensive Zusammenarbeit setzte ein, die sich zu einer dauerhaften Freundschaft entwickeln sollte. Im Gespräch der beiden entstand das gemeinsame Konzept einer „Handbücherei des Christen in der Welt". In dieses Vorhaben brachte der Stuttgarter Kollege seine Erfahrung im Büchermachen ein –

vor allem aber seine weitgespannte Kenntnis der einschlägigen Autoren. Ihm gelang es, die wichtigsten unter ihnen für das Vorhaben zu gewinnen, das in einer „Verlagsgemeinschaft Burckhardthaus – Kreuz-Verlag GmbH" herauskommen sollte. Zu den Herausgebern zählten – neben den beiden „Erfindern" – Reinold von Thadden, der „Vater des Kirchentages", sowie dessen Generalsekretär Hans Hermann Walz und Jörg Zink, damals Direktor des Burckhardthauses. In acht Bänden gelang jeweils eine geniale Verbindung von Information und Auseinandersetzung, Darstellung und Herausforderung über Grundbereiche christlichen Lebens. Vom neuesten wissenschaftlichen Stand aus wurde referiert über Bibel und Kirche, über Dogmatik und Ethik, über Geschichte und Zukunft des christlichen Glaubens, geschrieben für die Laien, für Gottes Volk unterwegs.

Claus Westermann schrieb (1962) einen „Abriß der Bibelkunde", Conrad Willem Mönnich verfaßte den zweiten Band „Wege der Christenheit" – eine Kirchengeschichte in Auswahl (1960), Jan Hermelink lieferte eine Konfessionskunde (1959). Den Band über Dogmatik schrieb Götz Harbsmeier unter dem Titel „Antworten des Glaubens" (1961). Wolfgang Schweitzers Beitrag war ein Ethikband „Freiheit zum Leben" (1959), der Berliner Theologe und Akademie-Direktor Erich Müller-Gangloff zeichnete das geistige Bild des 20. Jahrhunderts unter dem Titel „Horizonte der Nachmoderne" (1962), und Dietrich von Oppen bearbeitete die gesellschaftlichen Herausforderungen unter dem Stichwort „Das personale Zeitalter" (1960). 1965 endlich folgte der letzte, von Ernst Lange verfaßte Band, *Chancen des Alltags*, der eine neue Sicht des christlichen Gottesdienstes entwarf.

Die vielfältigen Formen und Situationen der evangelischen Jugendarbeit forderten eine entsprechende Palette von Zeitschriften, Handreichungen und Publikationen, die der Verlag entweder selbst herausbrachte oder in Verbindung mit anderen erscheinen ließ. Ernst Lange schreibt unermüdlich mit der „linken Hand" für alle möglichen Veröffentlichungen Artikel, Spielmotetten, Besinnungen und macht Gestaltungsvorschläge für Veranstaltungen. Christa Werner-Weiß erzählt: „Er war ein überzeugter Schüler der Hermann-Lietz-Schule (Schondorf) gewesen. Er sprach oft von seiner Schulzeit und verstand es, den reformpädagogischen Ansatz und Arbeitsstil für die Praxis der Gemeindearbeit zu nutzen. So erarbeiteten wir methodischdidaktische Entwürfe und Arbeitsvorhaben für die verschiedenen Arbeitshilfen des Verlages. Für mich war es überraschend, wie sehr er sich den Fragen praktischer Verwirklichung zuwandte."

Lange schwebte die Produktion einer eigenen Laienspielreihe vor, aber Ulrich Kabitz überredete ihn dazu, statt dessen mit ihm zusammen Materialmappen für die Jugendarbeit zu entwickeln und herauszubringen. Die ebenso ansprechend gestalteten wie praktisch handhabbaren Mappen bieten eine Fülle an Studien- und Gestaltungshilfen zu zentralen Themen wie „Ökumene", „Reformation", „Zeiten der Einkehr", „Ostern", „Advent", „Vom Danken", „Wir und die Juden", „Politisch denken und handeln". Dokumentationen wechseln mit neuen Liedern, Spiele werden geschrieben, Erfahrungsberichte vermittelt. Die geistige Antriebskraft bildete dabei Ulrich Kabitz. Über ihn schreibt Ernst Lange 1956 an Rudolf Weckerling nach Berlin: *Die Idee* (zu einem Band „Köpfe der Kirche", d. Vf.) *stammt, wie nahezu alles, was in der evangelischen Jugend heutzutage passiert, von Ulrich Kabitz, der leider vorgestern einen ziemlich unangenehmen Zusammenbruch gehabt hat. Die Kirche reitet ihre Pferde bis zum bitteren Ende ...*

Ulrich Kabitz hatte sich nach seinem Wechsel in die Stuttgarter Zentrale der Evangelischen Jugend in Deutschland intensiv auf die neue Aufgabe geworfen, die „Mittelstelle für Werk und Feier" aufzubauen. Er mußte zahlreiche Kontakte knüpfen, Sitzungen und Seminare vorbereiten und durchführen, Arbeitsgruppen anregen, Reisen unternehmen. Und in diesem ganzen Betrieb galt es, eigene Entwürfe zu schreiben, Texte zu verfassen. Da versagten am Ende einer drangvollen Arbeitsperiode Nerven und Körperkräfte den Dienst. Der ohnehin sensibel Veranlagte bedurfte dringend einer Pause. Sein Chef, der Stuttgarter Oberkirchenrat Manfred Müller, war Vorsitzender der Jugendkammer, und er schickte den erschöpften Mitarbeiter zur Erholung in den Schwarzwald. Im Kurhaus „Teuchelwald" in Freudenstadt erholte sich dieser wieder, und „man kam bald wieder zu neuen Entwürfen", erinnert er sich heute.

Es ist kaum mehr möglich, die zahlreichen, in vielen Zeitschriften und Publikationen verstreuten Texte Ernst Langes aus diesen Jahren einigermaßen vollständig aufzuspüren. Eine 1994 veröffentlichte, sorgfältig recherchierte Bibliographie verzeichnet für die Gelnhausener

Siegeszug durch Theater und Gemeindehäuser. Szenenfoto aus „Halleluja, Billy", Jugendtheater der Zionsgemeinde, Bremen

Jahre über 100 Titel. Aber die Liste ist immer noch nicht vollständig. Ständig tauchen in anderen Zusammenhängen bisher unentdeckte Texte auf.

Den tiefsten Eindruck hinterließ sein Musical „Halleluja, Billy", das beim Frankfurter Kirchentag 1956 uraufgeführt wurde. Das Spiel erlebte einen Siegeszug durch Theater und Gemeindehäuser. Anläßlich einer Wiederaufführung in Saarbrücken im November 1976 hat Arnim Juhre in einem Rückblick auf die zwanzig Jahre seit dem Frankfurter Kirchentag berichtet: „Kirchentagsbesucher aus Ost und West folgten in Scharen dem damaligen Geheimtip, der nicht lange geheim blieb. Ein christliches Musical schien das Licht der Welt erblickt zu haben, ein Novum nicht nur im Laienspiel. Die ‚Frankfurter Allgemeine Zeitung', die Frankfurter ‚Neue Presse', der Berliner ‚Blickpunkt', das ‚Deutsche Allgemeine Sonntagsblatt' und andere überregionale Zeitungen und Fachzeitschriften berichteten über die Frankfurter Uraufführung. Die Wünsche eines engagierten Kritikers (Hermann Kaiser) gingen schnell in Erfüllung: ‚Es ist zu wünschen, daß diese Inszenierung vielerorts zugänglich wird, damit die darüber notwendige Diskussion in Gang kommt.' Im Sommer 1957, im Rahmen der ‚Festlichen Tage deutscher Jugend', eroberte ‚Billy' die Bretter des damals nagelneuen Schauspielhauses in Münster. Und in Berlin setzte sich der bekannte Theaterkritiker Friedrich Luft dafür ein, daß dieses in seiner Art rare Stück im Hebbel-Theater gezeigt werden konnte."

Die weitgespannte literarische Arbeit Ernst Langes im Burckhardthaus als Lektor und Dozent, als Autor und Regisseur, als Herausgeber und Prediger brachte auf den vielerlei Feldern ganz eigenständige und eigenartige Früchte hervor. „Ich will nur schreiben, was mir selber einfällt", soll er seinem Kollegen Jörg Zink gegenüber geäußert haben. Die Frische seiner Produktionen war unverkennbar. Er gestattete sich auch nicht das kleinste Plagiat. Das war nur mit einem unvorstellbaren Einsatz zu schaffen. Christa Werner-Weiß berichtet: „Sein Arbeitsstil war fordernd. Er verlangte sich selbst an Zeit und Kraft viel ab. Sein Bürofenster war oft bis spät in den Abend hell. Ich hörte, wie er mit hartem Schlag die ‚alte Adler' (sc. Schreibmaschine, d. Vf.) traktierte. Das bereitete mir ein schlechtes Gewissen."

Schon bei seinem ersten Besuch in Gelnhausen scheint auch Ulrich Kabitz bemerkt zu haben, daß „die Kerze an beiden Enden brennt". Kabitz erzählt, Ernst Lange sei einige Monate hindurch eineinhalb Stunden früher aufgestanden, weil er, ohne sein festgelegtes Tagesprogramm zu beeinträchtigen, eine bis dahin in Deutschland unbekannte Textform zu entwickeln suchte: Er war auf einen englischen Theologen namens J. B. Phillips gestoßen, der neutestamentliche Stücke in die Sprache von heute umschrieb. Lange war fasziniert. Er begann, biblische Texte in dieser Weise zu übertragen, und veröffentlichte sie versuchsweise – gelegentlich auch anonym – in allen möglichen Zeitschriften seines Hauses. Ein solcher Umgang mit den „heiligen" Texten war damals noch unerhört. Eine seiner bekann-

Sein Arbeitsstil war fordernd. Ernst Lange, um 1960

testen Übertragungen ist die Neufassung von 1. Korinther 13. Das Kapitel wird herkömmlicherweise überschrieben: „Das Hohe Lied der Liebe". Bei Ernst Lange heißt das so:

Von der Liebe Christi

Eine Besinnung über 1. Korinther 13

Wenn ich der glänzendste Prediger wäre und die besten Bibelstunden hielte und die entscheidenden Beiträge in allen Gesprächen und Diskussionen des Jugendkreises lieferte; wenn ich die Gabe der treffenden Formulierung, des mitreißenden Bekenntnisses und des innigen Gebetes hätte und die Liebe Christi wäre nicht in mir, so wäre ich wie eine schlechte Grammophonplatte ...

Die Liebe Christi hat die Geduld und den langen Atem Gottes. Wie sie den Petrus immer wieder aus den Wassern seines Kleinglaubens und seiner geistlichen Blindheit zog, verliert sie auch nicht die Geduld mit den Ortsgemeinden von heute, auch wenn sie oft müde und eng und träge sind. Die Liebe Christi ist zäh und läßt nicht ab, bis auch die geringsten Brüder am Ziel sind.

Die Liebe Christi ist voller Güte und Humor. Wie sie den Zachäus in seiner Sehnsucht auf dem Maulbeerbaum nicht übersah, so hat sie auch heute ihre Freude an den Anfängern im Glauben, an den Leuten, die vom Rande her zur Gemeinde stoßen, auch wenn sie vieles falsch verstehen und falsch machen. Das neue Leben entgeht ihr nicht und erfährt ihre Hilfe, auch wo es ganz verborgen ist.

Die Liebe Christi kennt keinen Fanatismus ...

Die Liebe Christi ist das, was bleiben wird, wenn alles andere vergeht: Es wird vergehen die Kirche mit ihren Organisationen, mit ihren Arbeits- und Lebensformen, mit ihrer Lehre und ihrem Dienst, mit ihrer Schwachheit und ihrer Kraft; und die Welt mit all ihrer Macht über den Menschen und über die Dinge, mit ihrer Wissenschaft und ihrer Gläubigkeit, mit ihrer Humanität und ihrer Unmenschlichkeit. Die Liebe Christi nimmt all dies Vergehende ernst, als Gabe und Auftrag von Gott. Aber sie hofft auf den Tag, da sie alle und alles vollends ergreifen und verwandeln und damit hinübertragen wird in die neue Welt, da Gott alles in allem ist.

Herr, hilf uns, aus deiner Liebe zu leben und weiterzugeben.

Nach wenigen Monaten muß Ernst Lange dieses Experiment des frühen Morgens aufgeben. Es geht doch über seine Kraft. Aber eine neue theologische Literaturgattung ist geboren: die Übertragung der Bibel in die Sprache der Menschen von heute.

Mit Ernst Langes Rückzug war das Experiment nicht völlig gescheitert, nicht umsonst waren seine Mühen: Sein Kollege Jörg Zink griff es auf und führte es zu ungeahntem Erfolg, zunächst in dem biblischen Brevier „Womit wir leben können" – rasch ein Bestseller der christlichen Andachtsliteratur. Ihm folgten die millionenfach verbreiteten Übertragungen des Alten und des Neuen Testaments. Ihnen hat Zink die Erläuterung vorangestellt: „Diese Übertragung ist für Menschen bestimmt, die das Neue Testament in einer verständlichen Sprache lesen und es auch dann verstehen möchten, wenn sie niemanden bei sich haben, der es ihnen erklärt." Wieder einmal hatte Ernst Lange an die „Laien" nicht nur gedacht, sondern begonnen, ihnen ein brauchbares Werkzeug auf ihrem Weg in die Hand zu geben.

So schreibt er *Die Zehn Großen Freiheiten.* Sie sind eine aus dem Alltag für den Alltag junger Menschen formulierte, umschreibende Wiedergabe der Zehn Gebote, wie sie 2. Mose 2–17 überliefert sind. Aus der Feder von Ernst Lange entsteht die bekannte „Paraphrase“, in der es heißt:

Auf die Frage, was das Christentum sei,
antwortete ein Junge:
„Christentum ist das,
was man nicht darf.“
Und wenn man sie nach dem Grund
für diese merkwürdige Ansicht fragt,
reden sie von den Zehn Geboten:
„Da heißt es doch immer
Du sollst nicht!“
Was für ein ungeheuerliches
Mißverständnis! ...
Die Zehn Gebote sind die zehn Artikel
der großen Freiheit, die Gott schenkt.

Langes Übertragung zum Beispiel des Ersten Gebotes lautet:

Ich bin der Herr dein Gott: Du wirst keine anderen Götter haben! Du brauchst keine Angst zu haben! Weder vor der Macht der Sterne noch vor der Macht der Menschen, weder um dein Geld noch um dein Vergnügen. Wenn du dein Herz an diese Dinge hängst, wirst du zum Sklaven. Ich, der allmächtige Gott, will dein Helfer sein. Halte dich an mich, und du bleibst frei.

So wird Gebot um Gebot im Geiste der „großen Freiheit“ neu gesagt, neu angeboten. Das 1958 entstandene Heft hat 1984 seine 16. Auflage erlebt, und noch heute finden Gemeindepfarrer für ihre Arbeit mit Konfirmanden kaum etwas Besseres. Wenn sie sonst von Ernst Lange nicht viel wissen – er begegnet ihnen in den *Zehn Großen Freiheiten.* Sie sind ihnen vertraut, denn sie sind genau gezielt auf die Bedürfnisse junger Menschen, auf ihre Fragen, auf ihre Zweifel.

Ernst Lange erzählt Geschichten, er prägt „Sprüche“, jene in vielen religiösen Kulturen bewährte, aufs äußerste verknappte Form von Lebensweisheit. Von ihr hält er viel, für sie, meint er, „müssen wir unsere Laien erziehen“, weil sie die einzig aussichtsreiche Form der Kommunikation des Evangeliums unter den Bedingungen des industriellen Alltags seien. Die Knappheit der Dialoge, die Prägnanz seiner Songs bilden das Geheimnis der Eindringlichkeit seiner Laienspiele. So experimentiert er unablässig, auf der Suche nach einer „Frömmigkeit in einer weltlichen Welt".

Eine Idee, die jeden Einsatz lohnt. Der Orbishöher Kreis

Ein Experiment von besonderer Tragweite, für das sich Ernst Lange in den Gelnhausener Jahren ungewöhnlich stark engagierte, war die Gründung des „Orbishöher Kreises". Auch mit diesem Projekt hatte er sich schon seit 1953 in Berlin beschäftigt. Als er im Burckhardthaus anfing, stand es ganz oben auf seiner Agenda. Ulrich Kabitz berichtet, wie es sich entwickelt hat:

„Unser ursprüngliches gemeinsames Interesse am Laienspiel hat sich sehr bald auf weitere Schwerpunkte der evangelischen Jugendarbeit ausgedehnt. Ich selber war 1951 als eine Art Kulturreferent in die Jugendkammer der EKD nach Stuttgart berufen worden, um dort eine ‚Mittelstelle für Werk und Feier' einzurichten. Dabei hatte ich zur Bedingung gemacht, daß ein ‚Werkkreis' mit sachkundigen Vertretern der Verbände diese Arbeit mittragen sollte. Ernst gehörte von Anfang an dazu, ferner Johannes Rau, Gerhart Orth und Christa Weiß, deren Namen später noch einmal eine Rolle spielen sollten. Hier galt es sogleich, sich gewichtigen Aufgaben zu stellen wie der Planung der Jugendprogramme bei den Kirchentagen oder der Gestaltung von Materialhilfen verschiedenster Art. Dabei war sofort das Defizit spürbar, wenn Ernst einmal fehlen mußte, so überzeugend waren seine Vorschläge im sensiblen Wahrnehmen des gegenwärtigen Auftrags und im Bemühen um neuen Ausdruck, neue Formen.

Zweifellos war in diesem Kreis so etwas wie eine besondere Kontaktbereitschaft in der jüngeren Generation wirksam. Diese Gleichgestimmtheit ging über die Verbandsgrenzen hinweg und stellte ein Netz von stabilen Beziehungen her, in das etwa der Tübinger Studentenpfarrer Hans Schmidt, der junge Schriftleiter Gerhard Stoll, der CVJM-Sekretär Hans de Boer und Margarete Krüger im Burckhardthaus einbezogen waren.

Gleichzeitig bahnte sich zwischen uns und den ‚Alten' in den Verbandsspitzen eine gewisse Krise an. Es gab da eigentümliche Zusammenhänge mit allgemeineren politischen Vorgängen während der Adenauer-Ära, die von Spannungen gegenüber den dominanten restaurativen Tendenzen geprägt waren. Die im NS-Staat verbotenen Jugendbünde nutzten jetzt die Möglichkeit, sich neu zu konstituieren, während die in den damaligen Einschränkungen einzig gestattete Form der Gemeindejugend nun auch ihrerseits wirksam blieb, ja sich nach der neugewonnenen Bewegungsfreiheit weiter entwickeln konnte. Abgrenzungen und Spannungen steigerten sich, seit ab 1950 den Verbandszentralen durch den Bundesjugendplan beträchtliche Gelder zuflossen, woran die Gemeindejugend mangels eigener Organisationsspitze keinen Anteil hatte. So keimte bei einigen Landesjugendpfarrern die Idee, die Gemeindejugend als eigenes Werk zu formieren.

Währenddessen sahen wir die eigentliche Entwicklung in eine andere Richtung drängen, hin zu neuen ‚Zentren' statt Zentralen, die entweder dem sozialen Ort der Jugendlichen Rechnung trugen oder sachorientiert waren wie unser Werkkreis oder die vom Hamburger Jugendpastor Hans-Otto Wölber geleiteten Studienkurse auf der Heideburg. Aber dieser Sicht entgegen hatte sich im Herbst 1953 die angedeutete Krise zugespitzt. Ich war mit einigen Freunden dahingehend einig geworden, daß es an der Zeit wäre, die Kontakte zu Gleichgesinnten zu nutzen, um sie für eine aktuelle Beratung und zum Gegensteuern zusammenzubringen. Hierüber konnte ich damals Ernst bei einem erneuten Besuch in Berlin berichten. Seine Reaktion war: ‚Das ist eine Idee, für die sich endlich einmal jeder Einsatz lohnt.' Im weiteren Austausch hierüber merkte ich, wie er schier aus dem Stand heraus Konturen für eine tiefer und weiter fassende Konzeption in den Blick bekam."

Die beiden blieben im Gespräch über diese Idee, deren konkrete Verwirklichung sich aber ins Jahr 1955 hinein verlagerte; denn das Jahr 1954 war ganz im Zeichen der Ökumenischen Vollversammlung im amerikanischen Evanston gestanden. Dann erst konnten die Freunde an die Planung für ein Treffen von „Gleichgesinnten" gehen. Dabei hat sich Ernst Lange darum bemüht, dem Kreis eine Gestalt zu geben, die nicht zuletzt von seiner Sigtuna-Erfahrung geprägt war:

intellektuelle und spirituelle Lernelemente mit einer gewissen kommunitären Form zu verbinden. Vielleicht hat ihn der Gedanke des „Durchgangsklosters" immer noch beschäftigt, der den Freunden in Sigtuna so wichtig geworden war. Beim Werden des Orbishöher Kreises stand die „Sigtunastiftelsen" des Bischofs Martin (1917) gewiß ebenso Pate wie Bonhoeffers Bruderhaus in Finkenwalde (1935) und Frère Rogers „Bruderschaft von Taizé" (1940).

Am 18. April 1955 verschickt Ernst Lange einen Einladungsbrief an etwa fünfzehn Frauen und Männer, die zwischen Hamburg und München in der Jugendarbeit stehen. Einige kommen aus der Studentenarbeit, einige aus Freikirchen. Lange schreibt:

Wir wollen weder eine „Tagung" noch eine „Konferenz" noch eine „Sitzung" halten. Zweck dieser Tage soll vielmehr sein: a. ein näheres Kennenlernen; b. Austausch unserer bisherigen Erfahrungen im kirchlichen Dienst; c. Überprüfung und gegebenenfalls Erhärtung unserer Kritik; d. Besinnung über die spezifischen „Fronten" (Schwerpunkte und Chancen) unseres ... Dienstes; e. Beratung über Wege gegenseitiger Hilfe und gemeinsamen Handelns. Besonders zum letzten Punkt werden Sie manche Fragen und Zweifel haben wie ich selbst auch. Hinter dem Gedanken dieser Begegnung steht von keiner Seite her ein bestimmtes Programm. Und selbst, wenn es zur Erörterung des Punktes überhaupt nicht käme, behielte die Begegnung nach meiner Meinung ihren runden Sinn. Auf der anderen Seite drängt die Zeit wohl doch in die Richtung des Handelns im Team, in der Gruppe. Aber inwieweit gerade dieser Kreis von Menschen zu einem Ansatz in dieser Richtung geeignet und fähig ist, das muß wirklich offen bleiben. Die Begegnung wird da sicher rasch Klarheit schaffen.

Der Brief, der zunächst ohne Angaben zum Programm verschickt wird, löst ein lebhaftes Echo aus, wie Ernst Lange seinem Freund schon einige Tage später mitteilen kann. Die beiden einigen sich auf einen Plan, dessen Tageslauf sich um eine fast kommunitäre Struktur mit Andachten, Meditationszeit, Mittagsgebet und täglicher Mahlfeier ordnet.

Vom 9. bis 11. Juni 1955 trifft sich dann ein Dutzend Teilnehmer auf der „Orbishöhe", einer Tagungsstätte des Evangelischen Mädchenwerks in Zwingenberg an der Bergstraße. Den thematischen Mittelpunkt bildet eine Bibelarbeit über Römer 12 mit der

Die Zeit drängt in Richtung des Handelns im Team. Erholungsheim Orbishöhe

Frage nach Konkretionen des „Wachstums am Leibe Christi" und nach der verbindlich handelnden Gruppe. So entsteht auch bereits der Entwurf einer „Ordnung für den Orbishöher Kreis".

Im Rückblick berichtet Ernst Lange:

Die Begegnung von Werk zu Werk, von Arbeitszweig zu Arbeitszweig rechtfertigt allein schon dieses Unternehmen: Jeder von uns hat eine Fülle von neuen Gesichtspunkten für die Beurteilung der Lage der evangelischen Jugend gewonnen, und wir haben Wege zu wirksamerem Dienst beraten. Vor allem aber haben sich uns Möglichkeiten gemeinsamen Handelns gezeigt.

Während das Echo der Teilnehmer positiv bis enthusiastisch ist, machen bei den Verbandsspitzen allerlei abfällige Kommentare die Runde. Gleichwohl wirkt diese Wortmeldung als letzter Auslöser zur

Einberufung einer außerordentlichen Hauptversammlung der „Arbeitsgemeinschaft der Evangelischen Jugendarbeit in Deutschland“ (AGEJD) im Januar 1956 in Bad Boll, einer ersten Gelegenheit zum „gemeinsamen Handeln“. Ernst Lange soll auf dieser Tagung neben Arnold Dannenmann und Hans-Otto Wölber ein Referat halten zu *Stand und Entwicklungsmöglichkeiten der EJD* und bittet davor zu dessen Vorbereitung einige Orbishöher nach Frankfurt.

Es kommt zu weiteren Zusammenkünften mit bald wachsender Teilnehmerzahl und einigen Frauen darunter wie Christa Springe, Margarete Krüger und Christa Weiß. Inhaltlich geht es in klarer Konsequenz um Verbindlichkeit, dann um „mündiges Leben als Diakonie“, schließlich um das Gesamtkatechumenat, das sich zum zentralen Thema entwickelt. Hierzu referiert Ernst Lange mehrfach; hier bahnt sich seine eigene Beschäftigung mit der Sache der Erwachsenenbildung an, der er sich bis in die letzten Jahre seines Lebens intensiv widmen wird.

Zwischendurch müssen Meinungsverschiedenheiten ausgetragen werden. Bei der Vorbereitung zum dritten Treffen im Dezember 1956 stellt Ernst Lange die Forderung, „daß wir von nun an, wenn sich die Sache lohnen soll, ernsthafte Vorbereitungen treffen müssen. Wir müssen unsere Referate in einer akademisch vertretbaren Weise vorbereiten.“ Dabei bezieht er sich ausdrücklich auf eine Äußerung von Hans Schmidt, derzeit Assistent von Helmut Thielicke in Hamburg. Mit ihm ist er in einen ungemein anregenden und ideenreichen Gedankenaustausch geraten. Dem Protest einer Teilnehmerin, ein solches Studienprogramm liege doch wohl nicht im Sinne der Erfindung des Kreises – dann könne man ja gleich zu einem Studienkurs von Wölber gehen, hält er entgegen, daß „wir es uns nicht erlauben können, nur so ohne rechtes Arbeitsziel unsere Probleme und Problemchen miteinander auszutauschen ... Wozu haben wir die vielen, im echten Sinn des Wortes mündigen Laien in unserem Kreis, wenn sie uns dabei nicht auf die Finger klopfen ... Theologie ist eine Funktion des Glaubens, nicht ein Beruf.“

Das vierte Treffen im Dezember 1957 im Esslinger Waldheim war zur Überprüfung der bisherigen Arbeit in Richtung Gesamtkatechumenat gedacht. Doch es kam anders. Noch einmal Kabitz: „Wir

Wir sind als evangelische Jugendleiter für junge Menschen verantwortlich gemacht. Treffen des „Orbishöher Kreises" Mai 1959 in Gelnhausen. Von links: Peter Stolt, Jörg Zink, Margarete Krüger, Susanne Pirwitz, Ernst Lange, Ulrich Kabitz, Christa Springe, Hans Gutknecht, Gerhart Orth, Peter Krusche, Irene Pinkau

empfanden von Anfang an, daß sich das Klima verändert hatte. Es war angeheizt durch die Debatte um die in Bonn geplante Atombewaffnung der Bundeswehr; sie schob alles andere auf der Tagesordnung beiseite. Mit einem Mal standen wir vor einer politischen Entscheidung und meinten, zu einer Art Protestaktion verpflichtet zu sein. Es sollte erst ein ‚Wort der Evangelischen Kirche an die jungen Wehrpflichtigen' sein, für das sich aus unserem Kreis Ernst Lange, Jürgen Schroer und Peter Stolt mit Eberhard Stammler zusammensetzten. Doch da es mit ihm zu keiner Einigung kam, entschlossen wir uns zu einer selbständigen ‚Erklärung evangelischer Jugendführer zur atomaren Bewaffnung der Bundeswehr', einem von Ernst Lange entworfenen Flugblatt." Die „Erklärung" konstatiert die „große Unruhe" angesichts der Frage, ob die Bundeswehr mit atomaren Waffen ausgerüstet werden soll.

Wir sind als evangelische Jugendleiter für junge Menschen verantwortlich gemacht, die durch die Beschlüsse unserer staatlichen Organe in dieser Sache noch viel unmittelbarer betroffen sein werden als wir ... Ein mit atomaren Waffen ausgerüstetes Heer ist nach allem, was wir über diese Waffen wissen, kein verantwortliches Mittel staatlicher Macht und Gewalt. Atomare Waffen können von uns nur als Mißbrauch der Macht des Menschen verstanden werden.

Wie immer man das fünfte Gebot im Zusammenhang der Kriegsfrage bisher verstanden haben mag, wir sind überzeugt davon, daß der Satz „Du sollst nicht töten!" den Einsatz zumindest der atomaren Waffen und also auch die Vorbereitung auf einen Atomkrieg strikt verbietet, mögen die Motive dazu noch so stark und so einleuchtend sein. In diesem Sinne sehen wir uns genötigt zu der dringenden Bitte:

I. an die verantwortlichen Politiker unseres Landes, auf die Ausrüstung der Bundeswehr mit atomaren Waffen Verzicht zu leisten;

II. an die Leitung unserer Kirche, mehr zu tun, um in dieser Frage zu einem einhelligen und klaren Ratschlag an die Gemeinden zu kommen und den Staat zu einem Verzicht auf die atomare Bewaffnung zu ermutigen;

III. an unsere Mitchristen und vor allem an die jungen Menschen, die sich zum evangelischen Glauben halten: prüft und entscheidet in der Verantwortung vor Gott, ob ihr direkt oder indirekt an einem atomaren Krieg, an der Rüstung zu einem solchen Krieg und der militärischen Übung mit atomaren Waffen beteiligt sein dürft.

Wir, die Unterzeichneten, müssen für uns selbst diese Frage mit Nein beantworten und werden diese Entscheidung den uns anvertrauten jungen Menschen gegenüber vertreten und begründen.

Im Frühjahr 1958

Unterzeichnet ist die Erklärung unter anderen von Hans A. de Boer, Peter Dienel, Ulrich Kabitz, Peter Krusche, Ernst Lange, Gerhart Orth, Dr. Irene Pinkau, Johannes Rau, Dr. Hans Schmidt, Jürgen Schroer, Gerhard E. Stoll, Peter Stolt, Ilse Ueckert, Christa Weiß, allesamt Mitglieder des Orbishöher Kreises. Auch Adolf

Sommerauer gehörte zu den Unterzeichnern. Der später populär gewordene Fernsehpfarrer hatte sich den Orbishöhern angeschlossen. Einige, die nicht unterzeichnen mochten, zogen sich aus dem Kreis zurück.

Von 1960 an veränderte sich einiges. Mehrere wechselten von der Jugendarbeit zu anderen Aufgabenfeldern in kirchlichen Ämtern, in Pressehäusern und Verlagen, an Hochschulen oder wie bei Johannes Rau gar in die Politik. Aber man hielt an den jährlichen Zusammenkünften fest, und wenn Ernst Lange auch durch andere von der Leitung entlastet war, blieben sie ihm wichtig, um in dieser Runde eigene neue Vorhaben wie die „Predigtstudien“ als eine Art Probelauf hier zur Diskussion zu stellen.

Die Weichen zum Brunsbütteler Damm werden gestellt

Als Ernst Lange zu Beginn des Jahres 1955 in das Burckhardthaus wechselte, hatte ihn seine Kirchenleitung für drei Jahre beurlaubt. Nun erwartete man ihn im Sommer 1958 in Berlin zurück. Eine Rückkehr zu diesem Zeitpunkt hätte einen fatalen Abbruch seiner blühenden, im Aufwind befindlichen Verlagsarbeit bedeutet. Von der Leitung des Burckhardthauses – Oberin Gertrud Friedrich und Direktor Jörg Zink – nachdrücklich unterstützt, bat Ernst Lange das Berliner Konsistorium darum, die Wiederaufnahme seines Dienstes in Berlin um ein Jahr zu verschieben. Er schilderte die verschiedenen Verlagsprojekte, die unterwegs waren und durch seinen plötzlichen Weggang empfindlich gestört, wenn nicht abgebrochen werden würden. Das Konsistorium in Berlin zeigte Verständnis, und man einigte sich auf den 1. August 1959 als Termin der Rückkehr in die Berliner kirchliche Arbeit.

Im Zuge dieser Verhandlungen trug Ernst Lange zum ersten Mal der Kirchenleitung seine Gedanken über die Notwendigkeit einer neuen Art von Gemeindearbeit vor, der er sich gerne widmen würde. Der zuständige Oberkonsistorialrat Schröter nahm diese Überlegungen nicht nur positiv auf, sondern machte sie sich zu eigen: „Mehr und mehr wird mir deutlich“, schrieb er Anfang 1958 an seine Kollegen in der Kirchenleitung, „daß wir auch bei uns in Berlin versuchen sollten, mit fähigen Amtsbrüdern solche jetzt zunächst etwas abwegig erscheinenden Gedanken zu verwirklichen. Ich glaube, daß die kirchliche Arbeit heute mehr denn je Formen fordert, die vom bisher Üblichen abweichen." Ernst Lange hatte ihm von Beobachtungen und Erfahrungen in Westdeutschland, aber auch in den USA eingehend berichtet und dabei auch die Dienstgruppenarbeit in den Slums von New York und Chicago erwähnt. Zusammen mit Alfred Butenuth, der noch in Tübingen studierte, legte er im Januar 1958 ein Memorandum vor:

Entwurf für eine Gemeindearbeit von einem Nachbarschaftszentrum aus

I. Lage und Größe des Gemeindebezirks:

Eine neu entstehende Siedlung in einer nach Möglichkeit vorwiegend, aber nicht ausschließlich von Arbeitern bewohnten Gegend mit 2000–3000 Menschen.

II. Die Arbeitsgruppe:

Zwei Pfarrer mit Familien, eine Gemeindehelferin oder Sozialarbeiterin, ein Arzt oder Jurist, ein Arbeiter oder Techniker. Diese Gruppe, die sich aus dem Kreis der Gemeinde später erweitert, führt eine vita communis auch in wirtschaftlicher Beziehung. Für die anstellende Kirchenbehörde wären nur ein Pfarrgehalt und ein Gemeindehelferinnengehalt zu bezahlen, da die Glieder der Gruppe sämtlich in der einen oder anderen Form zum Unterhalt der Gruppe beitragen.

III. Die Arbeit verläuft in groben Umrissen nach der Art der Nachbarschaftszentren.

Kontaktpunkte: Gründlicher Besuchsdienst in Familien, Vereinen und Verbänden und Betrieben – Berufsarbeit der Glieder der Gruppe in den Betrieben der Gegend (ergibt sich aus der Struktur des Bezirks) – Offene Abende und Veranstaltungen in den verschiedenen geographischen Schwerpunkten des Bezirks (Schule, Gasthaus, Sportplatz etc.) – Eine ständige Spiel- und Puppenspielgruppe – Seminare (Hausfrauenkurse, Erziehungsberatung, Eheberatung, kommunalpolitische Arbeitskreise, Bildungsseminare) – Nachbarschaftssonntage – Jungfamilienarbeit –

Die normalen Amtshandlungen: der Konfirmandenunterricht erfolgt im Rahmen und nach dem Stil der Jugendarbeit als Jugendunterweisung mit dem Ziel der Konfirmation, deren Zeitpunkt sich aus dem Zusammenleben mit den einzelnen jungen Menschen ergibt.

IV. Organisation:

Nach einer Phase des Kontaktschaffens setzen Laien- und Mitarbeiterseminare ein mit folgenden Zielen:

a) Umfangreiche, auf ehrenamtlicher Mitarbeit beruhende Jugend- und Jugendklubarbeit.

b) zeitlich begrenzte Arbeitsgemeinschaften mit kommunalen und gemeindlichen Aufgaben – Durchdringung der Gemeinde mit Nachbarschafts-, Haus- und Betriebskreisen (Bezirksälteste) – Schulung von Gemeindegliedern zur Mitarbeit in den örtlichen politischen, gewerkschaftlichen und kulturellen Organisationen – Anregung einer schöpferischen Freizeitgestaltung in den natürlichen Gesellungsformen (Familie, Haus, Nachbarschaft).

V. Baulichkeiten:

Die Arbeit beginnt in der Improvisation (Mietwohnung, Ladengeschäft, Lokal). Ihr Ziel ist der Bau eines Nachbarschaftszentrums (Gemeindesaal, Versammlungsraum, der für die kommunalen Veranstaltungen zur Verfügung gestellt werden soll, Klubräume für Erwachsene und Jugendliche, eine Restauration für Gemeindesonntage etc.). Dieses Haus soll personell und finanziell aus den Kräften der entstehenden Gemeinde gebaut und gestaltet werden. Als Fernziel besteht der Plan, ein Gemeindeerholungsheim am Rande der Stadt zu schaffen.

Im März 1958 gab das Evangelische Konsistorium seine Zustimmung zu diesem Vorhaben. Das bedeutete grünes Licht für den Beginn der praktischen Vorarbeiten, vor allem der Auswahl eines geeigneten Gemeindebezirks. Ein Aktenvermerk vom November 1958 teilt mit: „Pastor Lange soll an der nord-östlichen Grenze der Kirchengemeinde Berlin-Staaken (Dorf) in der Nachbarschaft der Schwartzkopff-Werke einen kleinen eigenen Bezirk erhalten, der ein in der Erstellung befindliches Siedlungsgebiet umfaßt. Dieses Gebiet ist klein genug, um ihm Freiheit zu lassen, die Hälfte seiner Dienstzeit für seine sozialpädagogischen Aufgaben zu verwenden." Damit waren für Ernst Lange die Weichen nach Berlin gestellt. Die bis dahin wichtigste seiner „zwanzig oder dreißig Ideen" begann Gestalt anzunehmen.

Bis zum Ende der Gelnhausener Zeit im Sommer 1959 halten ihn Bibelarbeiten, Meditationen und Artikel in den Zeitschriften seines Hauses in Atem. In einer Sendung für den Süddeutschen Rundfunk beschreibt er noch einmal seine New Yorker Schlüsselerfahrung in der Reihe „Frömmigkeit in einer weltlichen Welt“ unter dem Titel *Versuch in East Harlem.* In der „Kleinen Burckhardthaus-Bücherei“ veröffentlicht er 1959 zwei Broschüren, von denen die letzte den Titel trägt: *Ruf nach vorwärts.* Sie erschien zum 25jährigen Jubiläum des Barmer Bekenntnisses und stellt Geschichte, Inhalt und Bedeutung von „Barmen“ dar: „Diese Broschüre hat nur das eine Ziel, Leiter und Verantwortliche der evangelischen Jugendarbeit heute an Barmen zu erinnern.“ Es gelingt Ernst Lange, das Barmer Bekenntnis historisch und theologisch so zu vermitteln, daß sein Schluß nicht deklamatorisch, sondern herausfordernd wirkt: „Was Barmen heute bedeutet, entscheiden wir ...! Es darf nicht Papier werden!“ Nie hat Ernst Lange sich und andere aus der vorwärts gerichteten Aufarbeitung der Vergangenheit entlassen.

Dabei gab es für ihn kein konfessorisches Tabu. Über der Burckhardthaus-Zeit spannte sich so der Bogen einer politischen Theologie, die vom öffentlichen Widerspruch in der Paulskirche (1955) bis zur kritischen Vergegenwärtigung von Barmen (1959) reichte. Dieser Bogen weist vorwärts auf die politische Theologie seiner *Ökumenischen Utopie* (1972) und seinen bundesdeutschen Wahlaufruf *Wider das Geschäft mit der Angst* (1972).

Als ein Zeichen der Freundschaft

Ernst Lange hat sein Erstlingswerk *Von der Meisterung des Lebens* „den Freunden des Orbishöher Kreises in Dankbarkeit“ gewidmet. In seinem Begleitschreiben an die „Lieben Freunde“ vom 25. März 1957 heißt es:

Wenn Sie die ersten Seiten des beiliegenden Buches aufblättern, werden Sie feststellen, daß es den „Freunden des Orbishöher Kreises“ gewidmet ist. Der Ausdruck „in Dankbarkeit“ ist dabei keine Redensart. Für mich ist das regelmäßige Zusammensein mit Ihnen eine Quelle der Freude und des Auftriebs, der Ideen und der Besinnung für meine Arbeit. Von daher war der Satz mir ein wirkliches Bedürfnis. Daß die vorliegende Arbeit Anlaß zu mancher Frage geben wird, ist mir klar. Nehmen Sie das beiliegende Exemplar gleichwohl als ein Zeichen der Freundschaft freundlich entgegen.

Ernst Lange hat mit dem Orbishöher Kreis hohe Erwartungen verbunden. Was er dort erfuhr, hat er in seinem Begleitschreiben zum Buch benannt: „Freude und Auftrieb, Ideen und Besinnung". Das „Zusammensein mit Ihnen" hat wohl auch ein viel tiefer liegendes Bedürfnis nach erlebbarer Gemeinschaft, ja Freundschaft befriedigt. Während seines ganzen Lebens war er immer von guten Freunden umgeben, auch wenn die Art und Dichte der Beziehungen wechselte. Entwickelte sich eine Freundschaft, so war sie stets eingebettet in ein gemeinsames Suchen, Fragen oder in ein gemeinsames Vorhaben. Ernst Lange hatte dieses untrügliche Gespür für neue Entwicklungen und heraufkommende Fragestellungen – nicht nur im kirchlichen oder theologischen Bereich, auch in der Politik, auch in der Kunst. Dafür brauchte er das Gespräch, suchte er den Austausch. Freundschaft war für ihn nie auf Sentimentalität gegründet. „Ich hasse nichts so sehr wie Sentimentalität", hatte er als Sechzehnjähriger an seine Freundin Ruth geschrieben. Er legte strenge Maßstäbe an – an andere wie an sich selbst und an die gegenseitigen Beziehungen. „Eine Korrespondenz muß einen inneren Wert haben." Zu nahe treten durfte man ihm nicht. Er war als Freund nicht jederzeit verfügbar, aber er war ein treuer Freund. Er trat für Freunde ein, wenn sie in Bedrängnis gerieten. Über sich selbst, über eigene Schwierigkeiten sprach er so gut wie nie. Er bedurfte der Freundschaft, auch wenn er selbst kein einfacher Freund war. Er konnte von ungewöhnlicher Rücksichtnahme, ja Zartheit sein, wenn er einem Menschen in Not begegnete. Gleichwohl wirkte er oft verschlossen, fast schroff. „Zärtlichkeit und Schmerz" (Kurt Marti) wohnten bei ihm in der Freundschaft nahe zusammen. Heiko Rohrbach erinnert sich 1995: „Ernst Lange ist für mich gegenwärtig. Als ‚Instanz' möchte ich sagen. Als einer, den ich frage, wenn ich mich vergewissern möchte, ob der Weg richtig ist, den ich gehen will. Wir waren Freunde – so weit man mit Ernst überhaupt Freund sein konnte. Ich bin in seiner Gegenwart nie völlig locker, entspannt, einfach nur mein normales Ich gewesen. Und dann der Orbishöher Kreis. Die ersten Treffen. Also wohl 1955 oder 56. Ich fühlte mich ehrfürchtig erdrückt von den hehren, steilen Zielen, die Ernst uns anderen theologisch, gesellschaftskritisch, kulturphilosophisch und spirituell vorgab. Es war, als hätten wir die Welt noch einmal zu erschaffen. Besser

Auf der Suche nach Möglichkeiten der Kommunikation des Evangeliums.
Hans Jürgen Schultz

natürlich und in wenigen Sitzungen unsres Kreises, denn die Zeit drängte natürlich unerträglich – theologisch, geistlich, politisch versteht sich. Am nächsten sind wir uns wohl gekommen, wenn wir, die Arme dem andern auf die Schultern gelegt, miteinander geschwiegen haben."

Ernst Langes Freundschaftsbeziehungen erschöpften sich keineswegs im Orbishöher Kreis. Um nur eine weitere zu nennen:

Aus der intensiven Arbeitsbeziehung mit Hans Jürgen Schultz, inzwischen Leiter des Stuttgarter Kirchenfunks, hatte sich schon in der Burckhardthauszeit eine freundschaftliche Beziehung entwickelt. Sie galt vor allem der gegenseitigen Anregung. Sie führte aber auch dazu, daß Ernst Lange die Tochter des Ehepaars Schultz in Stuttgart taufte. An den Tauftag der Tochter Anne Simone erinnert sich Hans Jürgen Schultz als an ein heiteres Fest. Ernst habe auch allerlei

Unsinn getrieben, Kopfstände vorgeführt und Tabletts balanciert. Als dem Hausherrn der Korken der Sektflasche vorzeitig entsprang und der rote Sekt sich im Zimmer ergoß, habe sich Ernst vor Lachen gebogen und erklärt: „Das Stück heißt: Der Flammenwerfer!“

Autor im Gespräch

Neben der Entfaltung und Artikulierung seines politischen Engagements, neben der Erfahrung des „Gemeinsamen Lebens“ im Orbishöher Kreis stand für Ernst Lange während seiner Zeit im Burckhardthaus die weitgefächerte Tätigkeit als Autor im Vordergrund.

„In seinen Veröffentlichungen, Büchern, Studien, Aufsätzen, Gedichten, Spielen, Szenen, Meditationen, Predigten, Exegesen zeigen sich der Reichtum seines Wesens und die Weite seines Horizontes“, schreibt Ingeborg Becker, die Leiterin des Burckhardthauses Berlin (Ost). „Er hatte eine große Sprachgewalt, ohne je manieriert zu schreiben oder zu sprechen. Er schliff seine Worte, bis sie genau das sagten, was er ausdrücken wollte, versetzte Altbekanntes in neue Zusammenhänge, setzte biblische Begriffe um in unsere Alltagssprache, ohne trivial zu werden, erfand Formeln (‚Religion ist die Energie der Menschheit‘), die den Leser aufhorchen lassen und ihm neue Horizonte erschließen, die den Fernstehenden Zugang zur guten Botschaft des Evangeliums verschaffen.“

Ernst Lange war in jedem seiner Texte ein Autor im Gespräch. Ihm stand ein konkretes Gegenüber vor Augen. Diesem dialogischen Schreiben hat er auch immer wieder Ausdruck gegeben: „Sie wollen Ihr Leben meistern“, so redet er seinen Leser in seinem ersten Buch an. „Das will ich auch.“

„Lieber Freund, in Ihren Schuhen habe ich eine ökumenische Reise gemacht“, so beginnt seine *Ökumenische Utopie* (1972). Seine berühmt gewordene, erst posthum veröffentlichte *Eingabe an einen westdeutschen Kirchenführer* richtet sich an einen „Hochwürdigen Herrn Bischof“. Die Namen der Adressaten bleiben jedes Mal im Dunkel. Nicht jeder kann gemeint sein – aber jeder Leser kennt einen solchen „Freund“ oder einen solchen „Hochwürdigen Herrn Bischof“ und liest den Text mit dem entsprechenden Blick. Ernst Lange hat nie abstrakte, thematisch orientierte Texte verfaßt. Sie waren immer adressiert, am Gegenüber interessiert. So stellt er dem ersten Band der Predigtstudien 1968 nicht etwa eine Einführung in die „Methode" voran, sondern er beginnt mit einem „Brief an einen Prediger". Und da heißt es dann: „Lieber Freund, am kommenden Sonntag werden wir wieder zu predigen haben. Was hilft uns dabei?" Seine „Auslegung" der Zehn Gebote hat er als Gespräch über *Die Zehn Großen Freiheiten* gestaltet. Gab es keinen Adressaten, so erfand er ihn: Seine Weihnachtserzählung von den *Drei Hirten* adressierte er – laut Verlagsmitteilung – an seine drei Patenkinder (die er gar nicht hatte!). Aber drei Patenkindern wollte er diese Geschichte erzählen.

Vermutlich hängt mit der Konkretion seiner Adressaten die Genauigkeit seiner Formulierungen, die Tiefenschärfe seines Stils zusammen. Bei vielen Sätzen bekommt man beim Lesen das Empfinden, es würden gleichzeitig fünf oder sechs Schichten des Bewußtseins angesprochen: das emotionale und das intellektuelle, das religiöse und das politische, das private und das öffentliche Gewissen beginnen gleichzeitig zu reagieren. Auf dieser nicht konstruierbaren, sondern intuitiven, letztlich künstlerischen Formulierungsgabe beruht wohl die Faszination seiner Sprache.

Man hat Ernst Lange teils bewundernd, teils abschätzig einen „Essayisten" genannt: in seiner Predigt, in seiner Theologie, in seinen Entwürfen. Er war ein genialer Experimentierer – auch in der Sprache. „Unsere Urmutter als geschichtliches Wesen ist die Sprache, die eigentliche Heimat, die wir haben, aber zugleich ein nahezu unbegrenzter Spielraum zum Vorwärtsdenken und Vorwärtskommen." So hat er über die Sprache geurteilt, so hat er sie praktiziert, als „Spiel, in dem der Mensch seinen Möglichkeiten auf die Spur kommt". Auch im Umgang mit Sprache blieb er ein Spielender, ein Suchender, ein Lernender bis zuletzt.

Das Erstgeburtsrecht der größeren Treue

Ernst Lange verließ das Burckhardthaus am 29. August 1959. Bis zum letzten Tag arbeitete er von früh morgens bis spät in die Nacht. Am Morgen seiner Abreise nach Berlin hielt er noch einmal die

Morgenandacht für das Haus. Ernst Langes Morgenandachten wurden von der Hausgemeinschaft immer mit gespannter Aufmerksamkeit wahrgenommen. Sie wurden hektographiert, gingen von Hand zu Hand. Schülerinnen von damals hüten sie bis heute. Christa Werner-Weiß gibt einen verbreiteten Eindruck wieder, wenn sie berichtet, daß gegenüber seiner in sich gekehrten, manchmal abweisenden Art „seine geistlichen Aussagen um so stärker wirkten. Das war das eigentlich Faszinierende an ihm: die Kraft seiner Überzeugung. In seinen theologischen Gedanken in Hausandachten, Artikeln, Reden und Referaten war eine seiner Stärken die Paraphrase: die theologische Interpretation gepaart mit der klärenden Kraft der Sprache. Die Prägnanz und Aussagekraft dieser Texte haben sich mir eingeprägt. Einen umfassenden Eindruck von ‚seiner Theologie' zu gewinnen war mir nicht möglich. Es beseelte ihn aber eine unerhörte Zuversicht, die mich aufhorchen ließ."

In seiner Abschiedsandacht im Burckhardthaus sprach er über jene seltsame Geschichte, die berichtet, daß der alte, blinde Jakob in einer Art törichten Verwechslung den Erstgeburtssegen statt an den Erstgeborenen Manasse an den Nachgeborenen Ephraim gibt – in einer Art Wiederholungszwang seiner eigenen Geschichte, in der der alte, blinde Isaak seinen Segen statt an Esau an Jakob gab. Kommentar Ernst Lange: Jakob habe dennoch eine Entscheidung Gottes vollstreckt, die Geschichte gemacht hat. „Gottes Entscheidungen machen immer Geschichte, sie bleiben nicht unwirksam." Dann aber lenkt er die Aufmerksamkeit seiner Hörergemeinde auf das mit dieser Geschichte aufgeworfene Lebensproblem: Wie gehe ich damit um, daß mir in meiner Arbeit, in meinem Leben Konkurrenz ersteht, der alles besser gelingt als mir, der ich doch das Erstgeburtsrecht der größeren Treue besitze? Ist Gott wider mich? Drei persönliche Ratschläge gibt Ernst Lange der Hausgemeinde dazu mit auf den Weg:

Je entschlossener wir uns von dem Gott, der uns mit seinen Entscheidungen quält, zu dem Gott flüchten, dessen Güte fest steht, desto leichter wird es, sich zu schicken. Zweitens: zu den Schulaufgaben des Menschen in der Schule des Lebens gehört es sicher, daß er es lernt, sich nach der richtigen Seite zu vergleichen. Es gilt da die Regel: in dem, was wir tun oder schaffen, sollen wir uns immer nach oben vergleichen und in dem, was wir leiden, immer nach unten ...

Zuletzt aber lenkt Ernst Lange den Blick auf das Kreuz Jesu als Sinn-Bild der „Ungerechtigkeit“ Gottes und sagt:

Das Kreuz steht auch für den da, der mit seiner Zuteilung an Glück und Erfolg, an Segen hadert. Er versenke sich in den Anblick dieses Kreuzes, er flüchte sich zu dem, der an diesem Kreuze hängt. Und das Hadern wird ihm vergehen.

Zwischen Ladenkirche und Hochschule

oder: theologia practica (1960 bis 1965)

Am 4. Oktober 1959 schreibt Ernst Lange einen Brief an die Hausgemeinschaft im Burckhardthaus. Es ist das erste Lebenszeichen aus Berlin:

Der Abschied vom Burckhardthaus war tatsächlich viel schwerer, als wir erwartet hatten. Ein ganz großes Haus voller Freunde verläßt man nicht einfach ungeschoren. Die Freundschaften, die Bruderschaften im Verlag und im Verband des Burckhardthauses, die hundert Beziehungen in alle Länder des Bundesgebietes hatten und haben Sinn und Kraft von dem Auftrag her, aus dem sie erwachsen sind. Darum sind sie nicht verloren. Darum erweisen sie sich als haltbar und tragfähig auch in einer ganz neuen Situation. Und das macht uns alle sehr dankbar für die vergangenen fünf Jahre, dankbar nach vielen Seiten.

Ich selbst habe wohl in mancher Hinsicht die schärfste Umstellung zu vollziehen. Jeden Morgen um drei Viertel fünf muß ich aus den Federn – wer mich kennt, weiß, daß schon das nicht immer ganz leicht ist. Tatsächlich stellt sich allein aufgrund dieser einen Tatsache mein ganzer Lebensrhythmus zusehends um. Um sieben Uhr beginnt mein Arbeitstag als Hilfsschlosser bei Orenstein und Koppel, einer Fabrik, die Bagger und Waggons (Eisenbahnwagen, U-Bahnwagen, Straßenbahnen, Omnibusse und dgl.) baut. Die Fabrik hat etwa 1 800 Arbeiter ...

Meinen Kollegen geht es fast allen so wie mir selbst, daß sie alles in allem von fünf Uhr morgens bis sechs Uhr abends direkt im Bann ihres Arbeitstages stehen. Eine Kirche, die sich auf diese Tatsache nicht einstellt, geht an den primitivsten Problemen modernen Lebens vorbei. Ich bin einfach erschüttert, daß eine große Zahl unserer Zeitgenossen Woche um Woche ein Leben so ganz ohne wirkliche Gegenwart leben müssen.

Andere Fragen, die ich jetzt nur andeuten kann: Wo ist die Solidarität der Arbeitnehmer, von der die frühe Arbeiterbewegung doch wohl gelebt hat? In unserem Betrieb regiert die Gruppenkonkurrenz in einem quälend starken Maße. Nehmen Sie bitte diese wenigen Bemerkungen wirklich nur als sehr subjektive Eindrücke, die noch gründlich überprüft werden müssen.

Am 1. Februar wird dann die eigentliche Gemeindearbeit beginnen. Wie wir uns das denken, wollen wir Ihnen in einem künftigen Brief ein bißchen erzählen. Wie es wirklich ausläuft, kann dann nur die Realität erweisen oder, besser, der, der der Herr der Realität und der Herr der Gemeinde ist.

Die Welt ist anders geworden. Und die Kirche?

„Zum 1. Februar 1960 wurde im Kirchenkreis Berlin-Spandau eine neue kreiskirchliche Pfarrstelle errichtet." Mit dieser dürren Mitteilung beginnt der als *Bilanz '65* betitelte Bericht über das vielleicht berühmteste Projekt der Kirchenreform-Bewegung in Deutschland. Diese Bewegung hat etwa von 1960 an die deutschen Kirchen ein Jahrzehnt lang belebt, aufgeschreckt und mancherorts wohl auch verändert. Das Berliner Reformprojekt wurde unter verschiedenen Namen bekannt: „Gemeinde am Brunsbütteler Damm" – „Berliner Ladenkirche" – „Experiment Ladenkirche". Es formierte sich zunächst in aller Stille – eine Stille, die begünstigt oder verstärkt wurde durch die Isolation West-Berlins von Westdeutschland. Hier setzten schüchterne „Reform"-Versuche von Kirchengemeinden erst zwei Jahre später ein. Der Kirchentag 1963 wirkte als bundesweiter Katalysator, als er in Dortmund „Kirchenreform" zum öffentlichen Thema erhob.

Die *Bilanz '65* notiert: „Der Plan entstand in Westdeutschland in den Jahren 1958 und 1959. Die Initiatoren waren Pfarrer Ernst Lange, damals Gelnhausen, und stud. theol. Alfred Butenuth, damals Tübingen." Von Kirchenreform redete noch niemand. Aber in der Kirche gärte es. 1958 setzte Hans Jürgen Schultz seine aufsehenerregende und sogleich leidenschaftlich debattierte Sendereihe in Gang: „Kritik an der Kirche". Unter den Autoren, die er gewann, befand sich auch Ernst Lange mit dem Essay *Was erwartet die Jugend von der Kirche*. Ihm schärfte Schultz in seinem Einladungsbrief ein: „Es geht

Unkultischer Stil im Bäckerladen. Die „Gemeinde am Brunsbütteler Damm“

nicht um Vermehrung des mürrischen Geschimpfes, sondern darum, daß endlich laut wird, was laut werden muß. Die Kirche muß sich heute radikal in Frage stellen lassen, anstatt ihrerseits fortwährend zu fragen, zu rügen, zu zensieren etc. Reformation vollzieht sich nicht im introspektiven Blick auf sich selbst, sondern im neuen Ernstnehmen der Sendung in die Welt.“

Mit diesen Gedanken rannte Hans Jürgen Schultz bei Ernst Lange offene Türen ein. Er war schon seit Jahren dabei, über die „verbesserliche Kirche“ nachzudenken. Nun schickte er sich an, seine Gedanken exemplarisch in die Tat umzusetzen. Während seines Amerika-Aufenthaltes 1954 hatte er einen nachhaltigen Reformanstoß empfangen, als er das New Yorker Slum East Harlem besuchte und dort die East Harlem Protestant Parish bei der Arbeit sah. Davon hatte er bei seinen engsten Freunden nach der Rückkehr aufgewühlt berichtet. Mit Alfred Butenuth beriet er darüber, welche Konsequenzen sich daraus für die völlig andere volkskirchliche Situation in Deutschland ziehen ließen. Sie kamen überein, ein Experiment innerhalb der herkömmlichen parochialen Strukturen zu planen. Das Ziel sollte ihre allmähliche Wandlung sein. Das „Experiment Ladenkirche" wollte zwar den Anstoß von East Harlem aufnehmen, aber „den Initiatoren lag daran, den Nachweis der Wandlungsfähigkeit einer normalen Ortsgemeinde zu führen". Darum waren sie auch an „einer normalen Ausgangslage interessiert", das heißt, es sollten „neue Formen der Gemeindearbeit erprobt werden" (so lautete der offizielle Auftrag), die zu ihrer, den radikalen Veränderungen der Industriegesellschaft entsprechenden Verflüssigung und Verwandlung führen könnten.

Die Arbeit am Brunsbütteler Damm begann in einem Bezirk mit etwas über 3000 Einwohnern, deren Zahl bis 1965 auf fast 5000 anwuchs. Soweit es sich um Fabrikarbeiter handelte, war Ernst Lange durch sein Betriebspraktikum der Härte ihres Alltags schon selbst begegnet. Das aktive Leben der Gemeinde, die sich zunächst „Dienstgruppe" nannte, begann mit einem Gottesdienst in einer Altentagesstätte am Brunsbütteler Damm 21. Erst zu Pfingsten konnte die „Ladenkirche" am Brunsbütteler Damm 17 mit einem „Gemeindetag" eingeweiht werden. Diese Ladenkirche, die dem Experiment künftig seinen Namen gab, bestand aus einem angemieteten Bäckerladen, der mit seinem erhalten gebliebenen Schaufenster an das New Yorker Vorbild erinnerte, ohne indes daraus ein Programm machen zu wollen. Dennoch wurde es zu einem wichtigen Zentrum der Kommunikation, auf dessen Einrichtung große Sorgfalt verwendet wurde. Entscheidend war die funktionale Ausstattung des Gemeinde-Stützpunktes: Da gab es einen Versammlungsraum, der höchstens 120 Menschen faßte, einen Raum für Kinderarbeit, einen großen Keller, ein Büro, Küche, Toiletten. Der Versammlungsraum prägte den Gottesdiensten einen „unkultischen Stil" fast familiärer Art auf. Das Fehlen von Altar und Talar fiel kaum auf, das Gespräch legte sich nahe, zumal die Stühle so weit wie möglich im Halbkreis angeordnet waren. „Über den ersten Versammlungen", schrieb Ernst Lange, „lag eine ausgesprochene Gründer-

und Aufbruchsatmosphäre, ein Stück Enthusiasmus." Zunächst kam ein umfangreiches Dienstgruppen-Programm in Gang, das aber angesichts der kleinen Teilnehmerzahl „bald völlig zusammenbrach". Daraus resultierte „die Möglichkeit nüchterner langfristiger Arbeit", die die ersten drei Jahre der Ladenkirche prägte. Für sie stellte Ernst Lange sieben „Leitsätze" zur Diskussion, an denen sich die Arbeit orientierte und mit deren Hilfe in der *Bilanz '65* eine Kontrolle des bisherigen Weges möglich wurde.

1. *Wir wollen mit unserem Gottesdienst weg von der „Kultfeier" und hin zur lebendigen Gemeindeversammlung im Sinne von Mt. 18,20: „Wo zwei oder drei versammelt sind in meinem Namen, da bin ich mitten unter ihnen."*
2. *Wir wollen weg vom anonymen „Kirchenbesuch" und hin zum gemeinsamen Leben in der Gegenwart des Herrn.*
3. *Wir wollen weg von der aufgeregten Betriebsamkeit perfekter Gemeindeprogramme und hinein in den Spielraum bei Gott und den Brüdern.*
4. *Wir wollen weg von der Almosenfrömmigkeit und hin zum nachbarschaftlichen Dienst.*
5. *Wir wollen weg von der „Rednerpult-Mission" und hin zur stetigen Verantwortung unseres Glaubens vor den Gefährten unseres Alltags.*
6. *Wir wollen weg von der „Verschulung des Glaubens" und hin zu einer gegenseitigen Einübung im Glauben.*
7. *Wir wollen weg vom Konsumchristentum und hin zur christlichen Haushalterschaft, die für Gott verfügbar ist mit allem, was sie hat.*

Im Spätherbst 1960 hat Ernst Lange vor der Kreiskirchensynode einen Bericht gegeben, der überschrieben war:

Versuch in Spandau

...

Anfang Juni 1960 konnte das Gemeindezentrum (eine umgebaute Bäckerei am Brunsbütteler Damm 17) in Gebrauch genommen werden. Man wird sagen müssen, daß sich diese Lösung der „Ladenkirche" seither in vieler Hinsicht bewährt hat: Es bewährt sich die große „Zugänglichkeit" der Räume, besonders für Kinder und für das Gespräch mit Passanten, das nicht selten stattfindet. Es bewährt sich die Tatsache, daß alle Räume den verschiedenen Zwecken des Gemeindelebens ohne große

Umbauten angepaßt werden können. Es bewährt sich vor allem die Küche. Es bewährt sich die Übersichtlichkeit des ganzen Projektes, in dem man von jedem Platz aus jedem anderen noch ins Gesicht sehen kann. In zunehmendem Maße wird die „Bäckerei" tatsächlich als „Wohnung der Gemeinde" angesehen und in Besitz genommen. Das zeigt sich etwa darin, daß eigentlich zu jeder Zeit die Anwesenheit eines hauptamtlichen Mitarbeiters der Gemeinde erwartet wird.

Das Schaufenster des alten Ladengeschäftes wird als „Schaufenster der Gemeinde" durch einen Dekorateur und einige Helfer der Gemeinde gestaltet. Es ist zweifellos die von allen Umwohnern stark beachtete Visitenkarte der Gemeinde. Die Gestaltung des Schaufensters gehorcht offenkundig Gesetzen, die erst ermittelt werden müssen. Normalerweise steht die „Auslage" im Zusammenhang mit der Predigt. Über die Advents- und Weihnachtszeit hinweg wurde von den Kindern und erwachsenen Helfern der Gemeinde die ganze Weihnachtsgeschichte Szene um Szene „durchgespielt". Im Vergleich zur Wirksamkeit des Schaufensters sind alle anderen „Werbemittel" der Gemeinde: Postwurfsendungen, regelmäßige Gemeindebriefe, Zettelwerbung usw. nur von sehr geringer Wirkung gewesen.

Wir haben ein elastisches Gottesdienstformular entworfen und Zug um Zug erprobt. Seine Merkmale sind: eine ad hoc formulierte Eingangsliturgie, bestehend aus der Zusammenfassung der Predigt des letzten Sonntags, einem Verheißungswort, einem Dank- und einem Beichtgebet, gesprochen von zwei „Liturgen"; die einzige Lesung des Predigttextes; das Glaubensbekenntnis als Antwort der Gemeinde auf die Predigt; der Kinderbericht, bestehend aus einer biblischen Geschichte und einem von den Kindern formulierten Merkspruch: Nachrichten, die außer der Gemeinde auch die Gesamtkirche und das öffentliche Leben behandeln und hinüberleiten zu der von mehreren Betern gesprochenen Fürbitte. Nach dem Vaterunser wird die Predigt in drei einprägsamen Sätzen zusammengefaßt, die auf einem jeweils abgezogenen Gottesdienstzettel vermerkt sind und mit nach Hause genommen werden können. Das Singen der Gemeinde ist ohne Begleitinstrumente und versucht, auch Lieder aus der Ökumene mit einzubeziehen, die nicht im Gesangbuch stehen. Die Gottesdienste werden ohne Talar gehalten. Die Anordnung der Stühle geschieht so, daß der Prediger und die Liturgen möglichst im Kreis der Gemeinde bleiben.

Gegenwärtig liegt der Besuch bei zwischen achtzig und hundert Menschen sonntäglich, zuviel für einen Gottesdienst. Aber die Einrichtung eines eigenen Abendmahlsgottesdienstes jeweils am zweiten Sonntag im Monat ist von der Gemeinde bisher noch nicht wirklich zur Kenntnis genommen worden.

Insgesamt ist die durch die Gottesdienste einigermaßen regelmäßig, wenn auch nicht sonntäglich versammelte Menschengruppe etwa 200 Menschen stark.

Dem normalen Sonntagsgottesdienst schließt sich jeweils die sogenannte Teestunde, ein offenes Zusammensein, an. Man spricht miteinander, während die Kinder spielen. Gelegentlich wird bei diesem Zusammensein gesungen oder etwas vorgelesen, meist jedoch unterhält man sich nur. In der Regel bleibt etwa ein Drittel der Gottesdienstgemeinde. Der Kreis der Teilnehmer wechselt. Die Teestunde bringt mancherlei, bisher nicht befriedigend gelöste, organisatorische Probleme mit sich, muß aber als eine positive Einrichtung beurteilt werden.

Am 1. September 1960 stieß Alfred Butenuth als Vikar von Ernst Lange zur Gemeinde, am 1. November kam Brigitte Henschel als Gemeindehelferin und brachte das wichtige, die Gemeinde kennzeichnende Kinderprogramm in Gang. Während das erste Jahr ganz im Zeichen der Arbeit am Gottesdienst im Predigtvorbereitungskreis und im ersten gemeindlichen Familienseminar stand, entwickelte sich in den darauffolgenden Jahren eine fast unübersehbare Fülle von Arbeitsformen, von denen einige bald in den Spandauer Kirchenkreis und weitere Stadtbezirke hinausgriffen: Familienseminare (in sieben Grundtypen), Jugendseminare, Familienerholung, Gemeindeabende, Gemeinde-Ausschuß, Glaubensseminare, Laienspielarbeit, Mitarbeiterschulung, Konfirmandenunterricht, Hauskreise. Auch große Feste wurden gefeiert, zwei überbelegte Tanzkurse absolviert.

Zu den Gemeindegliedern der ersten Stunde gehörte das Ehepaar Renate und Walther Germershausen. Mit ihnen hatte Ernst Lange schon in der Planungsphase das Vorhaben der Ladenkirche eingehend diskutiert. Als es ernst wurde, nahmen sie vor allem die Familienseminare in die Hand.

Renate Germershausen erinnert sich: „Wir folgerten, daß wir vor der Gründung der Gemeinde mit einem Seminar – uns fiel kein besseres Wort dafür ein – für Ehepaare beginnen wollten. Wobei wir darauf

Wie seht ihr denn das?
Beate und Ernst Lange,
um 1962

dringen wollten, daß beide Ehepartner teilnahmen, um einen Informationsvorsprung des einen vor dem anderen zu vermeiden. Wir gingen also von Haus zu Haus ... und wir luden die Eltern mit Kindern ein unter dem Motto: Familien im Gespräch. Den Fragenkatalog für die Themen hatten wir gemeinsam zusammengestellt. Die Einleitung zum Seminar bestand aus Spiel, Singen, gemeinsamer action und Anregungen, die man für zu Hause mitnehmen konnte. Das ermöglichte uns einen fließenden Anfang, denn junge Eltern haben Kinder ins Bett zu bringen und so weiter, sie können nur selten pünktlich sein. Der Abend durfte nur bis 22 Uhr dauern, denn der Teilnehmerkreis bestand auch aus Siemens-, Orenstein & Koppel- und anderen Arbeitern, aus Angestellten und aus müden Leuten wie wir selber. Also wir wußten, was zumutbar ist. Eben auch nicht länger als zwanzig Minuten zuhören müssen beim Referat. Das

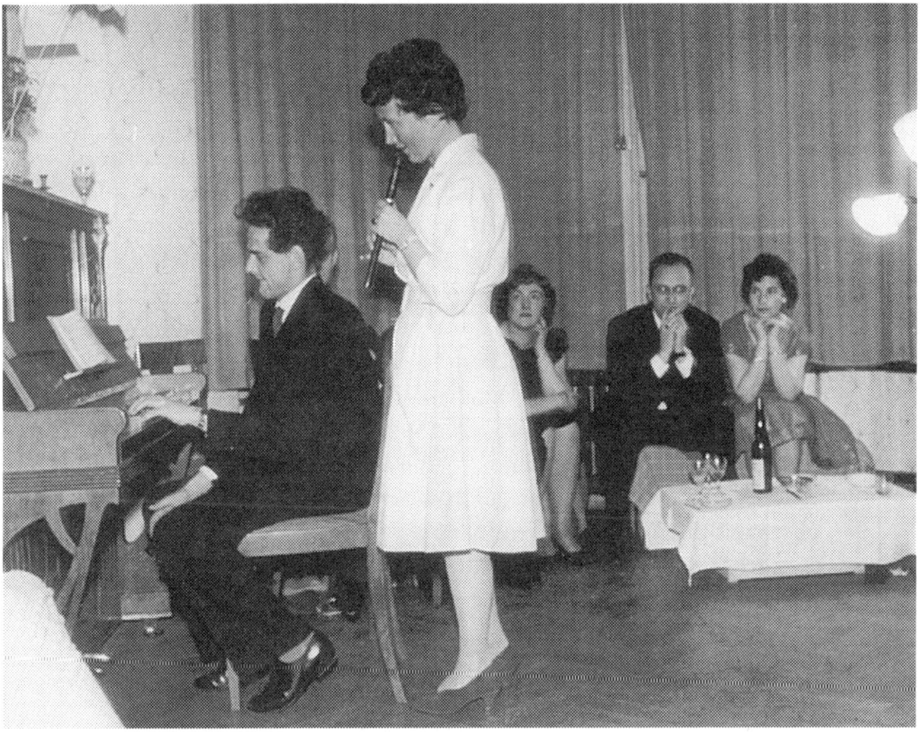

Die Seminare sind der schönste Gottesdienst. Renate Germershausen und Ernst Lange beim ersten Seminarsfest in der Wohnung der Langes

nachfolgende Gespräch ermunterte dann jeden. Wir merkten bald, daß Eltern gleichaltriger Kinder die gleichen Probleme haben, gleichgültig, welchen Beruf sie ausüben... Wir haben nachher andere Seminare zusammengestellt, für alleinstehende Mütter oder für Großmütter mit Schlüsselkindern. Dabei war es ganz wichtig, daß die Väter oder einige Ehepaare mit dazukamen, die befragt werden konnten: ‚Wie seht ihr denn das? Mache ich da irgendwo was falsch?'... Für alle Themen in den Seminaren holten wir Fachleute: Ärzte, Psychologen, Psychagogen oder Erzieher. Und dann erst kam in der Liste der Teilnehmer der Theologe, der selber gar nicht einlud und auch die Seminare nicht mit vorbereitet hatte. Er kannte die Teilnehmer noch gar nicht und konnte sie deshalb auch nicht begrüßen. Die Leute waren ja eigentlich zu uns gekommen oder dann nachher zu den anderen Ehepaaren, die jeweils einluden."

Zur Rolle des Pfarrers: „ ... für das, was uns die Bibel dazu zu sagen hatte, war er der Fachmann. Zu den theologischen Sachabenden ging es an einem Abend in der Mitte und einem am Ende der Seminare um das sogenannte Ich-Du-Wir der Bibel. Und da war es eben toll, wenn gesagt wurde: ‚Ja, wenn ich das so höre von diesem Ich-Du-Wir, müßten wir das nicht mal mit einem Gebet irgendwie zusammenfassen?'... An den Wochenenden der Gemeinde mit ihren Sonderthemen oder an den Familienreisen nahmen oft andere Familien teil als am Gottesdienst. Ich erinnere mich noch an den Ausspruch eines Vaters: ‚Die Seminare sind der schönste Gottesdienst der Kirche.'...schließlich liefen durch dieses Schneeballsystem im Kirchenkreis pro Winter 19 Seminare."

Auch die lebendigen Gottesdienste, auch die Kinderarbeit, auch die verschiedenen Abendmahlsexperimente ragen in den Erinnerungen der Familie Germershausen hervor. Leitender Gesichtspunkt ihres Engagements war, daß in der Ladenkirche Laien nicht nur herausgefordert wurden, sondern auch kreativ zum Zug kamen. „Wir erprobten in den Seminaren, was wir als Laien leisten können. Was wir in der Ladenkirche gelernt haben: uns einzumischen in diese Welt und auch in das Innenleben unserer Kirche." Renate Germershausen hat später mehr als zwanzig Jahre in der Berliner Kirchenleitung mitgearbeitet.

Ernst Lange hat diese Aufbruchs- und Experimentierphase, die zugleich die Zeit der größten Publizität der „Gemeinde am Brunsbütteler Damm" wurde und die bis ins Jahr 1963 währte, als eine „unruhige Zeit der Expansion" beschrieben. Gegen Ende der Bilanz merkt er an,

... das Experiment hat bisher längst nicht das geleistet, was es hätte leisten können, wenn wir weniger wild in alle Richtungen gesucht und gearbeitet hätten, wenn wir „professioneller" vorgegangen wären. Indes muß jede Profession erlernt werden, auch eine örtliche Gemeindearbeit, die ihrer Situation entspricht. Und für das Lernen sind die Fehlschläge so wichtig wie die Erfolge.

So steuerte das Gemeindeprogramm dem „Gipfelpunkt des Betriebs und der Betriebsamkeit" entgegen: Das gedruckte Winterprogramm 1962/63 wies aus, daß der „Laden" in dieser Zeit fast jeden Nachmittag und jeden Abend „manchmal mit zwei parallel laufenden Unternehmungen" belegt war. Kommentar Ernst Lange: „Die wenigen Kräfte, die der Brunsbütteler Damm für die selbständige Arbeit zur Verfügung hatte, waren durch die Masse der Vorhaben überfordert."

Als der Dortmunder Kirchentag 1963 die „Kirchenreform" auf die Tagesordnung der kirchlichen Öffentlichkeit in Deutschland setzte, hatte die Berliner Ladenkirche schon drei Jahre lang praktisch gearbeitet, war im Westen bei Insidern ein Geheimtip und unter den Kirchenreformern, deren es inzwischen eine ganze Reihe gab, ein Mythos geworden. Die *Bilanz '65* beklagt die gegen den Willen der Gemeinde angeschwollene Berühmtheit. „Zu den Gottesdiensten kamen die Gäste aus Westdeutschland gruppenweise, zeitweise waren es mehr Gäste als Teilnehmer aus der Gemeinde." Genaues wußten indes nur wenige. Die *Bilanz '65*, deren 259 Schreibmaschinenseiten „mit der freundlichen Hilfe des Kreuz-Verlages in Stuttgart als Manuskript gedruckt" wurden, vermittelte die ersten verläßlichen und umfassenden Informationen. Während sich aber die rasch entstehenden Reforminitiativen parochialer und außerparochialer Art in Westdeutschland bald zu vernetzen begannen, sich zum Erfahrungsaustausch trafen oder einander besuchten, blieb die Gemeinde am Brunsbütteler Damm eine „blaue Blume", die mehr oder weniger im verborgenen blühte. Dazu trug vor allem bei, daß sie das Schicksal der „Insulaner" Berlins teilte. So wurde es nach den stürmischen Aufbaujahren auch merkwürdig still um sie. Als der Kirchentag in Hannover 1967 sieben ausgewählte Reformexperimente aller Art vorstellte, war die Berliner Ladenkirche nicht darunter. Ihr spiritus rector hatte sie – teils mit ihrer Zustimmung, teils durch krankheitsbedingte Ausfälle – seit 1963 Schritt um Schritt verlassen.

Es war Ernst Lange von allem Anfang an nicht möglich, sich ausschließlich auf das Experiment der Gemeinde am Brunsbütteler Damm zu konzentrieren. Abgesehen davon, daß er seine Neigung und Begabung für das Laienspiel nicht nur mitbrachte, sondern sehr schnell auch praktisch umsetzte und daß sein Beitrag als Autor, als Berater und Referent weiterhin dringlich gefragt blieb, traten nacheinander drei einschneidende Verpflichtungen an ihn heran. Die beiden ersten waren ökumenischer Art und führten ihn in die europäische Ökumene. Die dritte ergab sich unmittelbar aus seiner Arbeit an der „Ladenkirche“ und sollte ihn – in Berlin – Schritt um Schritt davon wegführen.

Lausanne 1960: Plädoyer für die local church

Vom 13. bis 24. Juli 1960 trafen sich auf Einladung des Ökumenischen Rates der Kirchen 1800 Jugendliche aus allen europäischen Kirchen zur ersten Ökumenischen Jugendkonferenz in Lausanne. „Die Erneuerung, die Sendung und die Einheit der Ortsgemeinde“ hieß das Gesamtthema der zehntägigen Konferenz. Sie wurde organisiert von der Jugendabteilung des ÖRK. Ihr Direktor hieß Philip Potter, der schwarze Prediger und kirchliche Jugendführer aus Jamaica. Potter holte Ernst Lange in die Vorbereitungsgruppe von Lausanne – zu der auch Langes Freunde Johannes Rau und Jürgen Schroer gehörten – und übertrug ihm das Hauptreferat im zweiten Teil der Konferenz. Das Thema: *Worum es geht, wenn wir nach Hause kommen.* Ernst Langes Rede klingt wie ein Manifest seiner gerade im Aufbruch befindlichen Ladenkirche. Er beginnt mit jener alten Legende, mit der er fünf Jahre später sein Buch über die *Chancen des Alltags* beschließen wird: mit der Legende von den zwei Mönchen, die über die Erde wandern auf der Suche nach jener Türe, die von der Erde in den Himmel führt. Am Ende ihres lebenslangen Weges öffnet sich die Wundertüre, die sie mit geschlossenen Augen durchschreiten, so wie Kinder das Weihnachtszimmer betreten – und dann finden sie sich in ihrer alten Klosterzelle wieder – „und die Glocke ruft zum Morgengebet“. Ernst Lange ruft den Delegierten zu:

Jenseits der Türe liegt kein frommes Wunderland, jenseits der Türe liegt unser Alltag. Auf die Frage, ob es sich lohnt, durch diese Türe zu gehen, habe ich Ihnen keine Antwort zu geben. Sie müssen das ausprobieren, genau wie jene Mönche – ob es am Ende doch so ist, daß der eine, der einzige Ort, an dem Himmel und Erde zusammenstoßen und an dem Gott in seiner Herrlichkeit erscheint – eben der Alltag ist. Sie müssen die Probe auf Lausanne machen ...!

Jenseits der Tür liegt unser Alltag. Ernst Lange auf der ersten Ökumenischen Jugendkonferenz in Lausanne mit William Graffan, 1960

Langes Rede ist eine einzige, eindringliche Ermutigung, es mit der parochialen Ortsgemeinde erneut zu versuchen. Er verschweigt dabei nicht, sondern konstatiert, daß es zwei Ansichten gibt von dem, was „Kirche" sei: Da sind einerseits die Hausgruppen in Leeds/England oder die Industriegemeinde in Mainz-Kastell, die Bruderschaft von Taizé oder die Arbeitsgruppen, die sich um die in ganz Europa arbeitenden Evangelischen Akademien sammeln. Auf der anderen Seite stehen die herkömmlichen Ortsgemeinden mit ihren 20 bis 200 Gottesdienstbesuchern im sonntäglichen Gottesdienst.

Wir werden bei unseren Auseinandersetzungen im Auge behalten müssen, daß beide Ansichten einen Hauptnenner haben, und das ist das Wörtchen „local". Es bedeutet genau dasselbe wie „Alltag".

Und dann fährt er fort:

Die Probe auf Lausanne wird darin bestehen, ob wir es Christus zutrauen wollen, daß er die Zusage seiner alles verwandelnden Gegenwart auch und sogar zu Hause halten kann. Ob wir ihn dazu herausfordern wollen mit unserer Erwartung. Denn unsere Erwartungslosigkeit macht Christus hilflos und verhindert das Wunder der Kirche.

Er schließt seine Rede mit einer Erinnerung an den berühmten schwäbischen Pfarrer Christoph Blumhardt aus Bad Boll:

Schon den Kindern, sagte der, prägt man von klein auf falsche Begriffe ein. Wir lehren sie den Vers Weil ich Jesu Schäflein bin, führt er mich auf gute Weide! Ich sage Nein! Weil du Jesu Schäflein bist, deswegen hast du Wolle, und die mußt du scheren lassen! Man hat die Schafe nicht wegen der Weide, sondern man hat sie wegen der Wolle!

Und Lange fügt hinzu:

Wenn das Weizenkorn nicht in die Erde fällt und stirbt, bleibt es allein. Wenn es aber stirbt, bringt es viel Frucht. Die Probe auf Lausanne ist am Ende nichts anderes als die Probe auf dieses Wort.

Wider das angemaßte Erstgeburtsrecht der Parochie

Mit seinem Auftritt in Lausanne war Ernst Lange – zu Hause kaum wahrgenommen und von ihm selbst schamhaft verschwiegen – schlagartig unter die prominenten ökumenischen Sprecher getreten. Der Jugenddelegierte von Evanston 1954 rangierte jetzt unter den Stars von Lausanne 1960.

Der nächste ökumenische Ruf ließ nicht lange auf sich warten. Die Dritte Vollversammlung des Ökumenischen Rates in New Delhi 1961 beschloß ein weltweites Studienprogramm über „Die missionarische Struktur der Gemeinde", und Ernst Lange wurde eingeladen, in der westeuropäischen Arbeitsgruppe dieser Studie mitzuwirken. Nach einigen Jahren der Mitarbeit sprach er von dieser Studiengruppe als einer „Vorhut der ökumenischen Christenheit". Auf Wunsch seiner Kirchenleitung hat Ernst Lange im Herbst 1965 einen ebenso präzisen wie substantiellen *Kurzbericht* über Geschichte, Verlauf und Ergebnisse dieser Studie abgeliefert. Seine Schlußfolgerungen:

Die Frage ist also, wie die Kirche wieder zu wirklicher Präsenz in ihrer verwandelten Umwelt und damit zur Dienst- und Zeugnisfähigkeit kommen kann? Zwar sind die kleingesellschaftlichen Einheiten unwiederbringlich zerbrochen, aber es zeigt sich, daß es einen, freilich nur von Fall zu Fall in sorgfältiger Analyse zu ermittelnden Bereich gibt, in dem nach wie vor die Mehrzahl der Lebensfunktionen der Mehrzahl der in diesem Bereich wohnenden Menschen sich abspielen und auch in ihrem komplizierten Zusammenhang annähernd wieder erkennbar werden. Dieser Bereich entspricht etwa dem Raum einer Kreisstadt mit dem sie umlagernden Pendlerzuzugsgebiet (unter Umständen ein Radius von vierzig und mehr Kilometern), sehr annäherungsweise dem traditionellen Raum eines Kirchenkreises (Spandau plus ganz Siemensstadt und andere Randgebiete etwa).

Jedenfalls handelt es sich bei dieser gedachten „zone humaine" (deren situationsnahe Abgrenzung wie gesagt eine höchst systematische kirchliche Raumplanung parallel zur kommunalen voraussetzt) um die gegenwärtig wichtigste Ebene kirchlicher Handlungs- und Wandlungsfähigkeit.

Es handelt sich bei diesem Konzept keineswegs um bloße Theorie. Bad Boll unternimmt in Sindelfingen und Geislingen gegenwärtig den zweiten und dritten Raumschaftsversuch. Die katholische Kirche, besonders in Frankreich, fängt zögernd an, ihre Diözesen nach ähnlichen Vorstellungen umzuorganisieren.

Man wird sagen müssen, daß hier durch soziologische Arbeit etwas begründet wird, was allen Aufmerksamen in der Kirche sich durch die Entwicklung seit langem aufdrängt. Leider gibt es bisher keinerlei systematische Forschungs- und Planungsarbeit, keinerlei funktionsgemäße Arbeitsformen für diese Strukturveränderung. Wenn man das Konzept nicht überspitzt, sondern in Forschung und Planung elastisch nach der jeweils gegebenen Ebene größter kirchlicher Handlungsfähigkeit fragt und von dorther das angemaßte Erstgeburtsrecht der Parochie behutsam einschränkt, ohne zu übertreiben (die Wohnfunktion bleibt eine der wichtigsten Lebensfunktionen!), dann hat man hier ein Instrument kontrollierten kirchlichen Wandels, das am Gewachsenen anknüpft und doch der veränderten gesellschaftlichen Situation ernstlich Rechnung trägt.

Es kann kein Zweifel sein, daß das Ergebnis der Studie bei der nächsten Vollversammlung des Rates eine gewichtige, vermutlich sogar eine thematische Rolle spielen wird.

Bei aller selbstkritischen Einschätzung hat Ernst Lange der Ortsgemeinde nach wie vor großes Gewicht beigemessen. Das wird auch daran deutlich, mit welcher Sorgfalt er und seine Mitarbeiter den sonntäglichen Gottesdienst der Ladenkirche vorbereiteten. Jedes Detail wurde immer wieder neu durchdacht, auf den Prüfstand gestellt, weiter entwickelt. Ein interessantes Beispiel dafür sind die „Gottesdienst-Zettel“, die die Gemeinde am Brunsbütteler Damm für die Hand der Gottesdienstbesucher entwarf. Die *Bilanz '65* berichtet:

Es dauerte lange, bis herausgefunden war, was auf dem Gottesdienst-Zettel notiert werden müßte, wie das Material anzuordnen und zu vervielfältigen wäre. Es wird jetzt auf einem Abzugsgerät im Format DIN A 6 in einer Zahl von sechzig bis achtzig Stück hergestellt. Er enthält auf Seite 1 eine moderne Übersetzung des Predigttextes (die in der Regel vom Prediger stammt), auf Seite 2 die Ordnung des Gottesdienstes und kurze Nachrichten, auf Seite 3 den Psalm und auf Seite 4 die Zusammenfassung oder ein Zitat, „statt einer Zusammenfassung“.

Zu den Besuchern der Gottesdienste in der Ladenkirche gehörten auch Studenten der Kirchlichen Hochschule. Einer von ihnen, Georg Friedrich Pfäfflin, der heute als Gemeindepfarrer in Stuttgart arbeitet, hat einige Gottesdienst-Zettel aufbewahrt. Er nennt sie seine „heiligen Blätter“.

In der *Bilanz '65* finden sich Langes „Thesen zu Theorie und Praxis des evangelischen Gemeindegottesdienstes“. Er hat sie „für das Gespräch mit den Studenten der Kirchlichen Hochschule formuliert, aber sie stellen nichts anderes dar als das Gottesdienstverständnis, das die Theologen und die mit ihnen zusammenarbeitenden Gemeindeglieder vom Brunsbütteler Damm bei ihrer praktischen liturgischen Arbeit durchgehend leitet“.

Langes ausführliche Thesenreihe gipfelt in der Feststellung:

Der Glaube ist dafür verantwortlich, daß er mit der gesamten Wirklichkeit, die die Verheißung ihm eröffnet und aufgegeben hat, im Wirkfeld dieser Verheißung bleibt. Die Wahrnehmung dieser Verantwortung ist der Gottesdienst der Kirche.

Und dann fügt Lange hinzu:

Im Gottesdienst der Gemeinde gründet der Gottesdienst des Glaubenden.

Der Christ, der

seines Glaubens lebt, wagt es, die gesamte Wirklichkeit seines Lebens als verheißungsvoll anzunehmen und geht mit ihr um in koinonia (Partizipation), diakonia (Verfügbarkeit) und martyria (Zeugenschaft).

In seinem Buch *Chancen des Alltags* beschreibt Lange den Gemeindegottesdienst als ein Ereignis, das „gleichsam im Tor stattfindet, im ständigen Übergang von der Ekklesia in die Diaspora und von der Diaspora in die Ekklesia". Weil er in der „Diaspora" des Alltags ständig in die „Anfechtung" gerät, bedarf er der „Bundeserneuerung" im Gottesdienst der Ekklesia. Diese „Bundeserneuerung" ist eins mit der Erneuerung des Glaubens – hier geht es also um Leben und Tod. Aus diesem Grund schreibt Lange der Predigt die „Zentralfunktion in jedem evangelischen Gottesdienst" zu. Im gottesdienstlichen Leben der Ladenkirche spielte auch die Arbeit an der Liturgie eine wichtige Rolle. Lange hat ihr eingehendes Nachdenken gewidmet. In allen ihren Elementen – „Bekennen und Loben, Gebet und Fürbitte, Taufe und Abendmahl" – rückt er sie unter das beherrschende Kriterium der Verständlichkeit. In der *Bilanz '65* zitiert er Gerhard Ebeling: „Das Maß der Verständlichkeit ist der Nichtglaubende", und setzt hinzu:

Die ganze Liturgie ist in allen ihren Elementen unter diesem Aspekt inhaltlich und formal daraufhin zu bedenken, ob und inwieweit in ihr die Christusverheißung ernstlich mit der Wirklichkeit dieser Welt und die Wirklichkeit dieser Welt ernstlich mit der Christusverheißung „versprochen" ist.

Zu den zentralen Elementen der Liturgie gehört das Gebet. Am Ende seiner Thesen zur Predigtarbeit heißt es bei Lange: „Ich will und soll so predigen, daß das, was ich sage, vom Hörer im Gebet aufgenommen werden kann." Damit kommt er auf die tiefste, die intimste Dimension der „Kommunikationsbemühung" zu sprechen, als die er den Predigtvorgang zu beschreiben versucht hat. Im Gebet soll es zum letzten „Einverständnis durch Verständigung" kommen – und zwar zwischen Mensch und Gott.

„Meine Predigt soll also eine Vorgabe für das Gebet, für das Gespräch der Hörer mit Gott sein." Lange erlaubt sich keinerlei

Mystifizierung, keine unkontrollierbare Gefühlsregung. Beten ist für ihn keine „Gemütsbewegung". Weil es für ihn selbst in dieser Tiefe des Glaubensaktes um Kommunikation und also um sinnvolles Reden des Glaubenden mit Gott geht, kann er sagen: „Alles, was zu verstehen war, muß verstanden sein, bevor gebetet wird." Das vom Prediger zu formulierende Gebet soll keine zweite oder gar eine neue Predigt werden. Es geht um einen anderen, eigenständigen Anlauf zur Kommunikation des Hörers mit Gott.

Ich sollte dem Hörer nicht zumuten, für mehr zu danken und um Verzeihung zu bitten und um mehr zu beten, für mehr Fürbitte zu leisten, als in der Predigt selbst zur Sprache gekommen ist.

Der Weg muß vom Hören der Predigt über das Verstanden-Haben zum Einverständnis und von dort ins Gebet führen. Ernst Lange hat über das Gebet offenbar viel nachgedacht. Im Vorwort zu seinem bald darauf erscheinenden Buch *Chancen des Alltags* erwähnt er mit Bedauern, daß aus Raumgründen ein Abschnitt über das Beten entfallen mußte. 1970 erscheint im Anhang des Bandes „Gebet" der Reihe „Themen der Theologie" ein Streitgespräch zwischen Ernst Lange und dem Verfasser des Bandes, seinem Zürcher Kollegen Walter Bernet. Lange rügt die „unnötige Unschlüssigkeit Ihres Gebetsverständnisses". Vor allem aber hat sich Ernst Lange zu diesem Thema den Studenten gestellt. Veranlaßt durch den Abschnitt über das Gebet in den Predigt-Thesen, haben sie ihn zu einem Abend in die Studentengemeinde eingeladen. Schorsch Pfäfflin erinnert sich: „Als Ernst Lange erschien, saßen wir zu viert oder fünft herum. Wir waren wenig motiviert, hatten uns auch selbst nicht vorbereitet. Lange quälte sich, war im Vortrag gehemmt, den er aber offenkundig sorgfältig vorbereitet hatte. Er begann mit einem geschichtlichen Einstieg und brachte viele Zitate anderer Autoren. Sein Grundsatz hieß: ‚Beten ist Verantwortung der Wirklichkeit vor Gott.'" Aus Pfäfflins ausführlicher Nachschrift geht hervor, daß Lange zwar den eklatanten Widerspruch zwischen Sinn und Sinnlosigkeit des Daseins als „einen Quellort des mögliches Gebets" angibt – die Spannung zwischen der Grunderfahrung des abwesenden Gottes und der „letzten Vertrauenswürdigkeit des Daseins". Doch bestreitet er, daß diese „Grenzsituation" Anlaß und Anstoß zum Gebet sei. Er hält also nichts von der Volksweisheit, daß „Not beten lehrt". Vielmehr entspringt das Beten für ihn aus dem

„Entzücken, aus dem Erstaunen gegenüber der Herrlichkeit des Lebens". Die Urform des Gebets ist für Lange das Dankgebet. Nur wo das Dankgebet vorausgegangen ist, vorausgesetzt werden kann, kann der Gebetsruf in Bitte oder Klage folgen. Lange verweist dabei auf die Gebetskultur in den alttestamentlichen Psalmen. Dort folgt Klage auf Dank. Auch im Gebet hält sich der Glaube an den Gott, der sich der Wirklichkeit „versprochen" hat.

Wir werden nicht anfangen zu beten, ehe nicht das Entzücken am Dasein wiederkommt.

Der Alltag war und blieb für Ernst Lange der Ernstfall des Glaubens.

Onesimus – ein Stück theologia politica

Die Ladenkirche war kaum in Gang gekommen, da machte sich Ernst Lange an einen neuen Spieltext: das Musical *Onesimus.* Es wurde sein letztes Theaterstück. Zum Leben der Gemeinde am Brunsbütteler Damm sollte auch eine Laienspielgruppe gehören, und für sie schrieb Ernst Lange dieses Stück. Es hieß zunächst *Der Brief* und wurde unter diesem Titel bei den „Festlichen Tagen deutscher Jugend" im Berliner Kongreßzentrum 1962 uraufgeführt. Es erlebte weitere Aufführungen in Berlin und auch in Westdeutschland. Ernst Lange hat noch fünf Jahre hindurch daran weitergearbeitet, es umgeschrieben und umgestaltet. Als es 1968 gedruckt erschien, hieß es *Onesimus – oder von der möglichen Freiheit eines Christenmenschen.*

Titel und Stoff hat Ernst Lange dem Philemonbrief entnommen, der im Neuen Testament überliefert ist. Der Apostel Paulus, der in Ephesus im Gefängnis sitzt, schreibt seinem Freund Philemon einen Brief. Der ist ein angesehener Christ und Vorsteher einer Hausgemeinde in Kolossä. Sein Sklave Onesimus ist ihm entlaufen. Auf der Flucht gerät er an Paulus, der ihn zum christlichen Glauben bekehrt. Paulus schickt ihn zu seinem rechtmäßigen Herrn zurück, jedoch nicht ohne ihm einen Brief an Philemon mitzugeben. Er bittet diesen, Onesimus zu verzeihen – ja, mehr noch: ihn als einen „geliebten Bruder" aufzunehmen. Zwar ist er immer noch sein Sklave, aber als Christ nun doch auch ein „Bruder". Theologiegeschichtlich gilt der Brief als ein Dokument, das zur inneren Überwindung der antiken Sklaverei beigetragen hat. Daran knüpft Ernst Langes Spiel an: Es geht um die Verschränkung von christlichem Glauben und gesellschaftspolitischer Herausforderung. So entsteht die Beispielgeschichte einer politischen Theologie. Folgt man dem hermeneutischen Hinweis von Ulrich Kabitz, daß Ernst Langes Spiele fast immer aktuelle Erfahrungen aufgreifen und problematisieren, dann legen sich zwei Vermutungen nahe:

Zum einen hatte Lange im Winter 1959/1960 jenes Praktikum in einem großen Berliner Industriebetrieb absolviert, über das er seinen Freunden nach Gelnhausen geschrieben hatte:

... ist es wirklich richtig, daß die Klassenschranken nicht mehr existieren? In unserem Betrieb gibt es eine Kantine für Arbeiter, schmutzig, ungemütlich, mit ungedeckten Tischen, und dann gibt es eine Kantine für die Angestellten und Techniker etc. Dort sind die Tische gedeckt. Das Gefühl, zu der Gruppe in der Gesellschaft zu gehören, die keine Chance hat, ist allgegenwärtig.

Diese Erfahrung verstärkt sich auf vielerlei Weise durch die unmittelbare Umgebung der Ladenkirche in Spandau. Die Figur des antiken Sklaven Onesimus verkörpert die Frage nach der Menschlichkeit des Menschen im gesellschaftlichen Alltag. Die hatte sich Lange existentiell gestellt. Er sucht darauf eine theologische Antwort. Zugleich brennt ihm auf den Nägeln: Wie verhält sich die christliche Gemeinde dazu? Lange war kritisch eingestellt gegenüber einer Bekennenden Kirche, die sich im Kirchenkampf nur um das eigene Heil sorgte. Für ihn hatte ja der Gottesdienst der Gemeinde die Aufgabe, die Konflikte des gesellschaftlichen Alltags aufzugreifen und in ihre Bewältigung einzuweisen.

In Langes Musical gibt es zwei Szenen, die diesen Zusammenhang von Gottesdienst und gesellschaftlichem Alltag in äußerster Schärfe beleuchten. Die eine spielt in der Christenversammlung in Kolossä. Der Gemeindeleiter hat den Vorsitz. Ein anwesender Sklave wird durch zwei Boten von seinem Herrn aufgefordert, sofort nach Hause zurückzukehren. Darüber entspinnt sich ein Streit in der Gemeinde. Da erklärt der Gemeindeleiter: „Ich leite diese Gemeinde, und ich wünsche, daß Kerinth jetzt tut, was seine Herren sagen", um kurz danach hinzuzufügen: „Wir tasten die Ordnung der Welt nicht an!"

Der als Gottesdienstteilnehmer anwesende Onesimus fragt: „Wo soll das enden, wenn ihr jetzt schon anfangt, die Brüder im Stich zu lassen, die Sklaven sind? Die Sklavenhalter sagen das seit eh und je: Sei ein guter Sklave! Aber Gott haßt die Sklaverei! Das muß gesagt werden. Und wenn ihr es nicht sagt, sagt ihr nicht die Wahrheit." Darauf der Gemeindeleiter: „Ich dulde das nicht mehr. So eine Predigt wäre das Ende der Gemeinde. Ich verbiete dir das Wort!" Onesimus: „Dann muß ich gehen. Ich diene einem Gott, der die Sklaven liebt. Aber euer Gott liebt die Sklaverei. Lebt wohl!" Sein Freund Tychikus ruft ihm nach: „Vergiß nicht, Du hast noch einen Brief zu bestellen." Der Gemeindeleiter (leise): „Wir fahren fort in unserem Gottesdienst!" Die Gemeinde singt: „Gott ist bei uns, und wir sind sein eigen / Alle Welt werde vor ihm still / Auch unsere Zwietracht soll vor ihm schweigen / damit wir hören, was er will."

Tychikus hatte Onesimus daran erinnern wollen, daß er ja noch mit seinem Brief unterwegs zu Philemon war. Das war zugleich eine Erinnerung an den persönlichen Kernpunkt des Stückes. Er war im Eröffnungssong so formuliert worden:

Ein Brief kommt vor in diesem Spiel / auf den kommt manches an / jedoch der Weg zu seinem Ziel / ist nicht ganz leicht / so daß ihm viel / gefährlich werden kann. – Von uns hat jeder seinen Brief / den er bestellen muß / und manchem, der schon eifrig lief / gerät die Sache doch noch schief / zu einem bösen Schluß. – Hier sucht ein Mann die freie Welt / den nur ein Stückchen Schrift / an seinen Dienst gebunden hält / Hast du schon einen Brief bestellt / den Brief, der dich betrifft?

Ernst Lange hat in den komplizierten und mit Dramatik geladenen Stoff viel Zeit und Kraft investiert. Im Januar 1962 schrieb er an Ulrich Kabitz, der indessen nach München gezogen und Lektor im Chr. Kaiser Verlag geworden war:

Ich habe eine kleine Bitte an Dich. Könntest Du das beiliegende Manuskript mal anschauen und mir sagen, was Du davon hältst? Es ist der erste Textentwurf für unser Projekt bei den Festlichen Tagen. Gerhard Valentin hat die Songs gemacht, ich die Dialoge. Wir suchen noch einen Musiker, weil Barbe im Moment nicht kann. Aber die Aussichten sind im Moment nicht schlecht. Vielleicht wird es der Theatermusiker vom Schiller- und Schloßparktheater. Die Musikfrage ist ja hier sehr viel schwieriger als beim Billy.

Mein persönlicher Eindruck ist der, daß dieses Manuskript ein gutes Stück gründlicher und vielleicht auch, was die Songs anlangt, besser ist als der Billy. Trotzdem werde ich der Sache nicht ganz sicher. Der Stoff schlägt halt längst nicht so durch wie der Billystoff.

Und die Aufführung wird bestimmt eine irre Arbeit, viel schwieriger als beim Billy, meinst Du nicht auch?

Aus dem Brief an Kabitz geht hervor, daß Lange das Spiel selbst für sein dichtestes hält.

Ernst Lange hatte die Tagungen des Orbishöher Kreises 1960 und 1961 nicht mitgemacht. Nun löste das Onesimus-Manuskript im Januar 1962 eine kurze, aber lebhafte Korrespondenz mit Ulrich Kabitz aus. Langes Brief hatte sich mit einem mahnenden Brief des Freundes gekreuzt. So antwortet er im Februar 1962:

Nun haben sich unsere beiden Briefe gekreuzt. Deinen Rüffel stecke ich ohne Widerrede ein. Ich habe ihn ja gründlich verdient. Nur ist es so: Ich weiß nicht, ob und wie ich mich bessern werde. Ich habe nach und nach eine nahezu krankhafte Abneigung gegen das Briefeschreiben. Das hängt natürlich damit zusammen, daß ich nicht, wie es sich gehört, ordentlich meine Post Tag für Tag beantworte. Die Stapel, die sich auf diese Weise ansammeln, entmutigen. Aber andererseits ist es wirklich so, daß meine Leistungskraft abnimmt in dem Maß, in dem meine Arbeit zunimmt.

Ich komme immer nur gerade mit den Nasenlöchern über die Wasseroberfläche. Ich will mich damit gar nicht beklagen, ich möchte mein Leben wirklich nicht anders. Nur mich selbst möchte ich freilich ganz anders. Und das scheint man mir nicht einzuräumen. So bleibt mir also nur, Dich weiter um Geduld zu bitten.

Zunächst Deine Frage wegen der Gemeindeberichte. Ich kann Dir da im Ernst nur ganz wenig Hoffnung machen. Es ist so, daß ich, weil ich bis über die Ohren in Schulden stecke, nun doch die Abfassung des achten Bandes Handbücherei bis zum 1. Oktober 1962 übernommen habe. Um das zu schaffen, muß ich schon mit Wundern kalkulieren. Ich werde zweimal vier Wochen in Arbeitsurlaub gehen können, nicht mehr, und auch das nur, wenn ich in diesem Jahr keinen Jahresurlaub mache, was ich im Grunde nie so nötig gehabt habe wie gerade jetzt. Aber helf' er sich. Dieses Manuskript muß entstehen, was auch kommt. Das heißt aber, daß ich bis dahin an etwas anderes nicht einmal denken darf. Und dann – dann muß ich doch erst einmal an meiner Gemeinde gutmachen, was ich in diesem Jahr an ihr versäumen werde. Das wirst Du sicher verstehen. Ich bin halt nicht mehr zum Schreiben frei. Ich habe das ja vorher gewußt, als ich mich auf diese Sache eingelassen habe. Nun muß ich's auch durchstehen, auch wenn mir manchmal Zweifel kommen, ob ich für dieses Experiment tatsächlich der richtige Mann bin.

Im Juli folgt dann der Brief, der zunächst die Aufführung des Musicals – noch unter dem Titel *Der Brief* – bei den „Festlichen Tagen" in Berlin meldet.

Nun ist er ja inzwischen bei den „festlichen Tagen" aufgeführt worden und nicht gut angekommen, jedenfalls nicht bei den VIP's. Beim zweiten Mal war die Aufnahme allerdings schon besser und beim dritten Mal, in Spandau, war es in mancher Hinsicht triumphal.

Wir wissen selbst, wieviel an dem Ding noch geändert werden muß, bis es passabel ist. Immerhin sind diese Änderungen leicht möglich und auch schon in Gang. Und ich bin nach wie vor der Ansicht, daß das Spiel viel besser ist als der „Halleluja, Billy", auch in den Dialogen und in der Spielstory, ganz zu schweigen von den Songs. Valentins Texte sind wirklich eine Wucht. Und auch die Musik von Baumann ist – wenn auch nicht so zündend –, so doch im Grunde einem solchen Unternehmen angemessener als die des „Billy".

Ich glaube also nicht, daß Ihr Euch „bekoofen" würdet, wenn Ihr es brächtet. Der Orbishöher Kreis hat die Sache überraschend günstig beurteilt.

Im März 1963, das vollgepackte Winterprogramm der Ladenkirche liegt gerade hinter ihm, schickt er Ulrich Kabitz „das Manuskript des Brief in seiner letzten Fassung". Nach langen Ausführungen über Verlagsprobleme, Honorarfragen und Ärger mit den Plattengebühren stellt er fest:

Ich glaube nun allerdings nicht, daß das Manuskript, so wie es ist, druckreif ist. Ich hatte mir vorgenommen, es Anfang des Jahres noch einmal gründlich umzuschreiben, den Dialogteil stark zu kürzen, besonders das zweite und das fünfte Bild umzuschreiben. Ich muß mir nun eingestehen, daß daraus auf absehbare Zeit nichts werden wird ...

Darum wollte ich Dich fragen, ob Du es nicht mal gründlich und in Ruhe ansehen möchtest auf Streichungen hin. Wenn Du die Sache einer gezielten Umarbeitung für wert hältst, würde ich gern irgendwann einen oder zwei Tage nach München kommen und die Sache dort unter Deiner Beratung auf einen Schlag erledigen ...

So, das war's. Ich persönlich bin wegen der Kiho in ziemlichen Nöten, und gelegentlich verwünsche ich den Tag, an dem ich mich – freilich nicht unwillig – da habe hineinschubsen lassen. Die Basis meiner Kenntnisse ist so entsetzlich schmal, und es ist wirklich offen, ob ich sie rasch und nachhaltig werde schließen können.

Das größte Abenteuer meines Leben

Im Sommer 1962 – zwei Jahre nach Beginn des „Experiments Ladenkirche“ – erhielt Ernst Lange einen Ruf als Professor für Praktische Theologie an die Kirchliche Hochschule in Berlin. Im Juli hatte er an Ulrich Kabitz geschrieben:

Ich muß einen genauen Überblick über den Verlauf des nächsten Jahres gewinnen. Es droht mir nämlich eine ziemlich radikale Veränderung meiner Lage, die mich wohl in das größte Abenteuer meines Lebens stürzen würde. Leider kann ich Dir im Moment noch nicht sagen, worum es sich handelt. Nur soviel, daß ich der Universität näherrücken soll, ohne meine Gemeindearbeit in Spandau aufzugeben. Du siehst also, daß ich dazu wissen muß, was ich in den nächsten Jahren für Verpflichtungen haben werde.

Nach ausführlichen Beratungen mit der Gemeinde, aber auch mit Kirchenkreis und Kirchenleitung nahm Lange den Ruf zum Sommersemester 1963 an. Damit begann, was er selbst „das größte Abenteuer meines Lebens“ genannt hat. In dieser Charakterisierung schwingt beides mit: Faszination und Furcht. Er war fasziniert von der Möglichkeit, als akademischer Lehrer umzusetzen und zu vermitteln, was er in den Jahren seiner kirchlichen Praxis, speziell am Brunsbütteler Damm, erarbeitet und erprobt hatte. Darüber hinaus lockte ihn die Chance, beides – Lehre und Lernen – zu verknüpfen. „Seinen Grundsatz, ein praktischer Theologe müsse Praxis haben und behalten, sonst überhole er sich selbst und verrate die Theologie, hat er konsequent befolgt“, berichtet Langes Assistent, Florian Sorkale. Diese Kombination von Lehre und Praxis hat ihm aber zugleich auch Angst gemacht.

Die gesamte Wirklichkeit des Lebens als verheißungsvoll annehmen. Ernst Lange in der Ladenkirche

Heiko Rohrbach urteilt im Rückblick: „Nach meiner Erinnerung und nach meinem Empfinden war einer der schwersten Konflikte, die Ernst zerrissen haben, der, daß sein Vater ihm die message vermacht hat: ‚Der Mensch beginnt mit der Karriere' (d.i. der Habilitation). Ich weiß, daß er wegen dieser Vater-Direktive fast alle seine Texte als ‚Traktätchen' ansah. Deshalb war es für Ernst auch ungeheuer wichtig, daß er diese (in meinen Augen unglückselige) Professur-Entscheidung für die Kiho traf. Gescheitert ist er ja wohl an seinem Übermenschen-Anspruch an sich selbst ..."

Ernst Lange entschied sich für das Risiko. Er sah darin auch keine Untreue gegenüber seiner Gemeinde am Brunsbütteler Damm. Im Gegenteil: Er hielt die Annahme dieser Professur für eine Expansion seiner Gemeindearbeit, die er ja weiterhin betreiben sollte und wollte. „Es bestand eine klare Absprache, daß die Arbeit an der Hochschule für Pfarrer Lange kein Ausscheiden aus der Arbeit am Brunsbütteler Damm bedeuten dürfe", heißt es in der *Bilanz '65*. Zwar standen für die Ausübung des weiterlaufenden Gemeinde-Engagements nur die Semesterferien zur Verfügung. Aber die Abmachung wurde dadurch erleichtert, daß die „Mitarbeit in der Gemeinde" als „Predigtauftrag" definiert wurde – und vorwiegend ihm wollte sich ja Ernst Lange auch als Hochschullehrer widmen. Seine damaligen Studenten haben ihn rückblickend vor allem als faszinierenden Predigtlehrer in Erinnerung. Daß er sich in der Gemeinde auch noch an den zahlenmäßig stark angewachsenen Seminaren beteiligen sollte, wurde wohl eher als ein Appendix gewertet. Die eigentliche Pfarrstelle am Brunsbütteler Damm übernahm indes Alfred Butenuth.

Die *Bilanz '65* berichtet: „Das Durchhalten dieses Engagements bedeutete für beide Teile einen erheblichen Kräfteaufwand. Als wirklich belastend erwies sich dann weniger die Arbeit an der Hochschule als vielmehr zwei langwierige Erkrankungen, durch die Pfarrer Lange sowohl an der Hochschule als in der Gemeinde fast ein Jahr ausfiel."

Ernst Lange hat die Entwicklung der Gemeinde während seiner Krankheitszeiten als positiv eingeschätzt. Sie habe, so schreibt er, zu einer Phase der Konsolidierung geführt. Diese kam vor allem durch die Entscheidung zustande, keine neuen Projekte mehr in Angriff zu nehmen. Die bisher gefundenen Arbeitsformen des Katechumenats und der Gemeindeleitung wurden stabilisiert. Die Gemeinde bewährte sich als ein Netzwerk von diakonischen Stützpunkten, als einsatzfreudig und elastisch in allen wesentlichen Bereichen. Freilich glich sie sich zugleich mehr und mehr den volkskirchlichen Formen und Prozessen an. Der Konfirmandenunterricht wurde intensiviert, Seelsorge und Lebenshilfe ausgeweitet.

Unmittelbar vor seinem Anfang an der Kirchlichen Hochschule am 2. Mai 1963 lieferte er auf Bitten von Hans Jürgen Schultz noch einen Beitrag für dessen neue, umfangreiche Sendereihe ab, „Theologie für Nichttheologen": Lange steuerte den Artikel „Ehe" bei. Schultz hatte in seiner Einladung wohl zu Recht bemerkt, Langes Stimme dürfe in dieser Reihe nicht fehlen, denn es ginge um eine Theologie, „die das Moment des Abenteuerlichen, des Überraschenden wiederentdeckt hat. Von der Haltung des Verwerfens müßte sie sich umstellen auf einen neuen Mut des Ent-Werfens. Sie gehört nicht allein auf Kanzel und Katheder, sondern in die tausend Situationen des Alltags. Sie wird den Alltag nicht zum Sonntag machen, sie will die Welt nicht klerikalisieren. Sie soll mithelfen, daß der Alltag wirklicher Alltag wird. Das ergibt ein buntes Bild. Aber es entspricht der Sachlage ..." Das alles war Ernst Lange aus dem Herzen gesprochen. Darum wollte er sich dieser Einladung nicht entziehen. Sein Beitrag wurde für lange Zeit – genau für zwei Jahre – seine letzte öffentliche Äußerung.

Die Kirchliche Hochschule war als eine „Lehrstätte für reformatorische Theologie" im Jahr 1935 von der Bekennenden Kirche gegründet worden. Sie wurde alsbald vom nationalsozialistischen Staat verboten und hat ihre Arbeit bis zum Frühjahr 1941 illegal fortgesetzt. Im Wintersemester 1945/46 hat sie ihre Tätigkeit im Zuge der „Wiedergutmachung geschehenen Unrechts" an den durch die Nationalsozialisten geschlossenen Lehranstalten wiederaufgenommen. Sie unterhielt auch ein eigenes Studentenpfarramt, das Ernst Lange zusammen mit der Professur übertragen wurde. Als Lange seine Vorlesungstätigkeit aufnahm, war der Alttestamentler Rolf Rendtorff Rektor der Hochschule. Unter seinen Kollegen befanden sich der Neutestamentler und spätere Bischof Ulrich Wilckens, der Barthschüler und -freund Helmut Gollwitzer, der Kirchengeschichtler Karl Kupisch, der als Mitglied der Bekennenden Kirche ihre Geschichte erforschte und las, der Dogmatiker Otto Dilschneider, Karl Barths langjähriger Freund Heinrich Vogel und als Direktor des Seminars für Praktische Theologie, dem auch Ernst Lange angehörte, Martin Fischer: ein prominentes Kollegium, das ausnahmslos entweder persönlich aus der Bekennenden Kirche kam oder ihrem Erbe verpflichtet war. Ernst Lange konnte sich dort wohlfühlen und hatte die an Universitäten üblichen akademischen Querelen kaum zu fürchten.

Das Vorlesungsverzeichnis des Sommersemesters 1963 kündigt unter seinem Namen im Fach Praktische Theologie eine zweistündige Vorlesung „Über den Katechumenat der Kirche" an. Im folgenden Wintersemester 1963/64 zeigt er Homiletik (vierstündig) sowie eine Übung „Kirchliche Lebensordnung und die Realität des Gemeindelebens" (zweistündig) an. Im Sommersemester 1964 folgte eine vierstündige Vorlesung mit Kolloquium „Zur Lehre vom Gottesdienst“, die ergänzt wird durch ein zweistündiges Proseminar „Vom Text zur Predigt, Meditation zu neutestamentlichen Texten“. Im Wintersemester 1964/65 wird eine vierstündige Vorlesung „Die Ortsgemeinde in der Gegenwart“ (Auftrag, Funktion und Ämter) angekündigt. Dazu kommt ein zweistündiges homiletisches Seminar, zu dem vierzehntägige Gottesdienste mit Predigtbesprechung gehören. Schließlich wird für das Sommersemester 1965 eine zweistündige Vorlesung angekündigt: „Theorie der kirchlichen Jugendarbeit“, eine zweistündige Vorlesung über „Der Laie“ und eine zweistündige Übung „Trauung und Beerdigung mit homiletischen Übungen“.

Auf den ersten Blick scheint es, als habe Ernst Lange bei den von ihm gewählten und angebotenen Themen aus dem Vollen schöpfen können. Das hatte wohl den Wunsch der Kirche verstärkt, diesen ungewöhnlich begabten Theologen an ihre Hochschule zu holen. Mit seinen sechsunddreißig Jahren gehörte er unter den „Vätern“ der Fakultät zur jungen und vielversprechenden Nachwuchsgeneration der Professoren.

Aber der „erste Blick“ täuscht. Seine sorgenvolle Mitteilung an Ulrich Kabitz vom März 1963 war ganz ernst gemeint gewesen. Hinzu kam sein hoher Anspruch an sich selbst und an die Qualität seiner Texte. Er war keiner, der Manuskripte „auf Lager“ legte. Alles mußte immer neu „geschaffen“ werden. Jede Form des Plagiats, des „Aufgusses“ war ihm zuwider. Immer vertrat er nur sich selbst. Er wollte auch stets zum Kairos, zum jetzigen Augenblick und seiner Herausforderung, reden. Dazu Florian Sorkale: „Er hat es versucht, als Professor noch gleichzeitig Praxis wahrzunehmen. Am Brunsbütteler Damm. Er war neu im Hochschulgeschäft. Er hatte keine fertigen Vorlesungen in der Schublade. Alles sollte aktuell vorbereitet sein. Dazu die Gemeinde. Und vor allem: gleichzeitig Studentenpfarrer. Und: ein Buch schreiben. *Chancen des Alltags.* Das hat der Körper irgendwann nicht mehr mitgemacht. Ein Dreivierteljahr krank. Gelbsucht.“

Florian Sorkale war noch Student im siebten Semester gewesen, als Professor Martin Fischer ihn einlud, sein Assistent zu werden. Sorkale nahm das Angebot an. Aber bereits im darauffolgenden Semester ließ Fischer ihn wissen: „Wir bekommen einen zweiten Professor in Praktischer Theologie. Der ist ganz neu. Hat noch keinen Assi. Wollen Sie seiner werden? (Ich find schon einen neuen.) Der heißt Ernst Lange.“ „Ich sagte ‚Ja!‘ – Ernst Lange war mir ‚zugefallen‘. Oder ich ihm?“

Florian Sorkale muß für Ernst Lange so etwas wie ein rettender Engel geworden sein. Er wurde nicht nur sein Gehilfe, sondern ziemlich bald über lange Krankheitsperioden hinweg sein Vertreter – Bürge für das, was Ernst Lange seinen Studenten sagen, zeigen, mitgeben wollte. Manche Universitäten kennen das Amt des „Tutors“: Er muß die Vorlesungsarbeit des Professors durch zusätzliche Seminare und Übungen unterstützen, muß die Studenten begleiten, sie vor allem bei ihrer Lektüre beraten. In kirchlichen Schulen Deutschlands findet man noch heute den alten Beruf des „Repetenten“, der den Lernstoff mit den Schülern „repetiert“ und sie durch ergänzende Unterrichtsfächer fördert. Auf dieser Ebene lag Sorkales Auftrag – bald wurde er aber für längere Zeitabschnitte voll verantwortlich für den Ernst Lange zugedachten Lehrauftrag in Praktischer Theologie. In Krankheitszeiten besuchte Sorkale Lange zu Hause, und der sprach mit ihm die kommenden Stunden durch.

Florian Sorkale war nur wenig älter als die ihm anvertrauten Studenten. Es waren nicht viele. Drei der damaligen Studenten erzählen von dem kleinen Häuflein, das sie waren, wenn sie sich zu seinen Seminarübungen versammelten. Vorlesungen hat Lange so gut wie nie gehalten. Thesen und Entwürfe entstanden bei ihm aus dem Gespräch für das Gespräch.

Dazu stimmt Pfäfflins Erinnerung, Lange habe nicht über kirchliche Kasualien doziert, sondern mit seinen Studenten die praktische Arbeit am „Fall“ Trauung oder am „Fall“ Beerdigung durchgesprochen. „Lange hatte einen Hang zur Kasualrede, zum Kasus“, schreibt er. „Das war die Lebenswelt. Die war ja nicht im Gottesdienst, sondern in der konkreten Situation. Die Kasualrede als missionarische

Situation. Es begannen die soziologischen Fragestellungen ... Lange schickte uns ins Kabarett. Damals gab es ‚Die Insulaner' und die ‚Stachelschweine'. In einem von ihnen hatte ich eine Szene gesehen, in der ein Brautpaar vor dem Altar steht. Er sagt, was er denkt, daß der Pfarrer jetzt denkt, sie, was sie denkt, daß ihr Bräutigam denkt etc. Das war sehr klug und witzig. Lange bat mich, den Text zu besorgen. Er sagte zu mir, das sei von großem pastoralem Wert."

Die wenigen Hörer waren eine hochmotivierte Gruppe. Das war jene Lernsituation, von der Ernst Lange als Student in Göttingen geschwärmt hatte: „... außerdem verbietet der Massenbetrieb leider ein wirkliches Schüler-Meister-Verhältnis", hatte er da an Ruth Koehn geschrieben, „wie es mir für ein wirklich effektives Studium als Ideal vorschwebt."

„Ich bin an die Kiho nach Berlin gegangen – nicht weil ich einen berühmten Meister suchte oder das Haupt einer theologischen Schule erleben wollte, wie es damals ja noch üblich war", berichtet Schorsch Pfäfflin. „Ich wollte zu Ernst Lange." Pfäfflin hatte als Schüler in dem schwäbischen Städtchen Aalen im „Halleluja, Billy" mitgespielt. „Ich spielte damals den Al Winter, einen Radikalinski, und dieses Stück wurde zur prägenden Erfahrung meines Lebens – ja, es wurde für mich zu einem Durchbruch. Dieses Stück in dieser Kirche!? Ich kann die Lieder des Spiels heute noch singen. Unsere Pfadfinderlieder, unsere Kirchenlieder waren ja furchtbar. Und nun diese Texte, diese Musik! Da war nicht nur eine neue Musik, das war ein neuer Ton überhaupt, eine neue Sehnsucht. Unsere Lehrer hatten uns nichts zu erzählen als Kriegserinnerungen und Kriegserlebnisse – und nun erzählt uns da ein junger Mann von New York, von den Slums und von den Schwarzen. Und er erzählt es uns so, daß wir uns damit identifizieren können ... Den Mann wollte ich kennenlernen." Schorsch Pfäfflin reiste Anfang der sechziger Jahre nach Berlin, um an der Kirchlichen Hochschule sein in Tübingen begonnenes Theologiestudium fortzusetzen.

Helmut Ruppel, der heute im Katechetischen Dienst der Berliner Kirche arbeitet, gehörte damals auch zum Kreis der Ernst-Lange-Studenten – ebenso wie seine Frau Maria Ruppel. Sie hatte Ernst Lange schon als Schülerin im Burckhardthaus erlebt und dort seine bezaubernd-charismatische Art kennengelernt. „Seine Fähigkeit, schwärmerisch-charismatisch den Atem zu nehmen, war grundsätzlich bodenlos", erinnert sich Helmut Ruppel. „Aber das ist ja bestimmten Kreisen dubios, unseriös. Für mich als Schüler Ende der Fünfziger war der ‚Halleluja, Billy' ein so neuer Ton, daß ich damals dachte, wie wohl die kummervollen Patriarchen meiner Landeskirche darauf reagierten."

„In der Kiho fühlte er sich nicht wohl", meint Schorsch Pfäfflin im Rückblick. „Viele seiner Kollegen sprachen vom Kirchenkampf wie die Lehrer über ihre Kriegserlebnisse. Ernst Lange hatte höchstens einen oder zwei, mit denen er etwas anfangen konnte und die sich, so wie er, intensiv um uns Studenten kümmerten. Ernst Lange war mein einziger ‚Lehrer'. Er kannte unsere Namen, sprach uns persönlich an, das habe ich in meinen zehn Studiensemestern sonst nirgends erlebt. Viele Abende, manche Nächte hat er mit uns diskutiert, Spaß gemacht, getrunken, Klavier gespielt." – „Aber", so fügt Ruppel hinzu, „bei studentischen Abenden hat er häufig in einer Mischung zwischen auferlegter Distanz und durchbrechendem ‚Auf-dem-Tisch-Tanzen' balanciert. Er wußte unseres Erachtens sehr gut über seine ‚Möglichkeiten' Bescheid."

Bezeichnend fand Pfäfflin folgendes Erlebnis: „Einmal wollte ich ihm näherkommen, vielleicht mich auch ein bißchen bei ihm einschmeicheln. So erzählte ich ihm, ich hätte als Schüler im ‚Halleluja, Billy' mitgespielt. Seine Reaktion war abweisend: ‚Das war ein schwaches Stück. Heute geniere ich mich dafür!'" Er hat Ernst Lange – wie übrigens andere auch – gelegentlich als schroff erlebt. „Er war keineswegs spontan zugänglich. Er diskutierte mit uns, wenn er es als seine Pflicht empfand. Manchmal wirkte er eitel."

Seine stärksten Eindrücke empfing Pfäfflin im homiletischen Hauptseminar. „Ein Mann ist erst schön", zitiert Pfäfflin Bert Brecht, „wenn er konzentriert ist", und beschreibt damit einen hervorstechenden Zug an Ernst Lange. Das Seminar hatte nur wenig mehr als vier Teilnehmer. Aber wie jede seiner Veranstaltungen bereitete sich Lange genauestens darauf vor. „Er war ein begnadeter Didaktiker ... Er setzte sich hinter das Pult des Professors und verteilte Predigtaufgaben. Dann sollten wir zwei Stunden für uns arbeiten. Auch er arbeitete für sich, völlig konzentriert. Setzte sich selber der Herausforderung aus, jetzt einen Predigtentwurf zu schreiben. Er sammelte unsere Entwürfe ein, nahm sie mit nach Hause. Beim nächsten Mal gab er sie mit ausführlichen schriftlichen Begutachtungen zurück. Unter einen meiner Entwürfe schrieb er: ‚Sie müssen zwanzig Jahre lang Ihre Predigten von A bis Z wörtlich schreiben, sonst werden Sie ein Schwätzer ...' – noch heute schreibe ich, eingedenk seiner Kritik, meine Predigten wörtlich auf."

Zu der von Pfäfflin und Ruppel eifersüchtig gehüteten „grauen Literatur" gehören viele, mittlerweile tatsächlich grau gewordene, fast vergilbte Blätter mit hektographierten Texten. Auch Handschriftliches findet sich darunter. Das meiste beschäftigt sich mit dem Thema „Predigt". Einiges davon enthält die *Bilanz '65,* damals als hektographiertes Manuskript veröffentlicht. Anderes galt als verschollen, nicht mehr auffindbar. Dazu zählen ad hoc formulierte Paraphrasen. Sie bilden ein Kernstück der Predigtlehre von Ernst Lange. Sie hat er auch unabhängig von der gottesdienstlichen Predigt geübt.

Zum ersten Mal hatte er eine Paraphrase zu Matthäus 5, 1–12 im Herbst 1958 bei einer Bibelarbeit vor dem Orbishöher Kreis vorgetragen:

Was Jesus über seine Brüder sagt

Glücklich sind die,
die Gott brauchen,
wie ein Kind seine Mutter braucht,
weil es ohne sie nicht leben kann.
Glücklich sind die,
die Gott brauchen und sich dessen nicht
schämen:
denn für sie ist Gott in Jesus da ...

Glücklich sind die,
die nicht mit Gewalt an sich zu reißen versuchen,
was nur Gott geben kann:
das Erfolghaben, das Gutsein, das Geliebtwerden.
Glücklich sind die,
die auf Gott zu warten wissen:
ihre Ernte wird reich sein in Ewigkeit ...

Glücklich sind die,
die keine Angst haben,
sich hinreißen zu lassen
in das Leid des Nächsten, die Not des Bruders.
Glücklich sind die,
die sich um des Mitmenschen willen verlieren:
Sie sind von Gott gefunden.

Glücklich sind die,
die die zwiespältigen Gedanken,
die halben Entscheidungen hinter sich lassen
und die einfachen Schritte des Gehorsams tun.
Glücklich sind die,
die Ernst machen mit Gottes Befehlen:
Mit jeder gehorsamen Tat wird ihr Glauben
gewisser.

Glücklich sind die,
die sich nicht einengen lassen
durch die Eisernen Vorhänge dieser Welt,
sondern sie aufreißen mit den Taten des
Friedens.
Glücklich sind die,
die den Mut haben, zwischen den Stühlen zu
sitzen:
denn das ist der Platz neben Jesus ...

In seiner Berliner Thesenreihe zur Predigtarbeit in der *Bilanz '65* beschreibt er diesen Schritt der Predigtarbeit so:

Ich spreche jetzt den Text in meiner Sprache so nach, wie ich dazu in der Exegese frei geworden bin. Prinzip: In der Paraphrase keines der Worte des Textes in wörtlicher Übersetzung oder nach Luther, es sei denn, sie wären ... unmittelbar verständlich. Gelingt das nicht, ist die Exegese defekt. Faktisch enthält die Paraphrase explizit, was die wörtliche Übersetzung implizit enthält, und im Verhältnis der beiden Versionen zueinander ergibt sich meine interpretatorische Aufgabe der Predigt.

Weil die Formulierung einer Paraphrase ein enormes Maß an konzentrierter Arbeit des Nachdenkens, des Erprobens und Verwerfens erfordert, hat auch Ernst Lange nicht jeden Text paraphrasiert. Nur hin und wieder hat er sich an diese kostbare Form der verdeutlichenden Textumschreibung gewagt. So ist zum Beispiel auf dem Gottesdienst-Zettel der Ladenkirche vom 9. Dezember 1965 als Predigttext der Psalm 126 angegeben. Bei Luther beginnt der Psalm: „Wenn der Herr die Gefangenen Zions erlösen wird, dann werden wir sein wie die Träumenden. Dann wird unser Mund voll Lachens und unsere Zunge voll Rühmens sein ..."

In der Paraphrase von Ernst Lange heißt es:

Als der Herr Zions Schicksal herumwarf, da waren wir wie Träumende! Unser Mund voller Lachen, lauter Jubel unsere Sprache ...

Lange unterscheidet die „textnahe Paraphrase", die der Prediger im Blick auf seine eigene homiletische Situation hin formulieren soll, von der „situationsnahen Paraphrase" und fügt hinzu:

Was damit gemeint ist, wird unmittelbar deutlich, wenn man sich klarmacht, daß man eine textnahe Paraphrase im Blick auf eine Kindergottesdienstgemeinde offenkundig noch einmal umformen muß.

Als eine wichtige Vorarbeit für die Paraphrase gilt für Ernst Lange die Meditation. Sie war in der damaligen homiletischen Diskussion besonders heftig umstritten. Deshalb hat Ernst Lange für die Hand seiner Studenten ein Blatt mit speziellen Überlegungen zur Meditation entworfen. Darin beschreibt er das notwendige Hin und Her zwischen Text und Wirklichkeit, zwischen Hörern und Prediger. Langes Papier gipfelt in der These:

Meditation ist die Kunst, sich etwas einfallen zu lassen.

Der „Predigteinfall" wird später auch im Redaktionskreis der „Predigtstudien" umstritten sein. Ernst Lange hat ihn mit dem doppelten Argument verteidigt:

Trotz seiner gefährlichen Untertöne leistet der Begriff „Einfall" ein Doppeltes: Er verweist darauf, daß es neben Tradition und Situation ... noch einen dritten Faktor gibt ... die Person des Predigers selbst, seine Originalität, seine Gedanken- und Sprachkraft ... seine Kreativität. Andererseits ist der Begriff „Einfall" glücklich, weil er gleichsam in sich selbst bereits zur Vorsicht ruft ... Nicht alles, was mir „einfällt", ist verantwortbar.

Den Warnungen vor den Gefahren der Meditation hält er entgegen:

Textbezug und Hörerbezug verhindern die Verwechslung der Predigtmeditation mit Kontemplation und entsprechenden psychologischen Techniken.

In der Paraphrase sollte gewissermaßen der „Zuschnitt“, die „Anprobe“ eines Textstoffes am „Körper“ der Hörergemeinde erfolgen. Seine Thesen zur Predigtarbeit hat Ernst Lange in diesem Sinn mit einer originellen Fragestellung abgeschlossen, die er in drei Schritten entfaltet hat: Ist die Predigt „persongemäß?“ lautet seine Frage, und sie schließt drei Aspekte ein: Wieweit steht die jeweilige Predigt dem Prediger zu? Wieweit steht die jeweilige Predigt dem Prediger an? Wieweit steht die jeweilige Predigt dem Prediger? Die Predigt verlangt den persönlichen Stil, verlangt Geschmack und Takt. „Was dem einen steht, macht den anderen lächerlich!“

Auf dem Weg zur „anständigen“, zur „passenden“ Predigt findet die entscheidende Auseinandersetzung dort statt, wo der biblische Text und seine Aussage konfrontiert werden mit der Situation, in die er hineintrifft. Im Blick darauf sagt Ernst Lange: „Die Predigtarbeit beginnt in der Regel vor der Exegese“, denn: „Die Vorgegebenheit der Situation gilt grundsätzlich überall.“ Man überdenkt die „Leitereignisse“ der zurückliegenden Woche, ebenso wie man nachdenkt über die „Problemgruppe“ in der Hörerschaft, einen besonderen (Vor-) Fall in der Gemeinde ebenso wie die politische „Großwetterlage“, die das Klima in der Gemeinde beeinflußt. Der Homiletikprofessor, aus der Praxis der Gemeindearbeit kommend, ging ebenso selbstverständlich wie unbefangen mit der „Situation“ um. Sie in sein Nachdenken über die zu erarbeitende Predigt nicht einzubeziehen wäre ihm nicht im Traum eingefallen. Erst viel später wurde ihm klar, mit welchem kirchlichen und kirchenpolitischen Dynamit er da hantierte: Als er seine Predigtlehre in öffentlichen Vorträgen vertrat, erhob sich die Phalanx der im Kirchenkampf ergrauten Pastoren und Theologen und attackierte sein Durchdenken der „Situation“ als Rückkehr zur Irrlehre der „Deutschen Christen“. Helmut Ruppel erinnert sich: „Die gesamte Debatte um die ‚Situation‘ spielte ja eine immense Rolle. Die Situation gegen den Text und dann der Text gegen die Situation. Lange, zwischen den Polen Ernst Fuchs und Helmut Gollwitzer, konnte einzig und allein mit dem äußersten Ernstnehmen der ‚Situation‘ im ‚sozialen‘ Sinn dieser Zangenbewegung entgehen. Weder die Fuchssche Hermeneutik noch die Barthsche (und Martin Fischersche) autobasileia (Alleinherrschaft des Wortes Gottes), sondern die ‚Situation', und zwar zwischen, unten, hier, direkt, normal, alltäglich, armreich, häßlichschön, im Gemenge, undeutlichüberscharf." Ruppel fügt hinzu, die Paraphrase sei für Lange ein Weg gewesen, „Scylla und Charybdis zu entgehen, nämlich: das Literarische".

Mit Ernst Langes „Thesen zur Predigtarbeit" stehen wir vor einem Schlüsseltext nicht nur des Berliner Theologieprofessors, sondern des Theologen, des Autors und Stückeschreibers – des Künstlers Ernst Lange überhaupt. Die Gedanken, die er hier auf neun engzeilig getippten Schreibmaschinenseiten ausbreitet, sind ein in äußerster Konzentration, Prägnanz und Konsequenz formuliertes Manifest zur Arbeit mit und an Texten schlechthin. Was er bis dahin an eigenen Texten abgeliefert hatte, waren Kostproben, Fingerübungen, Einübungen eines Sprachkünstlers, eines Meisters der Formulierung, eines geschmackssicheren Stilisten. Nun legte er – seinen Studenten zugedacht und zugeeignet! – offen, warum und wie er zu schreiben und zu reden gelernt, entdeckt, erarbeitet hatte.

Formal betrachtet ist Predigen eine Bemühung um Kommunikation. Alle Kommunikation zielt auf Einverständnis durch Verständigung.

Mit diesen beiden lapidaren Sätzen eröffnet er seine Überlegungen zum „Predigtauftrag". Diesem Kommunikationsprozeß wollen und werden seine künftigen Texte gezielt und konzentriert dienen: Predigten, Reden oder Aufsätze, Bibelarbeiten auf Kirchentagen, Rundfunkmeditationen oder ökumenische Memoranden zu Strukturproblemen des Weltkirchenrates. Wohl hatte er immer wieder mit der Gefahr der Weitschweifigkeit zu kämpfen, zwingt er sich zu Knappheit und Kürzung. Aus der Kunst der Paraphrase entwickelt er die Kunst der knappen Sentenz, des treffenden Spruchs, der Skizze, des Bildes. Mit der Verknappung gewinnt die Substanz, erhöht sich die inhaltliche Qualität. Seine bekanntesten Sentenzen fallen in seine letzten Lebensjahre. Eine von ihnen lautet: „Man stirbt nicht weg von Gott, man stirbt in Gott hinein." In der *Ökumenischen Utopie* häufen sich die Sentenzen, drängen sich die anschaulichen Bilder. Die ausdrucksstärkste Beschreibung dessen, was Ökumene ist und will, preßt er in die Formel: „Das Fremde soll nicht mehr fremd sein!“ Sieben Worte für die (Kirchen-) Geschichte eines Jahrhunderts, für Programm und Zielsetzung einer weltweiten Bewegung, für eine Hoffnung in Aktion – jetzt und hier!

Das Kernstück seiner Thesen heißt: „Relevanzerfahrung“. Der Begriff der Relevanz taucht auf den ersten vier Seiten mehr als ein dutzendmal auf – so wichtig ist er für das, worauf es Ernst Lange ankommt. Mit seiner Verwendung hat er sich in die damalige hermeneutische Diskussion eingeklinkt. Kein Theologe von Rang kam an der „hermeneutischen Frage“ vorbei, an der Lehre von der Kunst der Textbehandlung und Textauslegung. Darum häufen sich auch hier bei Ernst Lange wie nirgends sonst die Namen der einschlägigen Theologen, mit denen er in Zustimmung und Widerspruch umgeht: Karl Barth und Gerhard Ebeling, Jürgen Moltmann und Kornelis Heiko Miskotte, Emil Fuchs und Helmut Gollwitzer, Hans Walter Wolff und Werner Jetter. Die hermeneutische Debatte beherrschte nicht nur und nicht einmal in erster Linie die theologische Textarbeit, sondern das ganze Feld der Sprachphilosophie und der Textarbeit im geisteswissenschaftlichen Bereich. Einer der ersten großen Theologen der Neuzeit, der eine ausgefeilte Kunstlehre der Sprache entfaltet hat, galt selbst als der berühmteste Prediger seiner Zeit: Friedrich Daniel Schleiermacher (1768 bis 1834). Auch er lehrte als Theologieprofessor in Berlin, auch ihm galt die „Relevanzerfahrung“ als entscheidende Forderung an die Wirkung einer Predigt. Freilich hat er das Wort weder gekannt noch verwendet. Auch sprach er nicht von der kirchlichen Predigt, sondern von der „religiösen Rede“, und die Quelle der „Relevanzerfahrung“ lag für ihn im Gefühl. Bei Ernst Lange hingegen lag sie in jenem Umgang mit dem biblischen Text, in dem sich der Prediger der ganzen Härte des Widerstreits von Text und Wirklichkeit aussetzt. Dadurch gerät er in eine Situation äußerster „Verfremdung“, der er standhalten muß „bis zu jenem Punkt, an dem die Eigenaussage des Textes sich gegen ihn ... durchzusetzen beginnt. Diesen Punkt nennen wir die Relevanzerfahrung“.

Martin Luther hat diesen kompliziert klingenden Sachverhalt auf die einfache Formel gebracht: „Tentatio facit theologum – die Anfechtung macht den Theologen“ – das gilt auch und erst recht für den Prediger. Die schmerzhafte Erfahrung, daß der biblische Text und die menschliche Wirklichkeit einander widerstreitend in die

Quere kommen, muß der Prediger selbst machen, wenn er hoffen will, mit seiner Predigt dem Hörer eine „Relevanzerfahrung“ zu vermitteln.

Als Zeuge der Relevanz der Tradition für die Situation hat der Prediger seinem Text so zu dienen ... daß der Hörer ebenfalls Zeuge der Relevanz der biblischen Botschaft für sein Leben, für seine gegenwärtige Lage wird ... Der Prediger hat jetzt so „zur Sache“ zu sprechen, daß der Hörer versteht, inwiefern das Zeugnis der Predigt ihn angehen, ihn lebensentscheidend angehen will.

Damit wird aber nicht nur ein innerlicher, ein privater oder gar ein sich nur im Kopf abspielender Vorgang eingeleitet, vielmehr

will und soll ich so predigen, daß den Hörern möglichst deutlich wird, daß sie als Glaubende ... in den Gehorsam des Glaubens (Römer 12,1ff) entlassen sind ... Durch die Predigt muß wenigstens an einem oder zwei Punkten deutlich werden, wie dieser Weltauftrag sich durch die Predigt auf die „Umwelt“ der Hörer hin auslegt und zuspitzt, die „Umwelt“ – innerhalb und außerhalb der „Versammlung“. In diesem klar umrissenen Sinn hätte jede Predigt erbaulich zu sein.

Das heißt, daß eine Predigt erst dann eine „Relevanzerfahrung“ vermittelt hat, wenn sie „zum Gehorsam des Glaubens in Liebe und Hoffnung ermächtigt und so die ‚diakonia tou christou‘ (den Christus-Dienst) an der Welt und in der Welt weiterführt“.

Die handschriftlichen Notizen Pfäfflins zum Thema „Relevanzerfahrung“ bestätigen aufs anschaulichste Ruppels Erinnerung, daß dies der „heißumstrittenste Diskussionstext“ war. Pfäfflins Nachschrift notiert neben zahlreichen Frage- und Ausrufezeichen einmal die Bemerkung am Rand: „Magischer Akt?!“ und hat damit vermutlich den heikelsten Punkt berührt: die Unverfügbarkeit des ganzen Geschehens, auf die übrigens Lange selbst des öfteren hingewiesen hat.

Noch auf einem anderen Feld theologischer Textarbeit hat Ernst Lange seine sensible Sprachbegabung eingesetzt: Sein Freund und späterer Hochschulkollege, der Neutestamentler Ulrich Wilckens, gewann ihn zur Mitarbeit an einer kommentierten Übersetzung des Neuen Testaments. Wilckens hat sie nach fast zehnjähriger Arbeit – in engem Zusammenwirken mit Lange – 1970 veröffentlicht. Der Hamburger Furche-Verlag beauftragte Lange als Berater der Übersetzung. „Als solcher hat er das gesamte Manuskript ‚gegengelesen'", schreibt Wilckens, „und eine Fülle von Vorschlägen gemacht, von denen ich einiges aufgenommen habe. Die Zusammenarbeit war im besten Sinne ‚spannend', weil Ernst Lange eigentlich mehr Modernität in der Sprache wünschte, während ich mich zu einer strengeren Wörtlichkeit in der Übersetzung ... verpflichtet wußte ... Auch Lange trat dafür ein, daß der Leser mit dem Buch arbeiten können und nicht ‚religiös vereinnahmt' werden sollte. Darin waren wir völlig einig. Er hat dann der Endgestalt voll zugestimmt."

Was war es nun eigentlich, was Langes Studenten so fasziniert, erregt, „bezaubert" hat? Helmut Ruppel schreibt: „Die Kirche hat dann abgewirtschaftet, wenn sie niemanden mehr ärgert und niemanden mehr tröstet. Ernst Lange hat uns geärgert und getröstet ... Erinnere ich mich heute, so würde ich als theologische Figur das ‚Schwärmerische' für ihn annehmen. Herzübervolle Sehnsucht nach gerecht-glücksinnlichem Leben, geschwisterliche Überschwenglichkeit, souveräne Außerachtlassung dogmatischer Penibilitäten zugunsten waghalsigen Hinüberlehnens und Hinübersehnens ins Reich Gottes. Ein ‚Schwärmer' – das sage ich angesichts des horrenden Unrechts der Kirchengeschichte gegenüber den ‚Schwärmern', denen mehr Geistesgegenwart durch die Adern pulste als der gesamten Bleichgesichtigkeit landeskirchlicher Tief-Ebenen ... Als heimlicher oder offener ‚Schwärmer' mußte er in die Ökumene gehen. Dort kam er ins Freie."

Im Unterschied zu Dietrich Bonhoeffer, dem sein Freund und Weggefährte Eberhard Bethge eine Biographie von 1128 Seiten gewidmet hat, hat Ernst Lange bis heute keinen Biographen gefunden. Dafür gibt es eine Reihe von mehr oder weniger einleuchtenden Gründen. Was aber von Eberhard Bethges Umgang mit dem Erbe Dietrich Bonhoeffers im Lichte der von Ernst Lange entwickelten Hermeneutik zu lernen ist, ist dieses: Wer auch immer sich mit Ernst Langes Lebensweg und Lebenswerk im Interesse seiner Überlieferung, seiner Weitergabe auseinandersetzt, wird als Ernst Langes „Hermeneut" ein Lernender bleiben müssen – wie auch Bethge im Umgang mit Bonhoeffers Erbe ein Lernender blieb bis zuletzt. Jeder seiner möglichen Biographen wird nicht nur Archivar und Verwalter bleiben dürfen, sondern muß sich selbst dem schmerzhaften

Wachstum und Wandel aussetzen, dem Ernst Lange sich ausgesetzt sah und in den er – in Widerstand und Ergebung – eingewilligt hat. Nur so werden wir der „Hermeneutik" Ernst Langes gerecht werden, nur so können wir hoffen, in der Begegnung mit ihm eine „Relevanzerfahrung" zu machen, die „versteht, inwiefern das Zeugnis (sc. von Ernst Lange, d. Vf.) uns angehen, lebensentscheidend angehen will".

Kirche für andere – die Kirchenreform gewinnt literarische Gestalt

In einem Lexikonartikel aus dem Jahr 1990 ist zu lesen: „Ernst Langes theologische Prägung läßt sich nur schwer an einzelnen Personen festmachen. Neben der Dialektischen Theologie und Friedrich Gogarten ist der Einfluß Dietrich Bonhoeffers unverkennbar." Ernst Lange gehörte weder einer theologischen Schule an noch einer bestimmten kirchlichen Richtung – etwa den „Kirchlichen Bruderschaften" oder den „Berneuchenern". Bei allem, was er sagte oder tat, hatte man es ausschließlich mit ihm selbst zu tun. Für sein Reden, Schreiben oder Handeln trat nur er selbst ein. „Ich will nur schreiben, was mir selbst einfällt" – bei diesem Diktum aus Gelnhausener Tagen ist er geblieben. So geriet auch seine akademische Arbeit zu einem ständigen Drahtseilakt ohne Netz und Boden. Auf Dauer ließ sich diese Praxis nicht durchhalten. Im Sommer 1965 gab er seine Professur auf.

Bis dahin aber galt der Einsatz seiner Kraft der Fertigstellung zweier Bücher: *Chancen des Alltags* titelte er das Buch, das er im Advent 1964 abschloß. Es bildet jenen achten Band der „Handbücherei des Christen in der Welt", den er „koste es, was es wolle" am 1. Oktober 1962 abzuliefern gedachte. Er hat diese „Überlegungen zur Funktion des christlichen Gottesdienstes in der Gegenwart" „Alfred Butenuth, Dietrich Rössler, Hans Schmidt und den Freunden der Evangelischen Gemeinde am Brunsbütteler Damm Berlin in Dankbarkeit gewidmet".

Der Band ist der wichtigste literarische Ertrag seiner akademischen Arbeit, und man kann diese Leistung nur richtig einschätzen, wenn man bedenkt, daß das Buch in der mehrjährigen Periode einer Doppelbeanspruchung durch Ladenkirche und Hochschule entstanden ist, die zugleich die Zeit einer langwierigen Krankheit war. Es ist sein noch heute gültiger Beitrag zur Bewegung der „Kirchenreform", der er hier auch publizistisch vorauseilte. Sie war und blieb wichtig als die kirchliche Facette der 68er-Bewegung, zu der sie beigetragen und von der sie ihrerseits profitiert hat. Was sich seither in vielfältiger Gestalt als „Offene Kirche" in Gemeinden und Synoden zeigt und seit der Weltkirchenkonferenz von Uppsala 1968 in zahllosen ökumenischen Gruppierungen und Initiativen in einer weltoffenen Kirchlichkeit – wenn auch mühsam – durchsetzt, ist nicht zuletzt auf die „Gemeinde am Brunsbütteler Damm" zurückzuführen und kann sich auf Ernst Lange als einen ihrer jüngeren Kirchenväter berufen. Darum ist es nicht zufällig, sondern äußerst sinnvoll, daß die *Chancen des Alltags* Anfang 1965 erschienen sind und ihr „Zwilling", die *Bilanz '65,* im späten Herbst desselben Jahres. Was dort als Vision einer neuen Kirche entfaltet und thematisiert worden ist – Kirche als Chance des Alltags –, ist hier in seiner Wirklichkeit der kleinen Schritte, ihrer Möglichkeiten, Erfolge und Mißerfolge im Detail beschrieben worden.

Zu den beiden Büchern trat – nicht nur zeitlich in der Mitte, nämlich im Mai 1965 – Ernst Langes akademische Antrittsvorlesung. Mit ihr stellt sich normalerweise ein neu berufener Professor der akademischen Öffentlichkeit vor. Sie gilt im weiteren Sinn als Programmerklärung eines akademischen Lehrers. *Kirche für andere – Dietrich Bonhoeffers Beitrag zur Frage einer verantwortbaren Gestalt der Kirche in der Gegenwart,* so formulierte Ernst Lange sein Thema. An dieser Vorlesung hatte er monatelang gearbeitet. In ihr suchte er eine Antwort auf die Kommunikationskrise, die als Krise des „Kirche-Welt-Verhältnisses" Bonhoeffers Denken während der Haft zunehmend bestimmt hatte. Ernst Lange greift Bonhoeffers Diagnose auf, daß „die früheren Worte kraftlos werden und verstummen" – wie Bonhoeffer im Mai 1944 an seinen Patensohn geschrieben hatte. Er erinnert an die „unüberhörbare und immer noch aktuelle Warnung Bonhoeffers", daß „unser Christsein heute nur in zweierlei bestehen wird: im Beten und im Tun des Gerechten unter den Menschen. Alles Denken, Reden und Organisieren in Sachen des Christentums muß neu geboren werden aus diesem Reden und aus diesem Tun." Für eine Kirchen- und Predigttheorie, wie Ernst Lange sie vertrat – Kirche und

Predigt als „Kommunikation des Evangeliums" in all ihren unterschiedlichen Gestalten –, hat Bonhoeffer damit die entscheidende Fragestellung formuliert. Der Bonhoeffersche Begriff der „nichtreligiösen Interpretation des Evangeliums" bleibt für Lange „rätselhaft", ist für ihn aber in einer Richtung klar:

Gemeint ist auf jeden Fall eine nicht ekklesiozentrische Auslegung, eine Auslegung, die nicht oder jedenfalls nicht in erster Linie auf den „Raum", auf das religiöse Binnenleben der Kirche hin, sondern auf das „Sein-für-Andere" – auf den „vernünftigen Gottesdienst" der Christen jenseits organisierter Kirchlichkeit hin geschieht.

So schließt Ernst Lange seine Vorlesung mit den Worten:

Was dieses „Sein-für-Andere" konkret bedeutet, wie sich daher die Grundworte der christlichen Verkündigung an der Wirklichkeit auslegen und wie die Kirche aussieht, die dieser Verkündigung dient, hat Bonhoeffer nur in Andeutungen sagen können. Es gibt aber eine Auslegung, die, wie ich meine, mit aller wünschenswerten Klarheit zeigt, worauf er hinauswollte: seine eigene Existenz, sein Weg.

Daß Ernst Lange zu diesem Zeitpunkt und in dieser herausgehobenen Weise sich mit Dietrich Bonhoeffer beschäftigt, in einer Intensität, die er keinem anderen zeitgenössischen Theologen, Karl Barth eingeschlossen, zugewendet hat, macht deutlich, daß er sein eigenes kirchliches und theologisches Denken – wenn überhaupt – dann vor diesem Forum verantworten und dieses Erbe weiterführen wollte. Dabei entspricht es seiner an der Praxis orientierten Denkart, daß er die Auseinandersetzung mit Bonhoeffer – im Gegensatz zu den meisten Theologen seiner Zeit, von Bonhoeffers Freund Gerhard Ebeling bis zur „Heidelberger Schule" um Heinz Eduard Tödt und Wolfgang Huber – nicht nur akademisch abstrakt führte, sondern sie konsequent in eine entsprechende kirchliche Praxis eingeordnet hat. Darum darf man sein Schlußwort getrost auch auf ihn selbst beziehen.

In diesen Zusammenhang gehört, daß Ernst Lange sich erfolgreich dafür eingesetzt hat, Martin Luther King den theologischen Ehrendoktor zu verleihen. Die Kirchliche Hochschule besaß das Ehrenpromotionsrecht und hat diese Anregung in die Tat umgesetzt. Im Sommer 1964 kam Martin Luther King nach Berlin, um die Auszeichnung entgegenzunehmen.

Als Ernst Lange am Ende des Sommersemesters 1965 seine Professur aus Gesundheitsgründen niederlegte, war seine Widerstandskraft verschlissen. Er sehnte sich von der Hochschule zurück an den Brunsbütteler Damm. Dort hatte längst Alfred Butenuth die kreiskirchliche Pfarrstelle übernommen und die Ladenkirche am Laufen gehalten. Natürlich dachte Ernst Lange keine Sekunde daran, auf seine alte Stelle zurückzukehren. Was war die Alternative? Die Kirchenleitung legte ihm nahe, sich an einer neu aufzubauenden Gemeindearbeit in einer der gerade entstehenden Satellitenstädte zu beteiligen. Nach reiflicher Überlegung sprach Ernst Lange in einem längeren Brief die Bitte aus, doch bis auf weiteres in der Arbeit am Brunsbütteler Damm bleiben zu dürfen. Er begründet diesen Wunsch so:

1. Die Arbeit am Brunsbütteler Damm trete gerade jetzt in eine kritische Phase, in der es darum gehe, das Experiment Ladenkirche gründlich zu dokumentieren – die Andeutung bezieht sich auf die im Entstehen befindliche *Bilanz '65*. Lange möchte schlüssig nachweisen, daß für eine normale Ortsgemeinde viele Möglichkeiten bestehen, einen konstruktiven Wandel in die Wege zu leiten.

2. Einer neuen experimentellen Arbeit in größerem Rahmen fühle er sich „jedenfalls zum gegenwärtigen Zeitpunkt“ nicht gewachsen. Er möchte aber auch nicht irgendeine neue Arbeit anfangen und schon gar nicht in einen von der praktischen Gemeindearbeit gelösten Lehrauftrag zurückkehren. Er bleibt bei seinem Grundanliegen des Nachweises gelingender Kirchenreform „am Ort“. „Ich könnte und würde mich keinesfalls auf einen Auftrag einlassen, der nicht die Chance einer wirklichen Wandlung kirchlicher Strukturen enthält.“

3. Da er längerfristig eine theologische Reflexion kirchlicher Praxis anstrebe mit dem Ziel, sich für eine nachuniversitäre Ausbildung junger Theologen zu qualifizieren, wolle er die Arbeit am Brunsbütteler Damm so lange weiterführen, bis sich daraus vermittelbare Schlüsse ziehen lassen. Dazu würde auch ein gründliches Studium „des weltweiten Vorgangs des kirchlichen Strukturwandels“ gehören. Er sei bereit, eine solche Ausbildungsarbeit schon jetzt in kleinem Rahmen in Angriff zu nehmen – zum Beispiel im Rahmen des Pastoralkollegs oder einer Beratungsarbeit für junge Theologen in der Gemeinde. Für derartige Gedanken beruft er sich auf Gespräche mit Hans Hoekendijk und Helmut Gollwitzer.

Die Verwirklichung der Vorschläge von Ernst Lange hätte eine zweite Pfarrstelle am Brunsbütteler Damm vorausgesetzt. Das lehnt die Kirchenleitung angesichts des eklatanten Pfarrermangels in Berlin kategorisch ab. In zahlreichen Gesprächen entwickelt sich ein Konflikt, in den sich auch Bischof Scharf mit einem mahnenden Brief an Ernst Lange einschaltet. Nun versucht Lange eine von der Kirchenleitung angebotene Zwischenlösung aufzugreifen und beginnt eine Arbeit in einer benachbarten Kirchengemeinde, ohne den Brunsbütteler Damm aufzugeben. Diese neuerliche Arbeitsüberlastung, verbunden mit den sich über den Sommer hinziehenden Auseinandersetzungen, zehren an seiner ohnehin angeschlagenen Gesundheit.

Im November 1966 begibt sich Ernst Lange in eine ambulante psychotherapeutische Behandlung nach Mainz. Der Chef der dortigen Psychiatrischen Klinik, Professor Dietrich Langen, kannte die Familie. Er diagnostiziert bei seinen Untersuchungen einen reaktiven depressiven Versagenszustand, den er aber für ein vorübergehendes Phänomen hält. Dennoch legt er Ernst Lange „dringend nahe, einen Wechsel seiner beruflichen Situation anzustreben". Das teilt er in einem Gutachten auch der Berliner Kirchenleitung mit. Diese versetzt Lange Anfang 1967 in den Wartestand. Gleichzeitig gewährt sie ihm einen mehrmonatigen Erholungs- und Studienurlaub. „Das ist zwar nicht ganz das, was ich erhofft hatte", schreibt er an Ulrich Kabitz, „aber immerhin habe ich jetzt ein halbes Jahr Ruhe zum Erholen, zum Schreiben und Arbeiten. Mal sehen, wie die Zeit sich füllt. Wahrscheinlich werde ich einen Teil der Zeit in Rottenbuch sein." Das Dorf Rottenbuch liegt in Oberbayern. Für dieses „Refugium" hatte Ernst Lange eine große Zuneigung entwickelt und gelegentlich davon geschwärmt, „sich hier im Alter niederzulassen, wenn man das Geld dazu hätte".

Nach seinem Ausscheiden aus der Kirchlichen Hochschule sagte er noch seine Mitwirkung beim Kirchentag 1967 ab. Er war in eine Sackgasse geraten. Das „größte Abenteuer meines Lebens" – eine Hochschulprofessur auszuüben – war gescheitert. Den größeren Teil seiner dreijährigen Professur war er krank gewesen, davon abhängig, daß sein Assistent Vorlesungen und Seminarübungen an seiner Stelle wahrnahm. Die Verknüpfung von Professur und Gemeindearbeit war nicht gelungen. Dieses Scheitern lag nicht zuletzt an dem hohen Anspruch, den er selbst an die Qualität seiner Hochschularbeit stellte. Er kapitulierte und hat dieses Experiment später als „eklatant mißlungen" bezeichnet. Dieses Scheitern hat sein Selbstwertgefühl vermutlich um so mehr verletzt, als er sich zugleich eingestehen mußte, dem väterlichen Anspruch doch nicht zu genügen. „Von irgendwoher muß doch dieses überdimensionale Über-Ich mit seinen unnachsichtigen Leistungsforderungen kommen", schreibt er über sein Bild des Vaters an die Schwester. „Sie sind so terroristisch, daß schon der Versuch, ihnen zu genügen, hoffnungslos ist und macht." Von jetzt an fällt der Schatten möglichen Mißlingens auf sein Leben. Sein Mut, von dem er gelegentlich als von einer „unbegreiflichen Naivität" sprechen konnte, wich einer bleibenden Ängstlichkeit gegenüber neuem Versagen. Freunde beginnen, von einer „ekklesiogenen Neurose" zu munkeln.

Dennoch zog Ernst Lange weiter auf sein „Gelobtes Land" zu, von dem er nicht nur starke Träume träumte, sondern für dessen Einwohnung im bewohnten Erdkreis, der Ökumene, er mit allen seinen Gaben und Kräften kämpfte. Und der Ruf nach vorn ließ nicht lange auf sich warten.

Nun neigt sich für mich alles nach Genf

oder: Der Ruf nach vorn (1965 bis 1970)

Zwischen Rückzug und Aufbruch

In einem Rundfunkfeature des bekannten Kirchenfunkjournalisten Gerhard Rein von 1975 heißt es: „Es war nicht ausgemacht, ob Ernst Lange ... noch eine Zukunft hatte. Schafft man den Wettlauf noch gegen die Angst, gegen die Anforderungen der anderen, gegen das Gefühl, mißachtet zu werden?"

Ernst Lange hat den „Wettlauf" – damals jedenfalls – geschafft. Er gehörte zu den Verlierern, die nicht aufgeben. Wie hatte der Fünfzehnjährige an die Schwester geschrieben, als seine Ausweisung aus dem Schondorfer Heim drohte: „Ich glaube so fest an ein schönes Leben, und es ist wirklich kein Grund zum Verzagtsein ..."

Mitten im Abwind der Berliner Professur erhält er eine Anfrage von Hans Jürgen Schultz vom Süddeutschen Rundfunk. Ihm hatte er telephonisch die Beendigung der Professur signalisiert. Der schrieb ihm im Juli: „Die Courage, Aufgaben niederzulegen, denen man sich nicht gewachsen fühlt, ist nicht eben reichlich gepflanzt. Ich habe in letzter Zeit mit großem Respekt an unser Telephongespräch vor einigen Wochen denken müssen."

Und dann bittet ihn Schultz, an einem größeren Werk über die Geschichte der neueren Theologie, „Tendenzen der Theologie im 20. Jahrhundert. Eine Geschichte in Portraits", mitzuarbeiten. Er schickt Lange eine umfangreiche Vorschlagsliste von Namen zu und bittet ihn, das Portrait über Helmut Gollwitzer, den Kollegen an der Kirchlichen Hochschule, zu übernehmen. Ernst Lange akzeptiert die Aufgabe, obwohl ihm zu diesem Zeitpunkt Dietrich Bonhoeffer weitaus näher läge und leichter fiele. Aber „der liegt bei Ihnen in sehr guten Händen", attestiert er dem Freund. Dann aber macht er eine ganze

Reihe kritischer Anmerkungen zur Namensliste, macht Gegenvorschläge und gibt vor allem Namen zur Erwägung, die über die engere Fachtheologie hinausgehen. „Eine Theologiegeschichte müßte die tatsächlich bewegenden Einflüsse kennzeichnen" – darum also Carl Gustav Jung, Sigmund Freud und John R. Mott, „dessen Wirksamkeit ein Vielfaches aller anderen Ökumeniker ausmacht". Er wendet sich gegen den „gräßlichen Stoecker", nennt Wilhelm Dilthey, nennt Hermann Gunkel und Martin Dibelius. Das Unternehmen reizt ihn, da ist er wieder in seinem Element.

Und dann verabreden die beiden das Treffen eines „Protestantenvereins", wie Schultz scherzhaft schreibt: Herausgeber und führende Autoren der Fachzeitschriften für Praktische Theologie sollen zusammengerufen werden, um zu prüfen, ob für den relativ kleinen Markt nicht eine qualifizierte Zeitschrift ausreichen würde, auf die man dann die besten Kräfte konzentriert. Der angesehene und auch von Lange geschätzte Stuttgarter Verleger Erich Breitsohl lädt die in Frage kommenden Herren ins Parkhotel nach Stuttgart ein. Sie treffen sich am 21. Januar 1966, machen sich Gedanken über eine „Flurbereinigung", möchten zu einer Fusion kommen. Die Besprechung aber nahm, wie Schultz hinterher an Lange schreibt, „einen für mich unerwarteten Verlauf": statt zu einer Fusion zu kommen, wurde das Parkhotel auf Langes Drängen zur Geburtsstätte von etwas gänzlich Neuem, über dessen Idee sich in Stuttgart vor allem Ernst Lange und sein langjähriger Freund, der Tübinger Theologe und Arzt Dietrich Rössler, einig wurden. Die in Wuppertal erscheinenden „Pastoralblätter" sollten zu etwas Neuem umgebaut werden.

Was dieses „Neue" sein sollte, hat Ernst Lange nur wenige Tage später, am 2. Februar 1966, in einem langen Brief seinem Freund Dietrich Rössler ausführlich dargelegt und begründet. Hans Jürgen Schultz erhielt eine Kopie des Briefes. Dieser Brief kann als das erste „homiletische Manifest" aus Ernst Langes Feder gelten. Es atmet den Geist des Aufbruchs und legt den Grund für die „Predigtstudien", die auf Ernst Langes Betreiben 18 Monate später im Waldheim in Esslingen das Licht der Welt erblicken sollten. In diesem Brief verdichteten sich auf fünf Seiten fünf Jahre Predigtpraxis und Predigterfahrung, gesammelt in der Berliner Ladenkirche. Fünf Jahre des Gesprächs in der Gemeinde und mit der Gemeinde darüber, was die

Schafft man den Wettlauf gegen die Angst?
Ernst Lange, um 1971

sonntägliche Predigt sein soll und was sie sagen kann. Auf diese homiletische „Alltags"-praxis folgten drei Jahre als Hochschullehrer, in denen er die „Kunst" des Predigens seinen Studenten demonstriert, vorgemacht, gelehrt und beigebracht hat. „Nur im methodisch kontrollierten und kritisierten Vollzug wird der – nun, vielleicht nicht der homiletische Meister, wohl aber der solide homiletische Handwerksgeselle geboren", heißt es im „Rösslerbrief".

Berg und Tal sind beide Landschaften der Seele

Der Rösslerbrief ist ein „Glücksbrief", der einen „Glücks-Fall" ankündigt: Ein neues Lebensfeld hat sich dem Autor erschlossen, ein uraltes und durch die verknöcherte Praxis verschüttetes Potential der

Kirche wird wiederentdeckt, ist wiedererstanden. Es kann ein neuer Anfang gemacht werden. Das Glück des Finders, das Glück des Erfinders vereinigen sich mit dem Mut dessen, der ein neues Experiment voller Verheißung in Angriff nehmen will. Der „Rösslerbrief" ist ein bewegendes Zeugnis für die dialogische Suche nach der Wahrheit, die Ernst Lange gern als inneres Motiv der Predigtstudien mobilisiert hätte. Darum sein dringender Wunsch: „ ... daß aus unserem verblüffenden Konsensus von neulich wenigstens halbwegs ein tatsächlicher wird" – eine gemeinsame Praxis also. Dafür sollte der Freund gewonnen werden. Er wünscht sich Rösslers Genossenschaft nicht zuletzt um der Kritik willen: „Ich wünsche mir aber auch den Beitrag derer, die noch verwegenere Träume zu träumen wagen."

Lange hat in seinem Brief die dogmatisch-theologische Problematik ausgeklammert. Dietrich Rössler gegenüber bestand da kein Erklärungsbedarf. Die gegenseitigen Meinungen waren geläufig, ebenso die Meinungsunterschiede. Auch kannte Rössler die *Chancen des Alltags* und die *Bilanz '65*. Es ging um das Problem:

Die vorhandenen Predigthilfen bleiben die Erwägung der Situation, die die Predigt herausfordert – die Erwägung der Bedingungen jeder möglichen Verständigung hinsichtlich der christlichen Überlieferung heute – restlos schuldig. Sie leisten nicht einmal Hilfen für das, was in der traditionellen Homiletik applicatio (Anwendung) heißt ... Wirkliche Predigthilfe erweist sich im sogenannten „zweiten Schritt" (obwohl diese Formulierung nicht allzu genau ist, denn sorgfältig bedacht, setzt jede einzelne Predigt mit diesem „zweiten Schritt" ein und kommt dann erst, bestenfalls, zum Text).

Die Kernfrage lautet also: Wie können der (kirchenamtlich vorgegebene) Bibeltext mit der (aktuell vorgegebenen) Hörer-Situation so „miteinander versprochen" werden, daß ein treffendes, ein notwendiges (Predigt-)Wort entsteht, das mit der Erwartung einer „Umkehr" beim Hörer rechnen darf?

Eine scharfe und detailliert begründete Kritik der vorhandenen „Predigthilfen" verbindet Lange mit einem ausgefeilten Gegenentwurf für eine gänzlich neue Art von Predigthilfe. Der phantasievolle und geistreiche Künstler verbindet sich mit dem pädagogischen Eros des Lehrers, der schon damals weiß und sagt, daß der Lehrer ebenso vom Schüler lernt wie umgekehrt. Er stellt der neuen Predigthilfe die

Aufgabe, „zur verständlichen Predigt zu helfen" – eine „Hilfe zur Selbsthilfe" soll sie werden, wobei er weiß, daß „Hilfe zur Selbsthilfe immer die anspruchsvollste Hilfsbemühung ist". Die Kernfrage lautet also: „Was hilft zur homiletischen Selbsthilfe?" – und seine Antwort auf diese Frage entfaltet er in sieben „Schritten" – ein Feuerwerk von Beobachtungen und Erfahrungen, von Ideen und Ansätzen, von Vorschlägen und Anläufen. Hier ist wieder die Rede vom „Predigteinfall", der später in der Arbeit der „Predigtstudien" eine zentrale Rolle spielen wird. Da wird ebenso wieder die „Vormeditation" ins Spiel gebracht, in der über die Entstehungsbedingungen der Predigtarbeit nachgedacht wird. Jeder Prediger müßte sich redlicherweise darüber Rechenschaft geben, denn keine Predigt fällt vom Himmel: Sie muß aus den Bedrängnissen und Verlegenheiten des Alltags heraus entworfen und entwickelt werden. Für das „Wort senkrecht von oben" (Karl Barth) ist nicht der Prediger verantwortlich und haftbar zu machen – das bleibt Gott überlassen. Aber der Prediger ist Anwalt der Situation ebenso wie des Hörers und bringt dabei unausweichlich auch seine eigenen Prämissen ins Spiel.

Da ist von einer „Homiletik im Gespräch" die Rede. In den Predigtstudien wird daraus das Schema, daß ein „Bearbeiter A" und ein „Bearbeiter B" sich um die endgültige Gestalt der Predigt gemeinsam bemühen sollen. Und schließlich gibt Lange die unterschiedlichen Predigtsituationen außergemeindlicher Art zu bedenken: die Rundfunk„predigt", das „Wort zum Sonntag" im Fernsehen, die Vereinsfeiern und -jubiläen aller Art. Diese lebhafte homiletische Phantasie verbindet sich mit ganz konkreten Überlegungen organisatorischer, verlegerischer, finanzieller Art bis hin zur Frage einer (Chef-) Redaktion und eines Redaktionsbüros. Lange faßt die Bildung regionaler Arbeitskreise ins Auge, damit die soziologischen und psychologischen Unterschiede zum Beispiel von Großstadt, Vorort und Dorf zum Zuge kommen. „Der potentielle Leserkreis", so resümiert er, „läßt sich ja genau bestimmen. Er besteht aus 13 000 deutschen und einigen hundert deutschsprachigen Pastoren plus Theologiestudenten plus die paar hundert Leute, die das Geschäft der Predigt von Berufs wegen verfolgen (Hochschule) – alles in allem ein potentieller Leserkreis von kaum weniger als 20 000 Personen."

„Reicht das?“ fragt er beinahe keck den Freund. „Ich bin mehr denn je davon überzeugt, daß hier schon der Versuch den Schweiß der Edlen wert wäre, ganz zu schweigen von dem unseren.“ Es kam zu einem Konsens zwischen den Freunden – bei bleibenden Meinungsunterschieden. Zwei Jahre später erschien der erste Band der „Predigtstudien“. Sie avancierten auf Anhieb zum Standardwerk der homiletischen Arbeit im deutschsprachigen Raum und wurden für den Verlag ein gutes Geschäft.

Fast gleichzeitig veröffentlichte Ernst Lange im selben Verlag – gewissermaßen als persönliche Demonstration der Praxis – jene berühmt gewordenen Jonapredigten, die er im März und April 1967 in Berlin-Spandau gehalten hatte. Titel des Büchleins: *Die verbesserliche Welt – Möglichkeiten christlicher Rede erprobt an der Geschichte vom Propheten Jona,* gewidmet „Allen Freunden der Spandauer Ladenkirche in Dankbarkeit“. Dietrich Rössler hat zu dieser außergewöhnlichen Predigtsammlung einen freundschaftlich-kritischen Kommentar geschrieben, während Ernst Lange in seinem abschließenden Essay „Zur Aufgabe christlicher Rede“ erstmals zusammenhängend formuliert hat, was er in seinem Brief an Dietrich Rössler und – fragmentarisch – in der *Bilanz '65* sowie in den *Chancen des Alltags* zur homiletischen Theorie geschrieben hatte. Seine homiletischen Gedanken hat er in den folgenden Jahren bei vielerlei Gelegenheiten vorgetragen – immer im Zusammenhang des Gottesdienstes. „Predigen ist nicht ein partikulares Geschäft im Dasein des Pfarrers, es umgreift seine gesamte Berufswirklichkeit, erfährt aber in der gottesdienstlichen Predigt eine besondere Zuspitzung“ – so faßt Langes letzter Kollege Rüdiger Schloz den Skopus der Predigtessays Langes zusammen, die er unter dem Titel „Predigen als Beruf“ 1976 herausgegeben hat. Langes Tübinger Fachkollege Werner Jetter hat in einem Nachruf auf ihn 1975 geschrieben: „In der Praktischen Theologie wird Ernst Lange gewiß schon allein durch die Predigtstudien und die darin entwickelten Einsichten zur homiletischen Theorie und Praxis Rang und Namen behalten.“

Hans Jürgen Schultz zeigte sich von der „Lektüre des Briefes an D. Rössler fasziniert“. Allerdings fügte er hinzu: „Davon würde ich gerne ein Modell sehen. Wenn dieser Plan gelingt, wären wir einen Schritt weiter.“ Er äußerte noch andere, mehr praktische Bedenken aus seiner langjährigen Erfahrung als Cheflektor eines großen Verlags und folgerte daraus: „Aus diesen Erfahrungen muß ich für mich selber den Schluß ziehen, an den ‚Pastoralblättern' nicht mitzuarbeiten (mit diesem Namen war das Projekt zunächst verbunden, d. Vf.). Ich habe das im Parkhotel bereits deutlich ausgesprochen. Außerdem darf ich mich nicht weiterhin übernehmen." Ein Postskriptum schloß sich an: „Schicken Sie uns bitte bald das Manuskript über H. Gollwitzer."

Damit begann für Ernst Lange der Rückweg vom Berg der Vision „Predigtstudien" ins Tal. Das war und mußte kein Abstieg und kein Rückzug sein. Berg und Tal, beides sind Landschaften unserer Seele, und Ernst Lange nahm auch diese Herausforderung an. Er erkannte sehr schnell, daß sein Projekt „Predigtstudien" einen problematischen theologischen Kern enthielt. Er gab ihm den Namen „Die Anpassung der Kirche". Mit dieser Thematisierung stieß er bereits über den rein homiletischen Aspekt der Predigt hinaus vor in den umfassenderen Bereich der Theorie des kirchlichen Handelns. Er war sich ja seit den Kiho-Auseinandersetzungen um die „Situation" bewußt, mit der Frage nach der Anpassung der Kirche ein zentrales Tabu in Kirche und Theologie, speziell in Deutschland nach 1945, aufzugreifen: Es war das Tabu der Bekennenden Kirche, die sich seit dem Bekenntnis von Barmen 1934 auf dessen erste These berief und behauptete, sich in ihrer Praxis darauf zu stützen: „Jesus Christus, wie er uns in der Heiligen Schrift bezeugt ist, ist das eine Wort Gottes, das wir zu hören, dem wir im Leben und Sterben zu vertrauen und zu gehorchen haben. Wir verwerfen die falsche Lehre, als könne und müsse die Kirche als Quelle ihrer Verkündigung außer und neben diesem einen Wort Gottes auch andere Ereignisse und Mächte, Gestalten und Wahrheiten als Gottes Offenbarung anerkennen."

Mit seinem Vorstoß stellte Ernst Lange ja nicht nur die herrschende Theologie, nicht nur das sakrosankte Bild einer Bekennenden Kirche, sondern auch die Biographien all derer zur Debatte, die das „Erbe von Barmen" beschworen und darauf verweisen konnten, dafür ihre Haut zu Markte getragen zu haben. Wer es wagte, dies alles – als Pfarrer und wissenschaftlicher Theologe von Rang – dem Zweifel auszusetzen, bekam es zwangsläufig mit „Mächten und Gewalten" zu tun. Ernst Lange hat den in voller Schärfe erst nach seinem Tod ausgebrochenen Streit um seine, in den „Predigtstudien" konkretisierte Predigtlehre nicht mehr erlebt. Emphatischer Wortführer seiner Kritiker wurde der aus der Schweiz stammende Wuppertaler Fachkollege Rudolf Bohren, dessen holzschnittartige Kritik in der Behauptung gipfelte, Ernst Lange habe mit seiner situationsbezogenen Homiletik das Erbe der Bekennenden Kirche verraten und sei zu den Deutschen Christen zurückgekehrt.

Mit anderen Worten: Ernst Lange konnte die weitere Ausarbeitung seines „Systems Predigtstudien" gar nicht in Angriff nehmen, ehe er nicht das Tabu gebrochen und aufgeklärt hatte, mit dem das Barmer Bekenntnis die „Situation" belegt hatte. Ohne diese Aufklärung würden die „Predigtstudien" denselben Schiffbruch erleiden wie die „Kirchenreform" insgesamt, die bereits mit dem Verdacht vom „Ausverkauf der Kirche" belastet war: andere Kirchenzentren, andere Gottesdienstformen und nun auch noch eine andere Predigt?! Einer solchen Exkommunikation wollte und mußte Ernst Lange zuvorkommen.

Aber nun drängten da noch andere Verpflichtungen – er sollte eine neue Gemeinde erschließen, die er ebenfalls als Ladenkirche im Sinn hatte. Und dann hatte er Hans Jürgen Schultz das Portrait über Helmut Gollwitzer versprochen. „Es entstehen für die Herstellung des Buches erhebliche Schwierigkeiten", verlautete aus dem Büro des Süddeutschen Rundfunks, „wenn die Beiträge nicht um Ostern herum druckfertig abgeliefert werden." Mitte April erreichte Hans Jürgen Schultz dann der „Offenbarungseid" aus Berlin:

Ich hab's wochenlang versucht, aber zwischen alter und neuer Gemeindearbeit geht es einfach nicht ... Mein Freund Butenuth ist jetzt wochenlang ausgefallen, jetzt muß er fünf Wochen auf Urlaub, und er muß wirklich. Ich kann ihn jetzt nicht im Stich lassen, nachdem er mich so lange durchgehalten hat ...

Für Ernst Lange hieß das, daß er wieder ein Versagen eingestehen mußte. Gleichzeitig erwartete man in Genf ein von ihm versprochenes Papier, das für den Uppsala-Schlußbericht der Studiengruppe über „Die missionarische Struktur" von Bedeutung war. Man wartete auch dort vergeblich.

Wieder einmal war Ernst Lange zwischen verschiedene Anforderungen geraten: Er wollte seine Freunde nicht enttäuschen. Andererseits brannte ihm ein kirchlich-theologisches Kernproblem auf den Nägeln, das zu lösen ihm jetzt als vordringlich erschien. Er entschied sich dafür, alles andere liegen zu lassen und sich dieser Herausforderung zu stellen. Im Frühsommer 1966 hieß das für ihn: seinem Projekt „Predigtstudien“ den Weg freizukämpfen.

Die ersten Ergebnisse seiner Arbeit präsentierte er im Oktober 1966 auf einer Tagung der Evangelischen Akademie Berlin. Im Rahmen einer scheinbar harmlosen Tagungsthematik, „Gemeindeaufbau in neuen Siedlungsgebieten“, trug er seine Thesen unter der ebenfalls zunächst harmlos klingenden Überschrift *Von der Anpassung der Kirche – Versuchung und Aufgabe* vor. Gegen Jahresende legte er seine Gedanken erneut dar, und zwar der Spandauer Kreissynode – und wie schon öfters brachte erst die Diskussion der Fachleute ans Licht, wieviel Dynamit Ernst Langes theologische Interpretation von Barmen enthielt. Umgehend wurde er aufgefordert, seine Thesen öffentlich zu vertreten. An Ulrich Kabitz wird er schreiben:

Beide Vorträge sind nicht sonderlich gelungen. Ich bin aber dabei auf ein für meine Begriffe sehr folgenschweres Problem gestoßen, nämlich auf die Frage, wieweit die Barmer Entscheidungen heute eine ernsthafte Erörterung des Anpassungsproblems, eine theologische Erörterung, verhindern. Und zwar denke ich dabei nicht an die Ebene theologischer Reflexion. Ich habe vielmehr den Eindruck, daß bei Kirchenleitungen, Pastoren und Kerngemeinden durch den großangelegten „Anpassungsversuch“ des Kulturchristentums und der DC ein gleichsam vortheologisches Ressentiment gegen die Forderung der „Zeitgemäßheit“ erzeugt worden ist, daß der Kirchenkampf in dieser Sache eine Tabuzone hinterlassen hat und daß darum die Dinge der Kirchenreform so vollständig im Sande verlaufen. Mindestens ist der Vorwurf vom „Ausverkauf der Kirche“ in seiner Heftigkeit nur aus solchen Tabugefühlen zu verstehen.

Man müßte also die Entscheidungen von Barmen daraufhin befragen, ob sie tatsächlich das Anpassungsproblem endgültig und negativ entschieden haben. Ich bin nicht dieser Ansicht. Nun bin ich dabei, einen Essay in dieser Sache zu schreiben. Welches Problemfeld er abschreitet, ersiehst Du aus den beiliegenden Thesen und der Nachschrift meines Akademiereferates im beiliegenden Protokoll. Ich will aber nicht nur das bereits Gesagte aufpumpen, sondern wirklich neu einsetzen, und es wird wohl auf ein Manuskript von 100 bis 120 Schreibmaschinenseiten hinauslaufen.

Doch Ernst Langes Kräfte waren erschöpft. Der heraufziehenden öffentlichen Debatte fühlte er sich nicht mehr gewachsen.

Etwas für den Frieden tun

Die angeschlagene Gesundheit von Ernst Lange ließ dem Freund im Stuttgarter Funkhaus keine Ruhe. Könnte nicht eine Ortsveränderung zu einer Aufgabe führen, die Ernst Langes Gaben und Kräfte aufs neue zu mobilisieren vermöchten? Als Mitglied der württembergischen Landessynode kannte Hans Jürgen Schultz die Mitglieder der Stuttgarter Kirchenleitung. Zu ihr gehörte auch Helmut Pfeiffer. Er war vor Jörg Zink Direktor des Burckhardthauses und dort Langes Freund und Kollege gewesen. Durch die Vermittlung von Schultz kam es zu einer Einladung für den 19. Januar 1967 nach Stuttgart, wo in einem Gespräch Arbeitsmöglichkeiten für Ernst Lange in Württemberg besprochen werden sollten. Neben dem zum Prälaten von Reutlingen avancierten Helmut Pfeiffer nahm auch Konrat Gottschick, der Personalreferent des Oberkirchenrats, am Gespräch mit Ernst Lange teil. Es entwickelte sich der Plan, in Württemberg eine Arbeitsstelle zu schaffen, die die theologische Bildung der Laien durchdenken und experimentell in Angriff nehmen sollte. Das würde die bisherigen Erfahrungen Langes als Kirchenreformer und theologischer Lehrer nutzbar machen, seine vielfältigen Gaben zur Entfaltung bringen, und die *Chancen des Alltags* hätten Aussicht, im Bereich einer großen, Reformen gegenüber aufgeschlossenen Landeskirche umgesetzt zu werden. Das Projekt war bestechend. Doch es geriet schnell zwischen die Fronten der württembergischen Auseinandersetzungen. Parochie und Bürokratie standen in Spannung zueinander. Selbst die Tübinger Fakultät signalisierte Bedenken. Auch Langes politische Einstellung kam zur Sprache. Der Plan geriet auf die lange Bank des innerkirchlichen Hin und Her.

Aber kaum war Ernst Lange zurück in Berlin, erreichte ihn eine neue und ganz andersartige Einladung. Sie kam aus Genf. Dort hatte der Rücktritt des langjährigen Generalsekretärs, Wim Visser't Hooft,

Vermittlung der Freunde. Albert van den Heuvel

im Sommer 1966 für Turbulenzen gesorgt. Der Streit um die Nachfolge des bewährten Gründers und Architekten des Weltkirchenrats hatte sich bis in den Spätherbst hingezogen. Erst zum 1. Dezember 1966 konnte der US-Amerikaner Eugene Carson Blake für eine Übergangszeit von fünf Jahren gewonnen werden, das Amt des Generalsekretärs zu übernehmen. Der in vielen Ämtern des Weltrats erfahrene kirchliche Manager, der sich auch aktiv an der amerikanischen Bürgerrechtsbewegung beteiligt hatte, sah sich sofort einer Reihe großer Probleme gegenüber. Die Vierte Vollversammlung des ÖRK stand für 1968 bevor, die Vorbereitungen waren bereits in vollem Gang. Die Finanzdecke des Rates schrumpfte bedenklich. Wichtige Führungsposten waren neu zu schaffen oder wieder zu besetzen. Blakes erste Entscheidung galt der Einrichtung einer Kommunikationsabteilung, die nach dem Abgang von Visser't Hooft für ein klares

Bild des Rates nach außen sorgen sollte. Zu ihrem Direktor ernannte Blake den holländischen Theologen und Journalisten Albert van den Heuvel. Er hatte sich als jahrelanger Direkor der Genfer Jugendabteilung einen Namen gemacht.

Dann war die Stelle des Beigeordneten Generalsekretärs wieder zu besetzen. Sie war verbunden mit der Leitung der großen „Abteilung für Ökumenische Aktivität“ (Division of Ecumenical Action, DEA). Während der letzten Jahre hatte sie der orthodoxe Theologe Paul Verghese geleitet. Er wollte nach Indien zurückkehren. DEA umfaßte alle jene Tätigkeitsbereiche des ÖRK, die einmal als Träger der Erneuerung in den Kirchen gegolten hatten: die Jugendarbeit, die Laienarbeit, die Frauenarbeit, das Stipendienreferat. Nun war auch noch ein „Büro für Bildungsfragen“ (Office of Education, OE) im Gespräch.

Im Januar 1967 befand sich Albert van den Heuvel auf seiner ersten Kommunikationsreise durch Deutschland. In Stuttgart machte er Station. Hier traf er sich mit den Kollegen Hans Jürgen Schultz und Gerhard Rein. Im Laufe des Gesprächs brachte Schultz die Rede auf Ernst Lange. Van den Heuvel kannte Lange von seinem Auftritt in Lausanne und war dort von ihm beeindruckt worden. Die Kollegen stimmten darin überein, daß Genf von Ernst Langes Qualitäten und seiner ökumenischen Erfahrung großen Gewinn haben würde. Seine ökumenische Perspektive war in Deutschland rar. Außerdem hatte Lange in der ökumenischen Studie über „Die missionarische Struktur der Gemeinde“ mitgearbeitet und dazu beigetragen, daß ihre Gedanken in die deutsche Kirchenreform eingebracht worden waren. Als sie auf seine gesundheitliche Krise zu sprechen kamen, sah keiner der drei darin ein Hindernis – im Gegenteil: Sie stimmten darin überein, ein Wechsel nach Genf könne seinen Zustand zum Besseren wenden.

Albert van den Heuvel fuhr nach Genf zurück und besprach den Vorschlag mit dem Generalsekretär. Er erklärte ihm, wer Ernst Lange sei, denn Blake hatte keine europäischen Personenkenntnisse. Van den Heuvel ließ auch Langes gesundheitliche Labilität nicht unerwähnt. Blake – ohnehin in Nöten, weil er dem ÖRK-Exekutivausschuß innerhalb der nächsten vier Wochen eine personelle Alternative zu Paul Verghese vorzuschlagen hatte – zögerte keinen Augenblick. Nicht nur Albert van den Heuvel, auch Philip Potter, soeben als Beigeordneter Generalsekretär und Direktor einer großen Abteilung nach Genf zurückgekehrt, kannte und schätzte Ernst Lange. Dasselbe galt auch für Walter Hollenweger, der die Studie „Die missionarische Struktur der Gemeinde" koordinierte und Lange von daher kannte und bewunderte.

Blake griff zum Telefon und bat Ernst Lange um ein Gespräch in Genf. Bei der Begegnung Anfang Februar 1967 scheint es ein tiefgehendes augenblickliches Einverständnis zwischen den beiden gegeben zu haben. Der eher bullig wirkende Amerikaner besaß eine warme väterliche Ausstrahlung. Ernst Lange seinerseits konnte Menschen bezaubern. Er sprach ein perfektes Englisch und zeigte intellektuelle Schärfe. Kathleen Bliss, die große alte Dame der Ökumene aus England, warnte zwar Blake vor der Berufung von Lange. Sie hatte gehört: „He wants to do things his own way!" Aber Blake schrieb ihr zurück: „Ich bin ihm während des vergangenen Winters zwei- oder dreimal begegnet. Er besitzt eine höchst anziehende Persönlichkeit; er kann gut schreiben. Albert van den Heuvel, Philip Potter und andere Stabsmitglieder kennen ihn und sprechen lobend von ihm." Etwas später heißt es: „Ich bin persönlich von ihm beeindruckt und habe das Gefühl, daß er uns etwas bringt, was wir brauchen. Alles zusammen und auch nach Lektüre und Erwägung Deiner Fragen glaube ich, daß er der Mann für uns ist." Von jener ersten Begegnung an hat sich „Gene" Blake durch nichts und niemand davon abbringen lassen, daß er den Mann für diesen Posten haben wollte. Er hat seine Berufung gegen Bedenken und Widerstände durchgesetzt. Er hat ihn während kritischer Phasen in seiner Genfer Zeit rückhaltlos unterstützt und ließ ihn keinen Augenblick im Stich, als es darum ging, seinen Weg von Genf zurück nach Deutschland zu finden. Manches spricht dafür, daß Ernst Lange in Blake einer ökumenischen Vaterfigur begegnet ist, zu der er ein nahezu unbegrenztes Vertrauen entwickeln konnte.

Ein folgenschwerer Briefwechsel

Ernst Lange nahm Blakes Einladung in den ÖRK an. Blakes nächster Schritt war, das Einverständnis der Berliner Kirchenleitung zu gewinnen. Es blieb nicht mehr viel Zeit, denn schon am 16. Februar sollte das Exekutivkomitee des ÖRK im englischen Windsor zusammentreten, wo Blake seinen wichtigsten Personalvorschlag zu präsentieren hatte. Blake bat Bischof Scharf, ihm sein Einverständnis telephonisch nach Windsor mitzuteilen. Scharf stimmte zu, signalisierte aber zugleich Bedenken hinsichtlich Ernst Langes Belastbarkeit. Inzwischen bauten sich aber vor Blake neue und unerwartete Hürden auf: Das Exekutivkomitee verweigerte ihm in Windsor die Finanzierung eines zweiten Direktors, der neben Lange die Aufgabe wahrnehmen sollte, die vielfältige Studienarbeit des Ökumenischen Rates zu koordinieren. Die Korrespondenz mit Berlin geriet ins Stocken. Ernst Lange wurde unruhig und fragte in Genf nach. Dort war im März das von Blake erbetene ärztliche Attest aus Mainz eingegangen. Professor Langen teilte dem Weltkirchenrat mit, Pfarrer Lange sei seit vielen Monaten frei von depressiven Verstimmungen und in einer guten körperlichen Verfassung. Auch für die Zukunft sei mit an Sicherheit grenzender Wahrscheinlichkeit nicht mehr mit dem Auftreten einer „depressiven Erlebnisreaktion" zu rechnen. Im Juni klärte sich dann die Genfer Situation endgültig: Blake versicherte Lange, er werde ihn dem Zentralausschuß bei seiner Sitzung im August auf Kreta vorschlagen. Er ließ ihn aber gleichzeitig wissen, daß aus finanziellen Gründen eine Erweiterung seines Aufgabenbereichs bevorstehe. Ernst Lange nahm davon Kenntnis, meinte aber, er sei gesund genug, um sie zu akzeptieren. Ihm sei, so schrieb er an Blake, „vor allem wichtig, wieder einen Dienst zu tun". Und dann folgte jener Satz, dem wir später in seiner *Ökumenischen Utopie* erneut begegnen werden.

Was mich vor allem motiviert, eine Einladung nach Genf anzunehmen, ist die gegenwärtige internationale Lage. Vielleicht kann ich dort ein klein wenig für den Frieden in Kirche und Welt tun – mehr als gegenwärtig in einer Gemeinde oder an der Universität.

Etwas für den Frieden tun. Für diese Formulierung meinte er sich Jahre später entschuldigen zu müssen. „Heute weiß ich", schrieb er 1972, „so etwas spricht man nicht aus. Man gerät dadurch in eine lächerliche Perspektive, vor allem vor sich selbst." Sein Freund Hans Schmidt hat später hinzugefügt, Ernst Lange habe die Einsicht geteilt, daß sich manche Wahrheiten „nur ohne Posaunenchöre"

Rücktritt und Nachfolge mit Turbulenzen. Die Generalsekretäre Wim A. Visser't Hooft (im Gehen) und Eugene C. Blake (im Kommen), 1966

sagen lassen. Freilich – in der Sache hat er sich auch später nicht korrigieren wollen.

Im Juli dann teilte Blake Scharf mit, er habe sich entschlossen, Pfarrer Ernst Lange als Direktor der Abteilung für Ökumenische Aktivität und als Beigeordneter Generalsekretär beim ÖRK zu nominieren. „Es wäre mir eine große Hilfe, wenn ich von Ihnen als seinem Bischof einen Brief erhalten könnte, aus dem hervorgeht, daß Sie mit seinem Kommen einverstanden sind. Sie werden sich natürlich daran erinnern, daß wir bereits im Frühjahr über diese Sache verhandelt haben."

Scharf antwortete am 11. August, er halte Ernst Lange für hoch geeignet für die ihm in Genf zugedachte Aufgabe, sei allerdings trotz des ärztlichen Zeugnisses in großer Sorge, ob er gesundheitlich die inneren Anspannungen eines so umfang- und verantwortungsreichen

Amtes in der ökumenischen Zentrale durchhalten werde. Aber die Entscheidung darüber müsse beim Arzt, bei Blake und bei Professor Lange selbst liegen. „Der Rat der Evangelischen Kirche in Deutschland hat sich in seiner letzten Sitzung im gleichen Sinne geäußert."

Ende August teilte Blake schließlich dem Berliner Bischof die Berufung Langes durch den Zentralausschuß mit und fügte hinzu: „Ich hoffe und bete, daß wir die richtige Entscheidung getroffen haben. Es ist erstaunlich, daß der einzige negative Punkt, der über ihn geäußert wurde, dahin zielt, daß seine gesundheitliche Verfassung (whether he was strong enough physically) diese Arbeit verkraften wird. Dieses finde ich sehr ungewöhnlich, und ich hoffe, daß es ein Zeichen von Gottes Willen in dieser Angelegenheit ist."

Ernst Lange selbst war von Anfang an Blake gegenüber rückhaltlos offen. In seinem Begleitbrief zum Attest aus Mainz im März 1967 schrieb er:

Ich bin ganz sicher, daß die Depressionsphase, die fast zwei Jahre lang anhielt, vorbei ist – oder zumindest habe ich gelernt, dagegen zu leben ...

Doch war er sich, bei aller Freude über die Anfrage aus Genf, nicht völlig sicher, ob er ihr folgen solle. War er der Fülle der neuen Aufgaben wirklich gewachsen? In einem längeren Brief vom 20. Juni 1967 legt er dem Generalsekretär seine Bedenken dar. Dabei erwähnt er, er habe andere Arbeitsmöglichkeiten geprüft. Er habe sich auch mit ökumenisch erfahrenen Freunden beraten – sie hätten ihm aber zugeredet. So will er zwar an seiner grundsätzlichen Zusage festhalten, sagt aber bei dieser Gelegenheit, daß er gerade eine neue Aufgabe übernommen habe, die er nach Genf mitbringe:

Ich werde ein homiletisches Handbuch herausgeben, das ab nächstes Jahr erscheinen soll. Die Vorbereitungen dafür laufen seit Jahren, längst ehe Genf oder eine andere Berufung in Sicht kamen. Ich stehe dort unter Vertrag und möchte diese Arbeit weitermachen. Es gibt nur wenige Leute, die an meine Stelle treten können, und sie stehen im Augenblick auch nicht zur Verfügung. Für Deutschland ist das Projekt dringend. Aber diese Verpflichtung wird meine Arbeit für den Weltrat nicht berühren. Ich kann sie ohne weiteres in meiner freien Zeit oder in meinem Urlaub erledigen. Wenn ich recht verstehe, kann ich mit einer definitiven Entscheidung im August 1967 rechnen. Bitte unterrichten Sie mich so schnell wie möglich, wenn Sie eine Änderung Ihrer Pläne bezüg-

lich meiner Einladung erwägen, denn ich müßte dann nach einer anderen Arbeit suchen. Berlin werde ich in jedem Fall verlassen.

Die Antwort des Generalsekretärs kam postwendend. „Ich habe mich endgültig entschlossen", heißt es in seinem Antwortschreiben vom 23. Juni, „Sie für den in Aussicht genommenen Posten vorzuschlagen. Ich bin zuversichtlich, daß wir mit begeisterter Zustimmung und der Wahl rechnen können. Über das homiletische Handbuch möchte ich dann mit Ihnen sprechen, wenn Sie hier sind." Nun meldet sich Ernst Lange bei Bischof Scharf zu einem Gespräch an. Sein Ziel war, von seiner Kirche mit dem Status eines Berliner Pfarrers entsandt zu werden. „Dies nicht nur wegen der Pensionsregelung etc., sondern vor allem, weil man für eine solche ökumenische Aufgabe einen Ruf der eigenen Kirche haben sollte."

Nun sind die Würfel gefallen. Lange schreibt an Schultz:

... von Gottschick habe ich übrigens nichts mehr gehört, auch anderes hat sich zerschlagen. So neigt sich nun für mich alles nach Genf – vorausgesetzt, das Zentralkomitee spricht die Berufung wirklich aus. Ich habe Ihnen, glaube ich, nie gedankt für Ihre ganz ungewöhnliche Loyalität und Hilfe in meiner ungeklärten Lage. Ihr Beistand gehört zu den erfreulichsten Erfahrungen des letzten halben Jahres.

Die Reaktion aus Stuttgart klang besorgt: „Hoffentlich wird Sie dieser Job nicht über Gebühr absorbieren ..." Schultz kannte inzwischen die Gefährdung des Freundes, sich zu viel zuzumuten. Darum fügte er hinzu: „Lassen Sie sich das Tempo partout nicht vom Weltrat diktieren, sondern diktieren Sie lieber in Ihrem Bereich das Tempo selbst ..."

Ernst Lange wurde vom Zentralausschuß auf den 1. Januar 1968 für fünf Jahre zum Beigeordneten Generalsekretär und Direktor von DEA ernannt. Bei Blake hatte sich, teilweise aufgrund mangelhafter Übersetzung der Briefe aus Berlin, eine fatale Fehleinschätzung der gesundheitlichen Situation von Ernst Lange durchgesetzt. Diese Vorgänge hatten für Lange zwei schwerwiegende Folgen: Erstens übernahm er einen ungeklärten Arbeitsauftrag, dessen voller Umfang sich endgültig erst in Genf herausstellte. Zweitens hat Blake die Bedenken von Bischof Scharf und dem Rat der EKD nicht begriffen, sondern bagatellisiert: Er hat das gesundheitliche Problem auf ein rein physisches Defizit reduziert.

Auf Ernst Lange hatte der im Februar anlaufende Berufungsprozeß nach Genf trotz aller Unsicherheiten und Unklarheiten sofort eine belebende und elektrisierende Wirkung gehabt. Schon im März und im April trug er an vier Sonntagen seine berühmt gewordenen Jonapredigten vor. Die letzte der vier Jonapredigten hat er mit dem Satz begonnen:

Das Buch Jona erzählt die fantastische Geschichte, wie aus Auschwitz Bethel wurde. Wie aus der Vorhölle, in der der Mensch des Menschen Wolf ist – nun nicht gerade das Himmelreich wurde, aber doch die menschlichere, die brüderlichere Welt, in der die Menschen einander beim Leben helfen.

Und dann fährt er fort:

Christen, die bei der Bibel in die Schule gegangen sind, sind erfahren in der Kunst Gottes, aus allem, auch aus dem Bösesten, Gutes entstehen zu lassen. Sie müssen das Entsetzen der Realisten über die Bosheit des Bösen zu verbinden suchen mit der Zuversicht der Utopisten, daß die Zukunft das Reich der unbegrenzten Möglichkeiten ist. Wenn wir uns das Wunder nicht mehr denken können, kann Gott es auch nicht tun.

Für die, die diese Sätze damals gehört haben, und für uns, die wir sie heute lesen, ist das ein neuer Ton. Oder nein – es ist der alte, der vertraute Ton, es ist der Ton der Zuversicht, wie sie Ernst Lange in seinen besten Zeiten beseelte und die er zu verbreiten vermochte. Vier Sonntage lang war im April 1967 diese Botschaft von Ernst Lange zu hören:

Gott ist nicht der zeitlose Gott, sondern der Gott der Zeiten. Nicht der kirchliche Gott, sondern der Gott der sich wandelnden Welt. Gott bewahrt uns nicht vor den Krisen, sondern er erwartet uns in den Krisen. Euer Gott ist zu klein, sein Interesse ist zu klein, sein Horizont ist zu klein, seine Liebe ist zu klein. Der alte Gott ist tot. Macht euch bereit für neue Erfahrungen mit dem lebendigen Gott. Der alte Gott ist tot, genauer: Er hat nie gelebt. Der lebendige Gott erwartet uns im Wandel der Welt. Wir stehen an der Schwelle, nicht neuer Offenbarung, denn hiesiger als in Jesus kann Gott nicht werden, aber neuer Erkenntnis von der Hiesigkeit Gottes. Gott, indem er uns wandelt, wandelt sich mit uns. So ist Hoffnung für Ninive und Hoffnung für Israel. Amen.

Hoffnung für Ninive und für Israel. Hoffnung für Ernst Lange. Da glaubt einer wieder an den lebendigen Gott. Da glaubt einer wieder an eine verbesserliche Welt. Daran, daß aus Auschwitz Bethel, Haus Gottes, werden kann.

Kaum waren die Jonapredigten vorüber, begann Ernst Lange mit den Vorbereitungen für die Arbeitstagung „Zur Theorie und Praxis der Predigtarbeit", die er für September 1967 plante. Ihretwegen und im Blick auf die mit Sicherheit daraus erwachsende Nacharbeit hatte er Blake die Aufnahme seiner Genfer Tätigkeit erst für den 1. Januar 1968 zugesagt. Die „Predigtstudien" mußten jetzt auf den Weg gebracht werden. Dann erst hatte er den Rücken frei, um sich auf die neue Arbeit zu konzentrieren.

Mitte April wandte er sich an Hans Jürgen Schultz um Rat. Er zeigte ihm die Einladungsliste für die Septembertagung. Was Lange beunruhigte, war die Frage, ob von so einem heterogenen Kreis ein positives Ergebnis zu erwarten sei. Schultz ermutigte ihn zur „Buntheit", riet aber zur zahlenmäßigen Begrenzung. „Die Voraussetzung für ein solches Gespräch ist nicht die Homogenität, sondern das Fragenkönnen."

Im Mai siedelte Lange nach Rottenbuch über. Dort arbeitete er zunächst daran, seine beiden Berliner Vorträge über *Die Anpassung der Kirche* zu einer Rundfunksendung umzugestalten. Dieses Angebot hatte er Schultz gemacht, der es freudig aufgriff und das Manuskript für Mitte Juni erbat. Die Arbeit machte Lange mehr Mühe, als vorauszusehen war. Als er am 17. Juni das Manuskript nach Stuttgart schickte, schrieb er:

Die Aufgabe, einen zweieinhalbstündigen Vortrag auf eine halbe Stunde zu kondensieren beziehungsweise umzuformulieren, hat sich als schwierig erwiesen. Für Sie wird die traditionelle formelhafte Sprache des zweiten Teils ärgerlich sein. Aber freilich – ich bin hier ganz bewußt bei einem Vermittlungsunternehmen, das ich für dringend geboten halte. Und das wirkt sich halt auch in der Sprache aus.

Nun suchte Ernst Lange wieder den Kontakt zu Ulrich Kabitz. Das war mit einigen Empfindlichkeiten verbunden. Man war beim Kaiser-Verlag in München verärgert darüber, daß Lange mit seinem großen Vorhaben der „Predigtstudien" zum Kreuz-Verlag nach Stuttgart gegangen war. Die Kunde vom Treffen im Stuttgarter Parkhotel war auch nach München gedrungen. Dazu schreibt Lange an Kabitz: „Krusche hat mir von Bissingers (damaliger Verlagsleiter des Chr. Kaiser-Verlags, d. Vf.) verständlichem Ärger – der gleichwohl nicht richtig sitzt – erzählt. Die Initiative zur ‚Predigthilfe' ging vom Kreuz-Verlag aus, und das ist natürlich noch ein bißchen verbindlicher geworden. Und an diesem Punkt, der mir das Wichtigste überhaupt ist, bin ich auch wirklich auf den Kreuz-Verlag angewiesen." Und dann versucht er, dem Freund zu erklären, warum auch die Option auf die Jonapredigten – nach denen Kabitz sich erkundigt hatte – zunächst beim Kreuz-Verlag liege. „Hans Schmidt hatte den Kreuz-Verlag auf die Predigten aufmerksam gemacht ... und dann ergab es sich einfach durch die lange Zusammenarbeit mit Schultz, die Handbücherei und ihrer Hilfe bei unserer *Bilanz*". Er erklärt Kabitz die Konzeption, die ihm vorschwebt:

Ergänzung durch Predigten über Jona 1 + 2 und einen NT-Text (das mache ich im September). Dann dazu eine Art Entstehungsprotokoll und theologische Begründungen von mir und eine ausführliche Predigtkritik, etwa von Rössler. Das Ganze wäre dann so eine Art homiletische Demonstration – die einzige Weise, wie ich mir den Druck von Predigten sinnvoll und legitim denken kann. Wenn ich gewußt hätte, daß Ihr Euch dafür interessiert, ich hätte mich bei Euch wohl mehr zu Hause gefühlt – das gilt auch generell. Aber Du verstehst sicher die „Bindung" an den Kreuz-Verlag.

Zwischendrin lese ich die Bonhoeffer-Biographie zu Ende. Ich bin nun nicht mehr so begeistert. Warum bleibt der Mann trotz der Fülle des Kontext-Materials oder in ihr als Mensch so blaß, so ungreifbar? ... Dafür ist das Buch unschätzbar als Material für einen zukünftigen Biographen.

Daraufhin erzählt er Kabitz, daß er in seiner „Klause" sitze und feste bei der Arbeit sei. Für diesen Teil seines ihm von der Kirche gewährten „Studien- und Erholungsurlaubs" habe er sich vorgenommen, ein Buch: „Von der Anpassung der Kirche (Arbeitstitel)" zu schreiben. Worauf er im Herbst 1966 bei der Vorbereitung seiner beiden Berliner Vorträge gestoßen sei, wolle er zu einer „ausführlichen Stellungnahme" ausarbeiten, in der die gegenwärtige Krise der Kirche zur Sprache kommen solle. Anlaß und Ausgangspunkt waren ja für Lange die Probleme, die die Kirchenreform aufwarf. Er schickte Kabitz den Aufriß für das Buch. In den vorgesehenen acht Kapiteln wollte er die Anpassungsproblematik nicht nur historisch nachzeichnen – also die Auseinandersetzung zwischen Bekennender Kirche und den Deutschen Christen –, sondern unter Bezugnahme auf seine eigenen schon geäußerten Gedanken über die „Struktur des Verkündigungsvollzugs" wollte er die „gegenwärtige Auftragslage" darstellen als „Versuchung und als Chance" einer neuen kirchlichen Anpassungsleistung, von deren Notwendigkeit er überzeugt war.

Was hatte Lange in Berlin gesagt?

Barmen sieht in einer Art heiliger Einseitigkeit völlig ab vom konkreten Vollzug der Verkündigung der Kirche. Wird aber der konkrete Vollzug der Verkündigung ins Auge gefaßt, dann wird die Frage nach der Situation, die die Verkündigung der Kirche herausfordert, unausweichlich ... In der gegenwärtigen Situation ist Christus, ist seine Herrschaft, seine Glaubwürdigkeit und also die Möglichkeit des Glaubens strittig ... Der in die Anfechtung geratene Glaube wird frei – um mit Barmen II zu sprechen – aus den gottlosen Bindungen dieser Welt, nicht allgemein, sondern im Hinblick auf die gegenwärtige Situation frei zum „dankbaren Dienst an seinen Geschöpfen" ... Im konkreten Vollzug der Verkündigung kann die Kirche also gar nicht anders, sie muß nach der Situation fragen, sie muß die Situation zur Sprache bringen, denn es ist ihr Auftrag, Christus als den Herrn der Situation zu bezeugen ...

Und so kommt Lange – unter ausdrücklicher Berufung auf den Autor der Barmer Erklärung, Karl Barth selbst, zu dem überraschenden Ergebnis:

Die Wirklichkeit hat nicht Wort-Gottes-Charakter. Von dieser Entscheidung Barmens ist nichts abzumarkten ... Barmen wagte ein ganz neues Wort, das so in der Überlieferung, in den Bekenntnissen der Väter noch nicht enthalten ist. Die Kirche kommt zu diesem neuen Wort, zu diesem neuen Zeugnis von der Herrschaft Christi, indem sie sich auf eine neue Situation einläßt. Barmen ist denn auch vorbereitet und wird fortgesetzt in einem großen Anpassungsprozeß.

Ernst Lange beruft sich auf die Rolle der Kirche im amerikanischen Rassenkonflikt und sagt:

Indem dort die Kirche zur Rassenfrage spricht, setzt sie die Größe ihrer Gemeinden, ihr Budget, ihre religiöse Konjunktur aufs Spiel ... Anpassung gibt es also für die Kirche immer nur als Einpassung in eine spezifische Auftragssituation. In diesem Sinne hat die Bekennende Kirche in der Tat Anpassung geleistet, und zwar in der ganzen Breite ihrer Strukturen, sowohl der Strukturen ihres Denkens und Redens als auch in den Strukturen des Lebens und des Dienstes.

Sie hat Anpassung im Sinne der Funktionsfähigkeit geleistet, gerade indem sie Anpassung im Sinne von Selbstrettung und Selbstsicherung verweigerte ...

In dem von ihm skizzierten Buch sollte das Kapitel V die Hauptthese unter der Überschrift „Der Auftrag der Kirche im Wandel der Welt: Kirche für andere“ entfalten. Darauf sollte eine Erörterung der verschiedenen „Anpassungformen“ der gegenwärtigen Kirche in ihren Gestalten als „Ekklesia“, als „Diaspora“ (Erwachsenenbildung!) und als „Diakonia“ folgen. Letztere wäre zu entwerfen als „Diakonie im Weltmaßstab“. Den Abschluß würde eine Darstellung der wichtigsten Ergebnisse der ökumenischen Studie über „Die missionarische Struktur der Gemeinde“ bilden. Sie wären vor allem in ihren strukturellen und organisatorischen Konsequenzen zu erörtern. Dabei ginge es in erster Linie um das Problem der „institutionellen Pluriformität“, die von der „zône humaine“ bis zur „Kooperation mit andern gesellschaftlichen Instanzen“ reichen müßte. Das Buch sollte beendet werden mit einem gewissermaßen seelsorgerlich gemeinten Kapitel über „Das Gespräch der Feinde – ein Vorschlag zur Güte“. Bereits ein Jahr vor der Weltkirchenkonferenz in Uppsala hat Lange klarsichtig erkannt, daß seine Konzeption, in der er wesentliche Gedanken der missionarischen Strukturstudie verarbeitet hatte (die Konzeption einer bis in Gottesdienst und Predigt hinein pluriformen Kirche, von der die erforderliche „Anpassungsleistung“ vollbracht würde), zu großem Ärger, ja zum Streit führen könne – vielleicht führen müsse –, wozu es in Uppsala auch tatsächlich gekommen ist.

Was Ernst Lange noch unter dem fast akademisch klingenden Stichwort von der „Anpassung der Kirche“ entfaltet hatte, verdichtete Uppsala dann zu der provozierenden Forderung, es müsse der Welt erlaubt sein, „die Tagesordnung der Kirche zu schreiben“. Der ökumenische Streit, der sich daran entzündete, führte zur Gründung einer „Gegen-Genf-Ökumene“ evangelikaler Gruppierungen, die sich 1970 in Lausanne formierte. So erwies sich Ernst Langes Vorschlag, ein „Gespräch der Feinde“ zu inszenieren, als vorausschauend und legte den Grund für das „konziliare Modell“ der Ökumene.

Ernst Lange hatte Ulrich Kabitz zugesagt, ein Buch der Amerikanerin Letty Russell zu übersetzen, das der Kaiser-Verlag herausbringen wollte. Lange kannte Russell schon von seinem Besuch bei der East Harlem Protestant Parish, wo sie von Beginn an mitgearbeitet hatte. Der Report über ihre Erfahrungen würde das Buch des East Harlem-Gründers Bill Webber ergänzen, das der Kaiser-Verlag schon Jahre zuvor veröffentlicht hatte. Im Juli teilt Ernst Lange mit: „Das Buch von der Russell wird in der Rohübersetzung vermutlich Ende nächster Woche fertig sein. Wenn nur das viele erbauliche Gerede nicht wäre ... Der Anpassungsessay ist ein viel härterer Brocken, wird auch viel grundsätzlicher, wohl auch umfangreicher, als ich dachte. Ist das schlimm?“ Mitte August heißt es dann:

Mit der Russell bin ich doch noch nicht fertig ... Beim Anpassungsessay ist das erste Kapitel (über die DC) fertig, jedenfalls im Entwurf, und ich bekomme Angst, weil alles vorläufig so breit gerät. Aber ich mache erst mal so weiter, streichen kann man später immer noch ... Wenn mir gelingt, was ich mir vorstelle, wird es vielleicht ein gutes Buch. Aber das ist eben gegenwärtig völlig offen. Ich habe das Gefühl, an einem zu großen Happen zu schlingen – wie so oft in meinem Leben. Egal, versucht wird's. Nur ist die theologische Hintergrund-Problematik so viel komplizierter, als ich dachte ...

Das Buch über die Anpassung der Kirche ist nicht mehr zustande gekommen. Es war wohl in jenen bewegten Monaten des Übergangs und des Aufbruchs von Berlin nach Genf tatsächlich „ein zu großer Happen“. Seine Veröffentlichung hätte möglicherweise die Bewegung der Kirchenreform, der es dienen wollte, auf ein breiteres systematisches und theologisches Fundament stellen und ihr vielleicht doch noch zum Durchbruch verhelfen können. Doch es blieb beim Fragment. Was Ernst Lange uns aber hinterlassen hat, ist der Text *Zwischen Modernismus und Restauration,* der bereits erwähnte Rundfunkessay, den er in Rottenbuch geschrieben hatte. Er ist erst jüngst aus den Archiven des Stuttgarter Funkhauses aufgetaucht. Lange spitzt darin die Anpassungsproblematik konzise auf die Predigtaufgaben der Kirche zu:

Die Anfechtung des Hörers, das heißt, seine konkrete Lage, in der auf eine spezifische Weise die Glaubwürdigkeit Jesu Christi in Frage steht, das ist die Situation, die die Predigt der Kirche jeweils herausfordert. Und gegen die Bedrängnis, in die ich durch die Sprache der Tatsachen mit meinem Glauben geraten bin, tritt die predigende Kirche als Zeuge auf ... Anpassung und Treue zur Überlieferung schließen sich nicht aus. Sie fordern sich, sie erzwingen sich gegenseitig ... Die Kirche folgt einem im Prozeßgeschehen zwischen biblischer Wahrheit und heutiger Wirklichkeit gewonnenen prophetischen Urteil.

Zu diesen homiletischen Aussagen ist Ernst Lange in Rottenbuch nicht zuletzt durch Letty Russell angeregt worden, auf die er sich an anderer Stelle seines Textes ausdrücklich bezieht, indem er sich zum ersten Mal auf das missionarische Konzept der „Indigenisation", der „Einleibung der Botschaft in die Welt der Hörer" bezieht. Es gehört von da an zu den Schlüsselmotiven seiner Beschreibung des kirchlichen Verkündigungsauftrags:

Die präsente, die wirklich zeitgemäße Kirche wird die angefochtene Kirche sein. Aber die Anfechtung lehrt aufs Wort merken.

So schließt Ernst Langes Rottenbucher Essay. Er wurde am 30. Juli 1967 vom Süddeutschen Rundfunk ausgestrahlt.

Zwischen Tradition und Situation. Ein neues homiletisches Verfahren?

Im idyllisch zwischen Wäldern und Weinbergen gelegenen „Evangelischen Waldheim" in Esslingen bei Stuttgart trafen sich am 22. und 23. September 1967 etwa 25 Theologen und Soziologen, Gemeindepfarrer und Direktoren von Predigerseminaren – allesamt erfahren im Umgang mit der kirchlichen Sonntagspredigt, vertraut mit den Schwierigkeiten ihrer Entstehung und ihrer Wirkung. Das Tagungshaus, in dem 1957 bereits der Orbishöher Kreis zusammengekommen war und das auch der Akademie Bad Boll als Konferenzort diente, schien Ernst Lange durch seine geographische Lage und seine zweckmäßige Ausstattung am ehesten für das Vorhaben geeignet, zu dem er im Lauf des Sommers eingeladen hatte. Es war die Konferenz, auf die er fast 18 Monate lang hingearbeitet hatte.

Die Kommunikationschancen der Kirche jenseits des ortsgemeindlichen Gottesdienstes, ja die faktisch sich vollziehende transparochiale Kommunikation dieser Art dürften heute – in Zahlen ausgedrückt – die-

jenigen im Medium des Gemeindegottesdienstes und in der gemeindlichen Predigt um ein vielfaches übersteigen, ohne daß die Kirche dem ... irgendwie angemessen Rechnung trüge.

Mit dieser lapidaren Feststellung eröffnet Lange seinen Esslinger Einleitungsvortrag. Damit will er sich aber keineswegs dem Urteil von der untergeordneten Bedeutung der Sonntagspredigt im „System religiöser Versorgung" anschließen. Vielmehr

bin ich der Meinung, daß die Sonntagspredigt und die ihr verwandten Kommunikationsformen keinesfalls zu vernachlässigende Phasen im Wirkungszusammenhang „Kommunikation des Evangeliums" sind.

Auch beschäftigt ihn nicht die Predigt im Blick auf Ursprung oder Verheißung der Kirche. Diese Erörterung gehört für ihn in die „Prolegomena der Praktischen Theologie". Er fragt, als Lehrer der Praktischen Theologie, nach dem „Auftrag, den diese Verheißung hat, und nach seiner verantwortlichen Erfüllung – etsi Deus, etsi Spiritus Sanctus non daretur (als ob es Gott oder den Heiligen Geist nicht gäbe)"! Unter dieser streng methodischen Perspektive fragt er auch bei dieser Arbeitstagung nach einem neuen homiletischen Verfahren. Da geht es um die Entmythologisierung und Entdramatisierung der Predigtaufgabe, um leicht handhabbare Methoden zur Erschließung der Situation der Predigt, um Klärung der Frage, welche Rolle der Predigttext in dieser Situation spielt, darum, dem Prediger Mut zum „Predigteinfall" zu machen und Methoden zu dessen Prüfung anzubieten, und darum, den Prediger bei der Einsicht zu behaften, „in welchem Maße er heute auf das kontinuierliche Gespräch mit dem Hörer angewiesen ist".

Gesucht ist ein neues homiletisches Verfahren. Es muß in der Realität gemeindlichen Lebens hantierbar sein. Es muß die Freude am Predigen fördern

– so Ernst Langes Esslinger Plädoyer. Nach seinem Eröffnungsvortrag legt er sieben Thesen *Zur Aufgabe der Predigthilfe* vor, die er ausführlich erläutert. Sie bilden bis heute den Kern des homiletischen Programms der „Predigtstudien", auch wenn sie seither mehrfach von der Konferenz der Herausgeber und der Redaktion im Lichte kritischer Rückmeldung verändert, vereinfacht und neu formuliert wurden.

Genau ein Jahr nach der „Esslinger homiletischen Konferenz" erschien im Herbst 1968 der erste Band der „Predigtstudien" für das

Kirchenjahr 1968/69. Als Herausgeber zeichnete Ernst Lange „in Verbindung mit Peter Krusche und Dietrich Rössler". Ein Redaktionskreis wird vorgestellt, dem zehn der Esslinger Teilnehmer angehören. Der Band enthielt bereits 24 Predigtentwürfe, jeweils von einem „Bearbeiter A" (Textanalyse) und einem „Bearbeiter B" (Erwägungen zur homiletischen Situation) gemeinsam geschrieben. Er beginnt mit dem 1. Advent 1968 und endet am Palmsonntag 1969. Mit einem „Brief an einen Prediger" leitet Ernst Lange den Band ein, erläutert die Methode, die über acht Schritte zum Predigtentwurf führt. Er schärft dem vorgestellten Prediger ein: „Wir haben kein Schema für ‚erfolgreiches Predigen'. Wir führen ein Werkstattgespräch." Der Holländer Albert van den Heuvel eröffnet dieses „Werkstattgespräch" mit einem ökumenischen Beitrag: „Unsere Predigt vor dem Hintergrund krisenhafter Weltentwicklung". So wurde der Blick des Predigers von Anfang an auf die ökumenische Dimension jeder Predigtaufgabe hin orientiert: dazu beizutragen, die ganze bewohnte Erde für alle Menschen bewohnbar zu machen.

Hans Jürgen Schultz liest später das Esslinger Manuskript und erklärt sich damit „sehr einverstanden. Freilich möchte ich der Kanzelpredigt das Allein nicht mehr zubilligen. Man müßte sich nun in Ruhe austauschen können. Doch das sind Wünsche, die die Sehnsucht nach paradiesischen Zuständen zu erkennen geben." Damit bricht der Austausch zwischen den Freunden ab. Als er wieder aufgenommen wird, werden drei Jahre ins Land gegangen sein.

Im Oktober verabschiedete sich Ernst Lange von den Berliner Ladenkirchen mit einer Predigt über den greisen Simeon, der jeden Tag im Tempel auf den Messias wartet und eines Tages ein Kind auf den Arm nimmt,

ein ganz gewöhnliches kleines Kind – aber er singt dabei ein Lied auf Gott: „Dieses Kind – Dein Heil! ... Was macht der Glaube mit der Wirklichkeit? Liest er etwas in sie hinein, was gar nicht drin steht? Oder sieht er tiefer als der Unglaube – so wie ein Dichter tiefer sieht als ein nor maler Mensch?

Lange war in der Woche davor bei der Tagung der „Konferenz Europäischer Kirchen" im österreichischen Pörtschach gewesen. Er erzählt von seinen ernüchternden, ja enttäuschenden Eindrücken von dieser Zusammenkunft der 300 Kirchenfürsten. Doch er fügt hinzu:

Aber angesichts dieser Menschen und der vielen voneinander getrennten Kirchen, die sie vertreten, sagt der Glaube: Ich glaube an eine heilige, katholische, apostolische Kirche. Und er erhofft sich von diesen Zusammenkünften die Überwindung einer tausend Jahre alten Spaltung, die Einung und Erneuerung der europäischen Christenheit.

Lange erzählt von einem Kabarettstück, in dem ein kommunistischer Funktionär einen jungen Menschen im Blauhemd der FDJ vor eine Trümmerwand stellte und fragte: Was siehst du da? Ich sehe eine Trümmerwand, sagte der Junge. Falsch, sagte der Funktionär. Was du siehst, ist ein Bahnhof! Die Partei hat nämlich beschlossen, daß hier ein Bahnhof entstehen wird. Und also ist das praktisch schon ein Bahnhof. „Man muß nur das Morgen schon mitsehen. Du mußt dialektisch sehen lernen!" Und dann kommt Ernst Lange auf die Geschichte von Simeon zurück:

Das dialektische Sehen ist in Israel erfunden worden. So einer ist Simeon, einer, der die Welt im Lichte der Möglichkeiten Gottes wahrnimmt und sich darum nicht mit dem begnügt, was da ist. Wer dialektisch sieht, sieht mehr. Wer die Dinge in ihrer Möglichkeit sieht, sieht sie schärfer, genauer, wahrer. Ninive für sich betrachtet, ist der Inbegriff der Verdorbenheit – aber Ninive im Lichte der Treue Gottes betrachtet, ist ein Bereich guter Möglichkeiten, ein Bereich möglicher Überwindung des Bösen. Der Glaube sieht nicht nur den Superlativ der göttlichen Vollendung, sondern auch einen Komparativ des Fortschritts, und er sieht beides zusammen. Die Gewißheit der Vollendung und die Bemühung um Fortschritt gehören unabdingbar zusammen.

Und in diese Predigt schießt plötzlich Ernst Langes zentrales Anliegen ein: sein Plädoyer für die Verheißungen des Alltags. Er spricht von der revolutionären Praxis Jesu, die darin besteht, die Dinge des Alltags für „gottesdienstfähig" zu erklären.

Das Umgehen mit der Wirklichkeit im Hinblick auf ihre besseren Möglichkeiten, im Hinblick auf ihre gute Zukunft: der Kampf gegen den Krieg, der Kampf gegen den Hunger, gegen die Krankheit, gegen den frühen Tod, gegen soziale Ungerechtigkeit, gegen Unbildung – das alles lebt aus diesem Motiv der Liebe und der Hoffnung. Der Glaube hört mehr, als die Dinge aus sich heraus sagen – er hört, was die Verheißung Gottes sagt: daß die Welt eine Werdewelt ist. Er will auch mehr: Er sieht die Dinge nicht nur an, er geht mit ihnen um in Liebe und Hoffnung und hilft der Zukunft, die in ihnen angelegt ist, ans Licht. Und das steckt auch in der Geschichte von Simeon:

O ja, hier wird nur dieses eine, unvergleichliche Kind so begrüßt. So wie dieses eine Kind ist kein Kind. Aber wie dieses eine Kind, sollen alle Kinder, alle Kinder werden. Das ist Gottes Zukunft mit ihnen. Und man könnte sich das Reich Gottes ganz bestimmt nicht besser vorstellen als so, daß einmal alle Menschen mit jedem Nächsten, mit jedem Stück Wirklichkeit so umgehen, wie Simeon mit dem Jesuskind.

Mit dieser Predigt bricht Ernst Lange von Berlin nach Genf auf. Es ist 1968.

Diese jedoch, deren Rat mir nützlich wäre

Ein kleines Boot, mehr Nußschale als Schiff – Masten und Rahe bilden ein Kreuz, daran hängt ein Segel: Dies ist das Logo des Weltkirchenrates seit seinem Bestehen. Willem A. Visser't Hooft, dessen erster Generalsekretär, schrieb dazu: „... das Boot hat den Hafen mit unbekanntem Ziel verlassen, es bewegt sich dahin, von den Winden Gottes getrieben. Die Schiffsmannschaft ist unerfahren, und wir sprechen verschiedene Sprachen. Wir brechen zu diesem gefahrvollen Unternehmen auf mitten in den tobenden Stürmen der Weltgeschichte und spüren, daß das Boot unter unseren Füßen erzittert. Aber wir klammern uns an das Kreuz in der Mitte des Bootes."

Kurz, ehe der Lotse 1966 von Bord ging, hatte er noch das auf einer Anhöhe über Genf neu erbaute Ökumenische Zentrum eingeweiht – ein flacher vierstöckiger nüchterner Bürobau, dessen Fenster teils auf den prächtigen See hinab und zum Mont Blanc hinüber gehen, teils auf die im Winter schneebedeckten Berge des französischen Jura blicken. Nicht nur der Weltkirchenrat – alle großen Mitgliedskirchen des Rates und andere ökumenische Organisationen haben sich hier auf dem „Heiligen Berge" eingemietet. Auf diese Weise sollen die Kommunikation erleichtert und Kosten gespart werden. Der Lutherische Weltbund und das Orthodoxe Moskauer Patriarchat, die „Konferenz Europäischer Kirchen" und der Reformierte Weltbund sitzen in den Büros entlang den Korridoren des kahl wirkenden Zweckbaus. Es gibt mehrere kleine und große Sitzungszimmer, die

Heiliger Berg. Das Ökumenische Zentrum in Genf

meist ständig belegt sind. Der Alltag des Zentrums spielt sich großenteils in Sitzungen und Besprechungen aller Art ab. Koordination und Kommunikation sind fast eine Obsession. Selbst für „Arbeitsessen" sind besondere Räume vorgesehen. In der geräumigen Cafeteria trifft man sich jeden Nachmittag um 15.30 Uhr zum gemeinsamen Tee – ein Brauch, der, von Visser't Hooft eingeführt, aus den Anfängen des Weltrats herübergerettet worden war. „Teatime" war auch zu Langes Zeit die beste Gelegenheit, Leute zu treffen. Wichtige Gäste werden hier begrüßt, Mitarbeiter, die gehen, verabschiedet, Termine verabredet – hier läßt man sich sehen und wird gesehen, eine große Begegnungsbörse, die sich kaum jemand entgehen läßt.

Als Ernst Lange Anfang Januar 1968 die Arbeit aufnahm, bezog er ein geräumiges Büro im vierten Stock des „Jura"-Flügels. In seinem

Vorzimmer saß Anneliese Hoppe, eine stille, freundliche Sekretärin aus Deutschland. Sie führte seinen Terminkalender, vermittelte die Telefongespräche, empfing die Besucher.

Der Wechsel von der Ladenkirche am Brunsbütteler Damm in Berlin zur route de Ferney in Genf war einschneidend. Betrat man das langgestreckte kahle Büro des Direktors, fiel der Blick auf ein großes Poster an der Wand, bedruckt mit Dorothee Sölles Gedicht:

wie ich höre
hat der heilige thomas
drei mittel empfohlen
zur bekämpfung der schwermut
schlafen
baden
und die betrachtung des leidens christi

wie ich sehe
lauten die ratschläge meiner freunde
gegebenenfalls
mit jemand schlafen
trinken
und die betrachtung des eigenen leidens

wie ich vermute
empfehlen andere meiner freunde
wenn ich sie fragen könnte
wach bleiben
arbeiten
und die betrachtung der weltkarte
die analphabeten verzeichnet
und unternehmer der rüstung

diese jedoch
deren rat mir nützlich wäre
als korrektur
wohnen weitab
hinter mauern

Über seinen Einzug ins Ökumenische Zentrum hat Ernst Lange später geschrieben:

Ich war nun in Genf beim Ökumenischen Rat der Kirchen. In gewisser Weise war ich zu Hause. Denn diese ökumenische Bewegung war meine „Heimat", ihr Ziel mein „Gelobtes Land". Nicht, daß die Arbeit in Genf mich enttäuscht hätte. Der Alltag ökumenischer Administration ist ebenso spannend, ebenso randvoll mit neuen Erfahrungen, neuen Erkenntnis- und Wirkmöglichkeiten, wie es die ökumenischen Feste sind, die großen internationalen Konferenzen ...

Aber im Ökumenischen Zentrum wohnen Faszination und Frustration nahe beieinander – vielleicht der großen Erwartungen wegen näher als anderswo. Der Kommunikation sind im Kleinen wie im Großen viele Grenzen gesetzt. Die Prozesse des interkulturellen Verstehens sind aus vielen Gründen immer wieder von Konflikten bedroht, auf die man nicht gefaßt ist. „Das Fremde soll nicht mehr fremd sein" – das gehörte zum ökumenischen Credo Ernst Langes. Im ökumenischen Alltag blieb es weithin Utopie. Die Fremdheit konnte oft nur ertragen werden, indem man die eigene Identität betonte und verteidigte, mehr noch als unter normalen Umständen. Zu dieser zwischenmenschlichen Grundspannung gesellte sich am Anfang des Jahres 1968 die generelle Ungewißheit über den weiteren Weg des ÖRK. Tiefgreifende strukturelle Veränderungen kündigten sich an oder waren schon im Gang. Seit seiner aufsehenerregenden Weltkonferenz für Kirche und Gesellschaft in Genf 1966 blies dem Ökumenischen Rat zunehmend der Wind ins Gesicht.

Nun setzte man in Genf alle Hoffnungen auf die Vierte Vollversammlung des ÖRK, die vom 4. bis 20. Juli im schwedischen Uppsala stattfinden sollte. Der Sturmwind des Wandels der sechziger Jahre traf auch den Weltkirchenrat selbst. Er war freilich durch seine jahrelangen Studien über den raschen sozialen Wandel in aller Welt nicht unvorbereitet. Andere, unvorhergesehene Ereignisse trafen ihn um so härter. Im April 1968 wurde Martin Luther King ermordet – der schwarze Bürgerrechtsführer sollte die Predigt beim großen Eröffnungsgottesdienst der Vollversammlung halten. Und kurz vor der Eröffnung der Uppsala-Versammlung starb der Präsident des ÖRK und des Lutherischen Weltbundes, der Amerikaner Franklin Clark Fry.

Die Vierte Vollversammlung des ÖRK wurde die größte aller bisherigen: 235 Mitgliedskirchen entsandten 704 Delegierte. Dazu kamen Hunderte von Beratern, Beobachtern, Gästen, Besuchern, Journalisten und Stabsmitgliedern. 2 700 Frauen und Männer versammelten sich unter dem Gesamtthema: „Siehe – ich mache alles neu!“ Das Motto traf die allgemeine Stimmung von Aufbruch und Aufruhr, von dem die Länder, die Völker und auch die Kirchen bis hin zu revolutionärer Gewalt ergriffen waren. In Deutschland war die Rebellion der Studenten in vollem Gang – wie in anderen Ländern Westeuropas auch. Fragen der sozialen und internationalen Verantwortung, von Krieg, Frieden und sozialer Gerechtigkeit standen auf der Tagesordnung von Uppsala. Hunger und Armut, Rassismus und Analphabetentum in globalem Ausmaß bildeten die bedrängenden, ja beängstigenden Rahmenbedingungen dieser Versammlung. Ihre zentrale Frage lautete: Worin besteht inmitten dieser im Aufbruch, ja im Aufruhr befindlichen Welt der Auftrag, die Mission der Kirchen und ihrer ökumenischen Bewegung? Während der Vollversammlung wurde immer wieder Dag Hammarskjöld zitiert, der aus Schweden stammende, 1961 bei einem rätselhaften Flugzeugabsturz ums Leben gekommene Generalsekretär der Vereinten Nationen: „In unserer Zeit muß sich Heiligkeit zwangsläufig in der Welt der Aktion bewähren.“ In den Sog der sich ankündigenden Gewitterzone wurde auch die DEA hineingezogen, an deren Spitze Ernst Lange gestellt worden war. Zu ihr gehörten dreizehn Stabsmitglieder.

Die Kolleginnen und Kollegen, die Ernst Lange in Genf vorfand, kamen aus Indien und Kanada, aus Uruguay und Südafrika, aus Südkorea und Australien, aus Neuseeland und England, aus Zentralafrika, aus Holland und der Schweiz; ein schwarzer und ein weißer US-Amerikaner gehörten dazu. Für das Bildungsbüro kam später noch ein deutscher Akademiemitarbeiter hinzu. Die meisten arbeiteten schon Jahrelang im Stab des Zentrums, andere kamen zusammen mit Lange oder bald nach ihm. Die Büros aller Kollegen lagen auf dem Stock seines Büros, die Abteilung verfügte über ein eigenes Sitzungszimmer.

Kaum hundert Tage hatte Ernst Lange Zeit, um sich in dem Gewirr der komplizierten Zentrale zurechtzufinden. Das Haus glich einem Bienenstock. Ständig liefen Menschen über die Korridore von einer Sitzung zur anderen, hasteten von Termin zu Termin. Manche Stabsmitglieder, vor allem solche in leitender Stellung, verbrachten oft ganze Tage von morgens um 9 Uhr bis abends um 5 Uhr in Sitzungen. Nicht selten wurden „Arbeitsessen" eingeschoben. Waren keine Sitzungen angesetzt, wartete der Schreibtisch. Memos waren zu lesen, zu beantworten, eigene zu verfassen. Auf den neuen Direktor warteten viele Einzelgespräche. Das Kennenlernen der Kolleginnen und Kollegen war das wichtigste. Auch sie wollten wissen, woran sie mit dem Neuen waren. Im Ökumenischen Zentrum war an ruhiges Arbeiten nicht zu denken. Dabei hatte Blake Langes Berufung vor allem damit verteidigt, er werde jenes gründliche Nachdenken ins Haus einbringen, das die Abteilung dringend nötig hätte. Blake hatte zwar in seinem letzten Brief an Bischof Scharf versichert, „daß ich mit Herrn Lange ernsthaft über sein Arbeitsprogramm reden werde, um ihn vor unzulässigem Druck in seiner neuen Position zu schützen". Aber mit Datum vom 12. Januar 1968 erhielt Ernst Lange statt dessen ein Schreiben des Generalsekretärs, in dem es hieß: „Ich habe das große Vergnügen, Sie darüber zu informieren, daß Sie zum Amtierenden Direktor der Studienabteilung ernannt wurden, zusätzlich zu Ihrer Position als Direktor der ‚Ökumenischen Aktion' und Beigeordnetem Generalsekretär des Weltrats der Kirchen. Ich möchte diese Gelegenheit benützen, Ihnen für alles zu danken, was Sie tun."

Das Einleben in Genf war mühsam, nicht nur für Ernst Lange selbst. Er hatte mit seiner großen Familie eine geräumige 6-Zimmerwohnung im 18. Stock des Tour de Lignon, einem riesigen Wohnturm in einer neu erbauten Stadtrandsiedlung, zugewiesen bekommen. Tief unten floß in einem großen Bogen die Rhône vom Genfer See her nach Frankreich. Der herrliche Blick wanderte über die Juraberge hinunter zur Burgundischen Pforte. Aber so pittoresk dieser Ausblick war – das tägliche Leben war um so komplizierter. Am Stadtrand nahe der Grenze nach Frankreich gelegen, waren Einkaufsmöglichkeiten und Schulen schwer zu erreichen.

Mit den Schulen freilich trafen die Langes in Genf auf einen besonderen Glücksfall. Das in Jahrhunderten gewachsene Schulsystem war berühmt. Sein „esprit de Genève" verband die strenge Ordnung Calvins mit dem aufgeklärten Denken Voltaires, die beide an der Wiege des Genfer Geisteslebens standen. Bei der Ankunft der

Einleben im Wohnturm. Tour de Lignon, Genf, der Wohnort der Familie Lange

Langes war das „Collège Calvin“ das führende Institut – zu jener Zeit ein Jungengymnasium, das zur Schule der beiden Söhne Michael und Andreas wurde. In dem klassisch-humanistischen Collège wurden Latein und Griechisch unterrichtet. Doch die „Ecole Supérieure des Jeunes Filles“, auf dem anderen Rhôneufer gelegen, war nicht minder anspruchsvoll. Die beiden Töchter Hanna und Ruth besuchten sie. Im Zuge einer umfassenden Genfer Schulreform 1969 erhielt sie Namen und Rang eines „Collège Voltaire“. Beide Collèges wurden auf Koedukation umgestellt.

Die Langes hatten sich also entschlossen, ihre Kinder nicht in die „International School“ zu schicken, die vor allem von den zahlreichen UN- und Diplomatenkindern besucht wurde und stark amerikanisch geprägt war. Deren Unterrichtssprache war Englisch und das Unterrichtsgeld sehr hoch, während die Genfer Schulen kein Schulgeld erhoben. Ausländerkindern, die ohne Französischkenntnisse nach Genf kamen, bot die Privatschule Moser die Möglichkeit, in Spezialkursen so weit Französisch zu lernen, daß sie in eine Genfer Schule überwechseln konnten.

Als Ernst Langes späterer amerikanischer Kollege Will Kennedy sich 1969 besorgt nach den Schulmöglichkeiten für seine Kinder erkundigte, hat der ihm eingehend berichtet:

Ich kann verstehen, wenn Kinder die Schweizer Schulen langweilig finden, vor allem wenn man sie mit amerikanischen Schulen vergleicht. Meine eigenen Erfahrungen beziehen sich lediglich auf das „Collège Calvin", die „Ecole Supérieure des Jeunes Filles" und die „Ecole Moser", die natürlich eine Privatschule ist. Ich denke, es stimmt, daß die Erziehungsmethoden hier altmodisch sind. Aber mindestens in den beiden Schulen, die ich kenne, verbindet sich diese Art von Pädagogik mit einer Liberalität, die das einzelne Kind und seine Meinung akzeptiert, die mir so in deutschen Schulen nicht begegnet ist, nicht einmal in den modernen.

In und mit Lignon waren menschliche Kontakte dünn gesät. Das Wohnklima im Turm glich dem eines aseptischen Klinikums. In dieser Höhe kamen die Füße nur schwer auf den Boden. Für Ernst Lange bot die Isolation freilich Chance und Versuchung, zu Hause die Arbeit zu tun, zu der er in der Hektik des Zentrums die Ruhe nicht hatte.

Dabei gab es in der Zeit des Einlebens abends Gelegenheit zu Einladungen und Gegeneinladungen unter den Kollegen, die dem Kennenlernen dienten. Man konnte Informationen sammeln, Erfahrungen austauschen, sich über die neue und noch unübersichtliche Situation orientieren. Das Zusammenleben mit vielerlei Kulturen verlangte ständige Aufmerksamkeit für das richtige, das angemessene Verhalten. Die Umgangssprache im Zentrum, wie auch bei vielen privaten Kontakten, war Englisch. Auch das trug dazu bei, daß das Fremde lange fremd blieb.

Neben der Einarbeitung in die leitende Administration im ökumenischen Zentrum standen auf Ernst Langes Tagesordnung drei akute Aufgaben im Vordergrund: im Juli die Vollversammlung in Uppsala – in dem Land, in dem zwanzig Jahre zuvor sein theologischer und ökumenischer Weg begonnen hatte. Zum anderen lagen erste Pläne auf dem Tisch, zusammen mit dem Vatikan eine Weltkonferenz für Laien zu organisieren – die Gunst der Stunde nach dem Zweiten Vatikanischen Konzil sollte genutzt werden. Für den Herbst war eine erste gemeinsame Planungstagung in Rom schon fest terminiert. Dafür sollte Lange eine Konzeption erarbeiten. Die dritte und bei weitem heikelste Aufgabe trug den Namen „re-structering DEA“: Im Zuge einer Umorganisation des gesamten Weltkirchenrates – schon 1963 in Gang gekommen – sollte vor allem Ernst Langes Abteilung von Grund auf neu geordnet werden. Gegenüber den ehrwürdigen Abteilungen von „Glauben und Kirchenverfassung“, „Weltmission und Evangelisation“, „Kirche und Gesellschaft“ oder der „Zwischenkirchlichen Hilfe“, die alle ihr eigenes Gewicht (und ihr eigenes Budget!) besaßen, geriet die DEA ins Abseits. Die Kirchen fingen an, der „Jugend“ zu mißtrauen (man schrieb 1968!), und das „Laien“thema stagnierte als eigenes Thema – zumal die Kirchen in vielen Ländern „Laien-Akademien“ eingerichtet hatten, die eigene Wirksamkeit entfalteten. Mit dem Arbeitstitel „Kooperation von Mann und Frau“ war die Frauenarbeit in das Programm des Weltkirchenrats eingeschleust worden. Sie mußte sich emanzipieren und ihre Identität finden. Ihnen allen sollte Ernst Lange eine neue Spur der Hoffnung zeigen, und diese Spur führte nach seiner Überzeugung auf den Weg in die Kooperation und Integration dieser ganz unterschiedlichen Referate, die alle ihre eigene Geschichte hatten. Lange nahm damit den vom DEA-Arbeitsausschuß 1967 formulierten Auftrag auf, nicht nur kooperative Strukturen zu entwickeln, sondern vor allem nach einem allen gemeinsamen sachlichen Nenner zu suchen. Dieses Vorhaben erweckte Befürchtungen wegen der eifersüchtig gehüteten Eigenständigkeit, schuf Ängste um den „Besitzstand“, verunsicherte Identitäten. Daß diese Aufgabe ein heißes Eisen war, war Ernst Lange wohl bewußt, denn er begann sein erstes umfangreiches Exposé dazu lapidar:

Warum diskutieren wir überhaupt die Frage der Neuorganisation? Die Antwort kann nur lauten: Verbesserung der Arbeit! Könnte die Arbeit von DEA verbessert werden durch engere Zusammenarbeit zwischen den Referaten, gar durch ein Niederreißen der Referatsstrukturen und der Bildung eines integrierten Stabs-Teams der ganzen Abteilung?

In diesem Auftrag lag Sprengstoff, denn jeder Kollege fühlte sich bedroht. Dazu also war der neue Direktor geholt worden, den Auftrag

Wille zum Dienst. Tagung „Verantwortliche Weltgesellschaft", Bad Boll, April 1968, von links Ernst Lange, Erich Eichele, Eberhard Müller, Eugene C. Blake

des Arbeitsausschusses zu exekutieren? Die Atmosphäre lud sich auf. Der künftige Direktor der Jugendabteilung, Oscar Bolioli, befand sich auf der Anreise von Uruguay. Er sollte nach seiner Ankunft erfahren, daß es sein „Amt" gar nicht mehr gab. Vor Ernst Lange lag eine Periode schwieriger Einzelgespräche, in denen er für die Integrationsidee werben mußte. Aber viel Zeit dazu blieb ihm nicht. Das Arbeitsfeld – das ja neben der DEA auch die Studienarbeit des Rates, das Ökumenische Institut in Bossey und die Mitwirkung im Generalsekretariat umfaßte – war noch längst nicht abgeschritten, die vielfältigen Arbeitskontakte kaum ausgelotet, da war schon der „Beigeordnete Generalsekretär" gefragt. Anfang April sollte er den Generalsekretär auf einer Besuchsreise zu den deutschen Kirchen begleiten. Erste Station dieser Reise war das schwäbische Bad Boll. Bad Boll war die Wirkungsstätte jenes berühmten Pfarrers Blumhardt gewesen, den Ernst Lange in seiner Rede von Lausanne zitiert hatte: „Man hat die Schafe nicht für die Weide, sondern für die Wolle." Nun stand dort die erste und größte der Evangelischen Akademien in Deutschland – jener kirchliche Arbeitszweig, der Ernst Lange von Berlin her vertraut war und dem er in seinen Vorstellungen über Kirchenreform einen wichtigen Platz für die Laienarbeit in der Kirche zugedacht hatte. Die Bad Boller Akademie veranstaltete im Vorfeld von Uppsala eine internationale Tagung zum Thema „Die Weltverantwortung der Christen". Man hatte den Genfer Generalsekretär für den Eröffnungsvortrag gewonnen.

Blakes Vortrag ist sein erster öffentlicher Auftritt in Deutschland. Am folgenden Morgen hält Ernst Lange eine Bibelarbeit zum Thema *Wille zum Dienst – Schicksalsfrage an die Überflußgesellschaft.* In seinen Ausführungen sind die Töne der *Verbesserlichen Welt* unüberhörbar. Nachdem er den bedrohlichen Horizont der Weltgesellschaft beleuchtet hat, sagt er:

Das Schlimmste verhüten könnte nur so etwas wie eine moralische Mutation des Gewissens, der Durchbruch eines neuen Welt- und Zeitgefühls.

Und dann legt er den neutestamentlichen Text Lukas 22 aus:

„Welcher ist größer: der zu Tische sitzt oder der, der dient? Ist es nicht der, der zu Tische sitzt? Ich aber bin unter euch wie der Dienende." Jesus ist der Mensch, der sich im Vertrauen auf die Verheißung Gottes buchstäblich zu Tode dient, der auch dieses Scheitern, diesen Tod noch im Licht der verheißenen Zukunft, im Licht der Möglichkeiten Gottes wahrzunehmen wagt. In einer Lesart der Lukasfassung ist ein merkwürdiger Satz angefügt: „Ich bin unter euch wie der Dienende. Ihr seid durch meinen Dienst gewachsen." In diesem Satz steckt eine ungeheure Arroganz, und diese Arroganz der Dienenden ist womöglich nicht verboten, sondern geradezu geboten, denn sie ist die andere Seite der Freude daran, daß Gott im Dienst von Menschen Erfolg hat, daß ein Mehr an Leben, ein Mehr an Freiheit, ein Mehr an Menschlichkeit durch Dienst zustande kommt. Dienst ist kreativ. Er hat teil an der Kreativität Gottes.
Ich habe den Gegensatz zwischen dem verheißenen Heil und der Veränderbarkeit der Welt nie verstanden. Ich glaube nicht, daß Jesus und die

frühen Christen Realisten waren in dem Sinne, in dem das Wort heute gebraucht wird. Sie waren Diener des Kommenden, in gewisser Weise den Utopisten ähnlicher als den Realisten.

Ernst Lange hinterließ in Bad Boll einen starken Eindruck. Er wirkte frisch und konzentriert.

Schock über den Blackout

Kurz nach der Rückkehr von der Deutschlandreise ist er spurlos verschwunden. Er hinterläßt keine Mitteilung darüber, warum und wohin er abgereist ist. In einem persönlichen Brief an den Generalsekretär vom 1. Juni spricht Lange von einem „Blackout", den er „nicht noch einmal riskieren" wolle. Diese Formulierungen lassen keine Rückschlüsse auf die Art seines „Blackout" zu. Aber er scheint ärztliche Beratung in Anspruch genommen zu haben. Denn er gibt ausdrücklich seine Zustimmung dazu, daß Blake oder seine Personalchefin Moya Burton mit Dr. François Adler – einem bekannten Genfer Psychiater – seine Situation besprechen. Weiter heißt es in dem Brief an Blake:

Es geht mir viel besser. Der Arzt hat mir jedoch nachdrücklich erklärt, ich dürfe mich noch nicht wieder als gesund betrachten. Offenbar möchte er mir vor Augen führen, daß eine genaue Kontrolle weiterhin nötig bleibt. Dazu wäre ich ohnehin entschlossen gewesen ...

Du solltest Dich völlig frei fühlen, zu entscheiden, ob Du mit mir weitermachen willst oder nicht. Ich hätte nie gedacht, daß ich mich schon nach fünf Monaten derartig „offenbaren" würde. Am 12. Juni ist das nächste Stabstreffen der DEA. Ich wäre gerne dabei.

Auf dieses Stabstreffen hatte Lange schon in einer handschriftlichen Notiz an seinen Stellvertreter Ralph Young Bezug genommen, die diesem bereits Mitte Mai zugegangen war. Darin hatte Lange seinem tiefen Bedauern darüber Ausdruck gegeben, „daß ich Dich und alle Kollegen in einer solchen Weise im Stich gelassen habe. Ob sich bald eine Lösung zeigt, hängt vom Urteil des Arztes ab."

Zu Pfingsten – 4. Juni 1968 – erreichte dieser Gruß seine Freunde: *Nos autem in experimentis volvimur, frei übersetzt: „Nur durch Experimente kommen wir weiter."*

Den Gefährten gelungener
und mißglückter Experimente,
den Freunden,
den Mitarbeitern,
den Kritikern,
den freundlichen Feinden
und denen,
die Mitarbeit, Freundschaft, Kritik
und die Härte des Widerspruchs
miteinander zu verbinden wußten
zur Lebensform
der kommenden Welt,
dem Dialog der noch nicht Einigen,
aber zur Einheit Berufenen
in Dankbarkeit,
Freundschaft
und Hoffnung auf die verheißene Einheit
alles Geschaffenen

Entwurf für ein Osterlied

Die Erde ist schön und es lebt sich
leicht im Tal der Hoffnung.
Gebete werden erhört. Gott wohnt
nah hinterm Zaun.

Die Zeitung weiß keine Zeile vom
Turmbau. Das Messer
findet den Mörder nicht. Er
lacht mit Abel.

Das Gras ist unverwelklicher
grün als der Lorbeer. Im
Rohr der Rakete
nisten die Tauben.

Nicht irr surrt die Fliege an
tödlicher Scheibe. Alle
Wege sind offen. Im Atlas
fehlen die Grenzen.

Das Wort ist verstehbar. Wer
ja sagt, meint ja, und
ich liebe dich bedeutet: jetzt und
für ewig.

Der Zorn brennt langsam. Die
Hand des Armen ist nie ohne
Brot. Geschosse werden im Flug
gestoppt.

Der Engel steht abends am Tor. Er
hat gebräuchliche Namen und
sagt, wenn ich sterbe:
steh auf!

Rudolf Otto Wiemer

Daß die Evangelische Kirche predigen lernte wie dieses Gedicht: tröstlich; ermutigend; einfach; zur Sache – wagend im Horizont des Reiches Gottes – die konkrete Utopie – die neuen Namen für die neue Welt!

Kurz darauf trifft sich der DEA-Stab mit Blake in der neu erbauten Reformierten Heimstätte Gwatt am malerischen Thuner See. Hier soll vor allem die „Strukturdebatte“ geführt werden. Die Grundlage bildet ein von Ernst Lange vorgelegtes Exposé. Das fünfzehnseitige Dokument ist Langes erste und einzige Strukturdenkschrift, die er in Genf formuliert hat. Sie zeigt ihn als den Vordenker nicht nur seiner komplizierten, in einem verwirrenden Übergangsprozeß befindlichen Abteilung. Vielmehr arbeitet er bereits die spezifische Aufgabe einer künftigen DEA im Zusammenhang des Wandlungsprozesses des gesamten Weltkirchenrats und seiner Abteilungen heraus. Ausgehend vom DEA-Auftrag, dem „Volk Gottes“, das heißt, den Christen im Alltag zu dienen, nennt er als die beiden entscheidenden Programmschwerpunkte der Zukunft „Bildung" und „Erneuerung". Das Thema der Sektion VI von Uppsala, „Unterwegs zu einem neuen Lebensstil", interpretiert er als den Aufruf zu einer neuen Moral, die nicht nur Christen, sondern allen Menschen abverlangt ist, denen es um die Zukunft unserer Welt zu tun ist.

Die Bildungsaufgabe ist für DEA schon allein darum so zentral, weil sie als einzige Abteilung des Weltkirchenrats unmittelbar mit den Menschen in den Kirchen zu tun hat und nicht nur mit Büros oder Institutionen.

Aus diesem Grund kommt für Lange viel darauf an, die richtigen ökumenischen Happenings zu inszenieren, wie zum Beispiel die geplante Weltkonferenz für die Laien.

Genf 1966 hat gezeigt, welche kommunikative Kraft die richtige Art ökumenischer Happenings besitzt. Darum kommt dem Konzept der „Erneuerung" eine besondere Bedeutung für DEA zu. Das andere zentrale Konzept von DEA heißt „Bildung". Nur sie vermag den Menschen zum Menschen zu machen, vermag eine befreiende Wirkung zu erzielen, wodurch er die Verwirklichung der von ihm zu verantwortenden Ziele erreicht.

Darum sei, so folgert Lange, „Unterwegs zu einem neuen Lebensstil" das zentrale Thema der DEA. Dabei kritisiert er heftig die Kurzatmigkeit und Unvollständigkeit des Sektionsentwurfs und weist darauf hin, daß es insgesamt um das Problem der Moral gehe.

Wenn wir aber von Moral sprechen, dann sprechen wir von jedermann und nicht nur von den Christen. Für diese Generation geht es um eine bewußt gesteuerte Mutation der Moral, und die Qualität dieser Moral könnte definiert werden als die unbegrenzte Bereitschaft zum Dialog mit dem Fremden, mit dem Gegner, mit dem Feind. Der sich verschärfende Generationenkonflikt, die Sackgasse, in die die Frauenbewegung durch ihren Kampf um „Gleichheit vor dem Gesetz" geraten ist, der Klerus-Laienkonflikt, der Konflikt zwischen Reich und Arm, zwischen pädagogischen Habenichtsen und pädagogischen Eliten – alle diese Fragen gehen DEA unmittelbar an, und alle haben einen Bildungsaspekt. Hinzu kommt, daß sich in der Welt der Bildungsarbeit selbst ein radikaler Wandel vollzieht und wir ein völlig neues Bildungskonzept brauchen: Bildung als Befreiung der Menschen zu einer verantwortlichen Rolle in seiner Teilnahme an der Veränderung, am Wandel der Welt …

DEA muß die Tatsache in Angriff nehmen, daß die Kirchen und die Christen informell und institutionell immer noch tief verwickelt sind in pädagogische Prozesse, die aufs Ganze gesehen noch von einem obsolet gewordenen Bildungskonzept ausgehen, das den Wert der „Ordnung" höher schätzt als den Wert der „Freiheit", den der „Disziplin" höher als den „kritischer und kreativer Verantwortung". Einer Befreiung zur Freiheit steht die christliche Erziehung im Weg, weil sie immer noch die Muster der vorindustriellen und kapitalistischen bürgerlichen Gesellschaft hochhält – und dies unter dem Beifall der Theologie.

Aus dem allen zieht Ernst Lange den Schluß, daß für DEA ein gemeinsamer Nenner gegeben ist, der nach einer Integration der Referate verlangt.

Sind wir nicht ganz schlicht gezwungen, unsere Kontakte, unsere Ressourcen, unsere persönliche Begabung, unsere Erfahrung, unseren Sachverstand zusammenzufassen?

Gegen den Einwand, daß ja die „Opposition des Hauses", die Jugendabteilung, schon immer die Avantgarde gewesen sei,

ist zu fragen, ob diese Rolle nicht künftig von der ganzen Abteilung zu übernehmen wäre: Partei zu ergreifen für das Volk Gottes gegen die kirchlichen Institutionen – nicht um gegen sie zu sein, sondern in ihrem ureigensten Interesse?

An diese großangelegte Situations- und Aufgabenbeschreibung schließt Ernst Lange detaillierte strukturelle Vorschläge an, die die künftige Rolle jedes einzelnen Stabsmitglieds ebenso genau beschreiben wie die sachlichen und strukturellen Möglichkeiten gemeinsamen Handelns. Die regionalen Unterschiede in der Ökumene werden berücksichtigt. Auch das kommende Büro für Bildungsfragen und das Ökumenische Institut in Bossey werden in die Überlegungen einbezogen. Das Exposé mündet in den Vorschlag, den bisherigen Namen der Abteilung „Ökumenische Aktion" (weil unzutreffend und uneinlösbar) zu ersetzen durch den Namen „Bildung und Erneuerung". Dieser Name hat sich dann erst nach jahrelangen Kämpfen voll interner Reibungsverluste durchgesetzt – aber da hatte Ernst Lange Genf schon längst wieder verlassen. Vieles von dem, was er in seinem als „Entwurf" deklarierten Exposé von 1968 formuliert hat, ist heute noch nicht überholt.

Drei Wochen nach der DEA-Retraite in Gwatt reist der Stab des

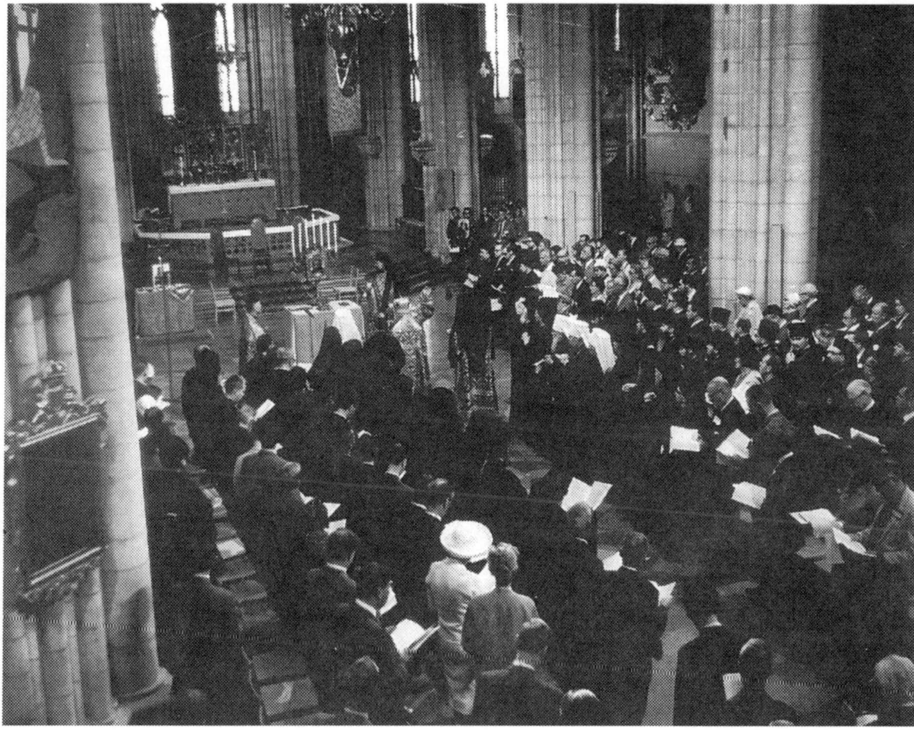

Versprechen der Situation mit der biblischen Verheißung. Gottesdienst während der Vierten Vollversammlung des ÖRK in Uppsala, 1968

Weltkirchenrats in das schwedische Uppsala, wo vom 4. bis 20. Juli die Vierte Vollversammlung des ÖRK stattfinden soll. Ernst Lange hatte kaum mehr Gelegenheit gehabt, zu den Vorbereitungen der Vollversammlung persönlich etwas beizutragen. Aber dann kam ihm doch noch eine Idee, wie das Programm dieser offiziellen Versammlung kreativ aufgelockert und bereichert werden könnte. Er wandte sich an seinen erfahrenen Freund in München. Ulrich Kabitz hatte Ideen und Verbindungen. Er gewann den Frankfurter Spielleiter Fritz Rohrer und brachte Ernst Lange mit ihm in Verbindung. Rohrer leitete damals die Spielberatungsstelle des Landesjugendpfarramts in Frankfurt. Zu seinen Spezialitäten gehörte es, kabarettartige Darbietungen mit gesellschaftskritischem Akzent zu schaffen und diese in einem gegebenen Umfeld anzusiedeln. „Ich wußte in jedem Fall“, so Ulrich Kabitz heute, „daß er der von Ernst gesuchte Mann war.“

Fritz Rohrer erinnert sich: „Ernst hatte von Genf aus die Idee, in Uppsala als Kontrapunkt zur Konferenzarbeit einen etwas bohèmehaften Treffpunkt zu schaffen, wo sich die Delegierten auf lockere Weise einfinden könnten. Am Ort stand dafür ein altes Hotel zur Verfügung, wo ich eine Art ‚Café chantant‘ organisierte, mit Bedienung aus der Hotelküche, dazu Musik und kabarettistischen Darbietungen. So ist es dort zu einer rührenden Umarmung von Hanns Dieter Hüsch und Helmut Gollwitzer gekommen. Potter ist jeden Abend aufgekreuzt, um die neuesten Informationen loszuwerden, und auch Ernst ist mit Frau und Sohn jeden Abend dabei gewesen.“

Auch Albert van den Heuvel erinnert sich noch heute an das Café chantant am Rande der Vollversammlung. Daß es im großen und ganzen ein Jugendtreff geblieben ist, lag wohl an den Berührungsängsten der älteren Delegierten gegenüber der aufmüpfigen Jugend.

Entwicklungshilfe ist ein moralisches Problem, Herr Vizekanzler

Ernst Lange war Sozialdemokrat. 1946 war er der Sozialistischen Jugendorganisation der „Falken“ beigetreten und hatte in einer „Falkengruppe“ in Berlin-Wilmersdorf mitgearbeitet, zu der auch Klaus Schütz, der spätere Regierende Bürgermeister von Berlin, gehörte. Als er zur sozialdemokratisch geprägten Heilmann-Familie stieß, hatte er seine politische Wahl also bereits getroffen. Seine Beteiligung am Studentenprotest der Berliner Universität 1946, sein gesellschaftskritischer Artikel in „Unterwegs“, der mit der Forderung eines gesellschaftspolitischen Wandels schloß, und schließlich sein Auftritt in der Paulskirche 1955 im Kreis der sozialdemokratischen Elite zeigte mit wünschenswerter Klarheit, wo er politisch stand. Mittlerweile war sein Freund Johannes Rau, mit dem er durch den Orbishöher Kreis verbunden war, in die sozialdemokratische Führungsspitze eingerückt. Es hatte sich ergeben, daß Rau Willy Brandt Langes Lebensgeschichte erzählt und von seiner Verbindung zur Heilmann-Familie berichtet hatte. Brandt ließ daraufhin Ernst Lange Grüße bestellen. So kam es, daß dieser unmittelbar im Vorfeld der

Vollversammlung von Uppsala einen als „Persönlich vertraulich" gekennzeichneten Brief an Willy Brandt schrieb: „Hochzuverehrender Herr Vizekanzler! Lieber Genosse Brandt", heißt es unter dem 29. Juni 1968. Es war der Zeitpunkt, zu dem das erst unlängst geschaffene „Bundesministerium für wirtschaftliche Zusammenarbeit" neu besetzt werden mußte. In der damals regierenden Großen Koalition stand die Nominierung für dieses Amt der SPD zu.

Ernst Lange hatte ein persönliches und ein sachliches Anliegen, die aber für ihn aufs engste zusammenhingen. Er erinnert Willy Brandt an die Bedrohungen der gegenwärtigen Weltsituation, daran, „daß wir am Rande einer Weltkatastrophe, eines Weltbürgerkrieges leben" – „Sie wissen das alles natürlich tausendmal besser als ich" –, und erwähnt die „Bemühungen der im Ökumenischen Rat der Kirchen zusammengeschlossenen Orthodoxen und Evangelischen Kirchen und der Römisch-Katholischen Kirche zu einer gemeinsamen Strategie in Fragen der Entwicklungshilfe zu kommen". Lange stellt die Frage, warum es trotz allem zu keiner wirklichen Veränderung komme. Er führt das darauf zurück, „daß dem eine öffentliche Meinung entgegensteht, deren Bezugsrahmen immer noch das eigene Wohlergehen ... ist".

Es gibt eine jedem einsichtige wirtschaftspolitische Begründung der „Entwicklungshilfe". Aber Entwicklungshilfe ist mehr als ein wirtschaftspolitisches, sie ist ein „moralisches" Problem, wobei ich unter „Moral" nichts weiter verstehe als ein über die berechtigten Forderungen und Bedürfnisse der anderen – im Welthorizont – aufgeklärtes Selbstinteresse.

Daraus folgert Ernst Lange, es müsse etwas getan werden

für den möglichen Umschlag der öffentlichen Meinung in unserem Land, für die „Erweckung" jener neuen „Moral", die es der Regierung erlaubte, Entwicklungshilfe in dem Rahmen zu leisten, der diesen Namen unter den heutigen Verhältnissen verdient.

Und dann rückt Lange mit seinem persönlichen Anliegen heraus:

Ich möchte Sie bitten, bei der demnächst anstehenden Neubesetzung des „Bundesministeriums für wirtschaftliche Zusammenarbeit" an unseren gemeinsamen Freund Johannes Rau, Wuppertal, zu denken ... Ich glaube, Johannes Rau, der wirklich bereits aus dieser neuen „Moral" heraus denkt, könnte mit seiner ungewöhnlichen Rede- und Formulie-

rungsgabe in dieser Richtung etwas tun ... Ich schreibe diesen Brief natürlich als Privatmann. Ich benutze das Papier des Ökumenischen Rates nur, um Ihnen die Identifizierung zu erleichtern. Rau weiß selbstverständlich nicht, daß ich Ihnen schreibe ...

Anfang August erhält Ernst Lange eine Antwort von „Willy Brandt, Bundesminister des Auswärtigen, Bonn". Die Anrede lautet: „Sehr verehrter Reverend Lange und lieber Genosse!" Brandt bedankt sich für Langes Brief und teilt ihm mit, er habe „am 21. Juni 1968 den Abgeordneten Dr. Erhard Eppler gebeten, sich als Minister zur Verfügung zu stellen. Er hat der Bitte entsprochen." Doch dann fährt Willy Brandt fort: „Ihre Überlegungen zur Problematik der Entwicklungshilfe finden meine Billigung. In diesem Sinn wird der künftige Minister für wirtschaftliche Zusammenarbeit vorgehen müssen, und ich würde es daher auch begrüßen, wenn Sie den Kontakt zu ihm aufnähmen und in einen Gedankenaustausch mit ihm einträten. Auch Herr Bundesminister Wischnewski sieht das Problem in der von Ihnen dargelegten Weise."

Ernst Lange zögerte keinen Augenblick. Er verfaßte ein elfseitiges Memorandum, *Zur Aufgabe eines nationalen Ministeriums für Entwicklungshilfe im Kontext weltweiter Bemühungen um soziale Gerechtigkeit, wirtschaftliche Entwicklung und eine internationale Friedensordnung.* Für die endgültige Formulierung versicherte er sich der Beratung einschlägig kenntnisreicher Kolleginnen und Kollegen, die ihn mit den neuesten Daten sowie mit dem letzten Stand der ökumenischen Diskussion versorgten. Er selbst hatte diese ja kurz zuvor in Uppsala aus erster Hand verfolgen können. Dem entsprach bereits seine dreigliedrige Definition von „Entwicklung" als „social justice", „economic growth" und „world-peace". Von dieser Definition gingen zwei Jahre später die Verhandlungen bei der ersten internationalen Entwicklungskonferenz des Ökumenischen Rates in Montreux aus. Ende August schickte er sein Memorandum an Erhard Eppler, der ihn zu einem Gespräch in sein Haus nach Dornstetten bei Freudenstadt einlud. Die beiden verabredeten sich für den Vormittag des 13. September. Im Sommer 1995 erinnert sich Erhard Eppler: „Ja, Ernst Lange war bei mir in Dornstetten. Das war zwei Wochen vor meinem Amtsantritt. Erst heute wird mir klar, wie stark sein Memorandum mich bestimmt hat ..."

Ernst Lange hat für das dreiteilige Memorandum die allerletzte ökumenische Erkenntnis- und Studienlage verarbeitet. Es ist folgendermaßen aufgebaut:

1. Allgemeine Bemerkungen

Sie beginnen mit einer kritischen Diskussion des Namens „Ministerium für wirtschaftliche Zusammenarbeit". Entwicklungshilfe sei vielmehr „die notwendige Konsequenz der uneingeschränkten Interdependenz der einen Weltgesellschaft, die mitten in einem weltweiten Klassenkampf zwischen Besitzenden und Habenichtsen am Rande eines Weltbürgerkrieges" stehe. Daraus folgt, daß ein Minister für Entwicklungshilfe einer nahezu unlösbaren Spannung ausgesetzt sei zwischen dem nationalen Interesse seines Landes und seiner Verantwortung für das Leben und Zusammenleben der einen Weltgesellschaft.

Er kann nur ein loyaler Entwicklungshilfeminister sein, indem er versucht, diese beiden Interessen in einem verantwortbaren Kompromiß zu vermitteln.

Welche Aufgaben ergeben sich daraus?

a. Er hat die inzwischen eingetretenen Enttäuschungen auf beiden Seiten zu analysieren, wobei eine der am tiefsten gehenden darin besteht, daß der Abstand zwischen Entwicklungsländern und entwickelten Ländern größer und nicht kleiner geworden ist.

b. Er hat die Frage, ob sich Entwicklungshilfe „überhaupt lohnt", abzuweisen.

Entwicklungshilfe ist eine „moralische" Verpflichtung und eine moralische Chance ersten Ranges. Sie ist erster Ausdruck eines internationalen Ethos, zu dem ein Entwicklungshilfeminister – dem Zeitgeist voraus – den Mut haben muß, sich in seiner Arbeit zu bekennen.

2. Die Verantwortung eines Entwicklungshilfeministers nach außen.

Hier listet Ernst Lange den Kapitaltransfer (versprochen: 1 % des Bruttosozialprodukts), Zuschüsse oder zinsfreie Darlehen, Neuregelung der Schuldentilgung, multilaterale statt bilateraler Hilfe, Stabilisierung der Preise für Roh- und Grundstoffe.

Wenn Entwicklung – nach Papst Paul VI. – „das neue Wort für Frieden" ist, dann sind die in den Haushalt für Entwicklung einzustellenden Mittel ebenso wichtig wie die Mittel für Verteidigung.

3. Die Verantwortung des Entwicklungshilfeministers nach innen.

Hier ist Ernst Lange bei seinem eigenen und eigentlichen Thema: „Mutation des moralischen Bewußtseins der Bevölkerung".

Die öffentliche Meinung muß umgebildet werden im Sinne großzügigerer Hilfe an die Entwicklungsländer. Die nationale oder gruppenhaft orientierte Gewissensstruktur muß als „destruktive" Struktur erkannt und von einer am Welthorizont orientierten Gewissensstruktur abgelöst werden, die auf der Höhe der heutigen Weltprobleme ist.

Das Entwicklungshilfeministerium „könnte – in Zusammenarbeit mit anderen Ministerien – sehr wohl das politische Gewissen einer nationalen Regierung zu sein versuchen".

Dabei stellen sich Aufgaben der Information (Massenmedien) und ihrer Verarbeitung (Erziehung und Bildung). Für beide Aufgaben benötigt das Ministerium mit Experten in der ganzen Breite besetzte Beratergremien. Dabei spielen die Kirchen eine unverzichtbare Rolle, denn

sie sind sozialpädagogische Instrumente ersten Ranges. Sie sind durch die Ökumenische Bewegung voll auf das Problem der Entwicklungshilfe als das Problem des christlichen Dienstes in der Welt von heute verpflichtet. Sie sind, wenn ihre Worte noch etwas wert sind, durch die Arbeit der Ökumenischen Bewegung der letzten Jahre voll und uneingeschränkt auf den Auftrag der Entwicklungshilfe im weitesten Sinne eingeschworen. Der Staat sollte sie beim Wort nehmen.

Das Memorandum schließt mit der These:

Friedensdienst in der Entwicklungshilfe muß dem „Friedensdienst mit Waffen" voll gleichberechtigt werden.

Die Arbeit dieser Entwicklungsdienste ist von hohem praktischem Wert und von noch höherem Bildungswert. Angehörige aller Berufe sollten ohne Einschränkung ihrer Berufschancen für eine Reihe von Jahren in den Entwicklungsdienst gehen können. Entwicklungsdienst sollte wie andere Arten der Fortbildung zu höherer Einstufung in den Tarifordnungen qualifizieren. Entwicklungsdienst sollte Sozialprestige einbringen, sollte in der Öffentlichkeit mehr und mehr den Charakter eines „Ehrendienstes" erhalten. In der englischen Fassung des Memorandums ist dem Exposé ein Zusatz angefügt, der darauf aufmerksam macht, daß die ganze Frage der Entwicklungshilfe auch vom Standpunkt der Entwicklungsländer aus zu betrachten ist. Sie müssen so weit wie möglich auf eigene Füße zu stehen kommen, vor allem was den Bereich der technischen Hilfe betrifft.

In seinem Eppler-Memorandum hat Ernst Lange 1968 eine zwanzigjährige Entwicklungsdiskussion vorweggenommen. Daß er eine englische Fassung seines Exposés herstellen ließ, läßt darauf schließen, daß er diesen Text auch in die ökumenische Debatte einzuspeisen gedachte. Es gibt aber keinerlei Hinweise darauf, daß er dort aufgegriffen worden wäre. Mehr einem Zufall ist es zu verdanken, daß er 27 Jahre später aus den Genfer Archiven ausgegraben worden ist. Er gehört noch heute in weiten Teilen zu den unerledigten Anfragen an eine perspektivlose Entwicklungspolitik. Erhard Eppler bemerkt rückblickend: „Nur wußte Lange natürlich nicht, wie machtlos ein Minister im BMZ damals noch war."

Einen Tanz für alle machen

Das Eppler-Memorandum war auf den Weg gebracht. Nun galt es, ein Konzept zur Vorbereitung der „Weltkonferenz für die Laien" zu entwerfen. Das war eine delikate Aufgabe. Sie hatte eine spannende, aber auch komplizierte Vorgeschichte. Die Weltkonferenz sollte ja nicht als ein großes ökumenisches Fest in der Regie des Weltkirchenrats vor sich gehen. Vielmehr sollte die Laienkonferenz als erstes großes gemeinsames Unternehmen von Genf und Rom inszeniert werden. Auf römisch-katholischer Seite hatte die Laienarbeit infolge des Zweiten Vatikanischen Konzils eine enorme Aufwertung erfahren. Auf Wunsch von Papst Johannes XXIII. hatte das Konzil die Empfehlung ausgesprochen, „ein besonderes Sekretariat beim Heiligen Stuhl einzurichten, das sich dem Dienst und der Ermutigung des Laienapostolats" widmen sollte. Aufgrund dieser Empfehlung hatte Papst Paul VI. 1967 das „Consilium de Laicis" geschaffen und der römischen Kurie eingefügt. Das Genfer Gegenüber zum „Laienkonzil" war die DEA. Beide waren ähnlich aufgebaut, hatten dieselben Arbeitsaufträge. Diese ganze Entwicklung war der Vollversammlung in Uppsala berichtet worden. Sie hatte die Ankündigung einer gemeinsamen „Weltkonferenz für die Laien" zustimmend zur Kenntnis genommen. Für den 7. bis 9. Oktober 1968 war eine vorbereitende Konsultation in Rom geplant. Mit dieser ersten gemeinsamen Arbeitssitzung der Stäbe aus Rom und Genf sollte zugleich die gemeinsame Laienarbeit auf eine offizielle Basis gestellt werden. Viel hing also von diesem Treffen und seiner Vorbereitung ab. Von Ernst Lange wurde jetzt erwartet, daß er damit in einen von langer Hand sorgsam entwickelten ökumenischen Prozeß eintrat und eingriff, in dem auch alle möglichen Fußangeln lauerten – nicht zuletzt die argwöhnische Aufmerksamkeit der anderen mit Rom zusammenarbeitenden Abteilungen des ÖRK wie „Faith and Order". Auf römischer Seite stieß er auf konservative Vorgaben, die sich schon im Vokabular andeuteten, das Rom benutzte. Man sprach dort nicht unbefangen von den „Laien", sondern vom „Laienapostolat". Es ging dort nicht um „Education", sondern um „Formation". Selbst das Konzept von „Ökumene" unterschied sich signifikant: Für Rom ging es dabei nur um die Einheit der Christen (wofür ebenfalls das Zweite Vatikanum ein neues Sekretariat eingerichtet hatte – damals ein Aufsehen erregender Fortschritt), während für Genf „Ökumene" die „ganze bewohnte Erde" meinte.

Angesichts dieser komplizierten Situation, in der einerseits ein Wort mit Gewicht erwartet wurde, andererseits diplomatisches Fingerspitzengefühl erforderlich war, entschloß sich Ernst Lange dazu, weder eine Direktive auszugeben noch sich diplomatischer Finesse anzupassen. Er formulierte ein Aide mémoire besonderer Art, das er als *Persönliche Anmerkungen von Ernst Lange* deklarierte. Auf diese Weise war es ihm möglich, einen frischen Impuls in den Prozeß zu bringen und seine Vision eines „ökumenischen Festes für alle" zu formulieren. Er wollte nicht die vorsichtige diplomatische Annäherung fortsetzen, keine manipulierte Agenda ohne Risiko, keine formative Konferenz. Er suchte die Umarmung, wollte ein experimentelles Wagnis, ein edukatives Fest. Das sollte kein „Fest bei Hofe" – schon gar nicht beim vatikanischen –, sondern ein Volks-Fest werden, vielleicht sogar die bestimmenden Wesenszüge eines ökumenischen Ereignisses haben, bei dem es wirklich dazu kommen konnte, daß „das Fremde nicht mehr fremd" war – ein Fest „in der Lebensform der kommenden Welt", wo der Dialog „der noch nicht Einigen, aber zur Einheit Berufenen" stattfinden würde. In diesem Sinne lautete die Präambel seines Aide mémoire für Rom:

Wir zielen auf eine Konferenz der Laien über die Probleme der Kirche von heute in der Welt von heute.

Wir wollen eine Konferenz, die das Volk Gottes in echter Weise repräsentiert. Deshalb wollen wir volle und angemessene Beteiligung von Frauen und Kindern.

Wir wollen eine Konferenz, die die Welt von heute in echter Weise repräsentiert. Darum wollen wir eine Konferenz, in der die „Dritte Welt" in der Mehrheit ist.

Wir wollen eine Konferenz, die wirklich Bescheid weiß über die Probleme der heutigen Welt. Deshalb sollte mindestens ein Drittel der Teilnehmer aus Experten bestehen, vor allem aus dem Bereich der Erziehung und der öffentlichen Meinungsbildung.

Wir wollen eine Konferenz, die wahrhaft ökumenisch ist. Deshalb wollen wir diese Konferenz als gemeinsame Unternehmung von Weltkirchenrat und Katholiken mit einer angemessenen Vertretung anderer Kirchen, auch wenn sie nicht Mitglied im Ökumenischen Rat sind.

Wir wollen eine Konferenz, die nicht im exklusiven, sondern im inklusiven Sinne christlich ist, die dem Dialog gehört. Deshalb erwägen wir die Teilnahme von Angehörigen anderer Glaubens- und Ideologierichtungen als beratende Beobachter.

Natürlich brauchte dieses ökumenische Fest ein substantielles Programm. Seine Thematik sollte alle Bevölkerungsgruppen, alle Ideologien, alle Glaubensrichtungen der bewohnten Erde betreffen. Ernst Langes Vorschlag lautete: „Moral", „moralisches Bewußtsein", „Gewissen". Diese Thematik sollte in drei Schritten entfaltet werden: Gewissenhaft leben in der Welt von morgen; der Beitrag der Kirchen dazu; Erziehung zu gewissenhaftem Leben.

Das Hauptgewicht sollte auf dem dritten Schritt liegen: Die Rolle der familiären Erziehung bei der Heranbildung eines gewissenhaften Lebensstils müßte ebenso zur Sprache kommen wie die formalen Bildungsprozesse vom Kindergarten über die Schule bis zur Universität. Sind sie Pflanzstätten der Freiheit? Die „informelle Bildung", besonders in Gesellschaft und Massenmedien, sowie die christliche Erziehung und die „theologische" Ausbildung für Laien und Pfarrer sollten den Abschluß bilden. In der *Ökumenischen Utopie* wird er später zu dem Kinderbild der kleinen Lucia Molinari zum Thema „Alle Menschen auf der Erde sind Brüder" schreiben:

Für die Kinder, die dem falschen Bewußtsein noch nicht erlegen sind, ist die eine Menschheit unmittelbare Anschauung. Es gibt viele Kinder. Manche sind schwarz, manche sind gelb, manche sind weiß. Aber sie haben zusammen „nur eine Erde". Man muß einen Tanz für alle machen. Dann stimmen die Farben. Das Paradies ist heute. Vielmehr – es könnte sein ...

Die Weltkonferenz für die Laien ist dann – sechs Jahre später – vom 10. bis 20. September 1974 in Assisi Ereignis geworden. Ernst Langes Visionen haben aber nur in Spurenelementen überlebt: Eine heitere, festliche Atmosphäre durchzog die zehn Tage in Arbeit und Feier, in Gottesdienst und Mahlzeit. Aber von den 53 Teilnehmern waren die Mehrzahl kirchliche Funktionäre oder „Berufs-Laien". Zwar gab es eine erstaunliche Beteiligung von Frauen – fast die Hälfte –, aber die Jugend fehlte völlig wie auch Angehörige „anderer" Glaubensrichtungen und Ideologien.

Anfang Oktober 1968 reiste die DEA-Delegation unter der Leitung von Ernst Lange nach Rom und wurde in einem der weitläufigen Gästehäuser des „Consilium de Laicis" einquartiert. Am nächsten Morgen entdeckte Ralph Young, daß Ernst Lange sein Zimmer verlassen hatte. Eine handgeschriebene Notiz besagte, daß er zum Flughafen gefahren war, um nach Genf zurückzufliegen. Es schien, daß ein neuer „Blackout" ihn ereilt hatte. Vielleicht geriet er in Panik vor der unübersichtlichen Situation, den Weltkirchenrat in Rom vertreten zu müssen. Er war – anders als andere Kollegen – kein Diplomat und wurde möglicherweise von Versagensängsten heimgesucht. Er hat sich nie dazu geäußert. Ralph Young konnte noch die Genfer Zentrale benachrichtigen. Am Flughafen wurde Ernst Lange in Empfang genommen und in eine Privatklinik in der Nähe von Nyon am Genfer See gebracht. Wochenlang war er nicht ansprechbar. Albert van den Heuvel hat ihn dort besucht. Es war ihm unmöglich, Kontakt zu Ernst Lange aufzunehmen. „Er lag in seinem Bett, verkrümmt, mit dem Gesicht zur Wand gekehrt", berichtet van den Heuvel.

Wenig später kam Hans Jürgen Schultz mit seiner Frau auf der Durchreise dort vorbei. Zusammen mit Beate Lange besuchten sie den Kranken und waren erschrocken über dessen Teilnahmslosigkeit und Starrheit, die offenkundig von starken Medikamenten bewirkt wurden. Die beiden Ehepaare aßen in einem kleinen Château am See. Später nahmen die Freunde einander zur Seite. Sie weinten, ohne etwas sagen zu können. Beate Lange und das Ehepaar Schultz begleiteten den Patienten bis ans Tor des „Maison Clinical La Matrière". Der Aufenthalt dort dauerte viele Wochen. Aber vor Weihnachten kehrte Ernst Lange an seinen Schreibtisch zurück und nahm seine Arbeit in der DEA wieder auf.

Wir sind dazu berufen, die Kosten des Friedens zu bezahlen

Im Jahr 1969 warteten auf Ernst Lange drei vordringliche Aufgaben. Alle drei ergaben sich aus der Vollversammlung in Uppsala:

Zunächst war das neu gebildete „Bildungsbüro" (OE) zu etablieren. Es war der DEA zugeordnet worden. Die drei von Ernst Lange gewonnenen Spezialisten sollten im Lauf des Sommers eintreffen. Bis zu ihrer Ankunft mußten die sich schon Jahre hinziehenden Verhandlungen abgeschlossen werden, die zur Vereinigung des „Christlichen Welterziehungsbundes (WCCE)" mit dem ÖRK führen sollten. Dafür war eine „Gemeinsame Kommission" gebildet worden. Sie wurde von Kathleen Bliss geleitet. Die Integration des WCCE stand in unmittelbarem Zusammenhang mit dem Aufbau des OE, und darum waren die Verhandlungen kompliziert und zeitraubend.

Der WCCE, zu Ende des letzten Jahrhunderts in Nordamerika gegründet, hatte vor allem dort die populäre und weitverbreitete „Sonntagsschul-Arbeit" entwickelt. Bei einer großen Weltkonferenz, die für 1971 in Lima/Peru geplant war, sollte der Zusammenschluß mit dem Weltkirchenrat ratifiziert werden. Bis dahin mußten zahlreiche Hindernisse aus dem Weg geräumt und organisatorische Voraussetzungen geschaffen werden, unter anderem die Errichtung eines „Fonds zur Erneuerung der Erziehung" (Education Renewal Fund), mit Sitz in Genf und ebenfalls der DEA zugeordnet. Der Fonds sollte innovative Bildungsprojekte in der ganzen Welt fördern.

Die zweite wichtige Aufgabe war die Vorbereitung der Tagung des Zentralausschusses. Seine 150 Mitglieder sollten sich im August im englischen Canterbury versammeln. Dort waren wichtige Entscheidungen darüber zu treffen, wie die grundsätzlichen Beschlüsse von

Uppsala in konkrete Arbeitsprogramme des Genfer Stabes umzumünzen wären. Es sollte Ernst Langes erste Zentralausschußsitzung werden, bei der er als Direktor seinem in Uppsala neu gewählten Arbeitsausschuß begegnen und vor dem Zentralausschuß die Arbeit seiner Abteilung vorzutragen und zu vertreten haben würde. Das bedeutete eine Fülle von klärenden Besprechungen über Struktur und Programme der DEA. Zahlreiche Vorlagen waren zu erarbeiten und zu formulieren.

Drittens schließlich hatte Ernst Lange dem Deutschen Evangelischen Kirchentag versprochen, in der Arbeitsgruppe „Gerechtigkeit in einer revolutionären Welt" drei Bibelarbeiten zu halten. Da ging es um ein zentrales Uppsala-Thema. Der Kirchentag sollte Ende Juli in Stuttgart stattfinden. Canterbury war für den 1. bis 16. August vorgesehen. Termine und Verpflichtungen konzentrierten sich also auf die Jahresmitte. Obwohl sich sein Terminkalender in der ersten Jahreshälfte bis zum Rande füllte, nahm Ernst Lange mehrere anspruchsvolle literarische Vorhaben in Angriff.

Als erstes entstand der kritische Text *Bemerkungen zur Sektion V in Uppsala.* Er war bestimmt für die in Deutschland erscheinende Vierteljahreszeitschrift „Ökumenische Rundschau". Nachdem er schon zu Sektion VI („Unterwegs zu einem neuen Lebensstil") kritische Berichte veröffentlicht hatte, nahm sich Lange jetzt die Sektion V vor. Ihm schien, daß die deutschen Kirchen das Thema dieser Sektion, „Gottesdienst in einer säkularisierten Welt", entweder übersehen oder verdrängt hatten.

Zunächst begrüßte er, daß der Gottesdienst (die „Liturgie" im orthodoxen Sprachgebrauch) endlich auf die ökumenische Tagesordnung gesetzt worden war, nachdem das Thema jahrzehntelang tabu gewesen war. Nun stellte man in Uppsala gar fest, es gebe eine Krise des Gottesdienstes, ja: der Gottesdienst sei erneuerungsbedürftig! Lange macht die deutschen Leser darauf aufmerksam, daß der „mit dem Wort Erneuerung verbundene Anspruch manchen Kirchen ans bisherige Leben geht" (gemeint sind die Orthodoxen). Aber, so fügt er hinzu, „auch wir sind, was die Strukturen der Kirche, ihre Lebens- und Arbeitsform anlangt, zum großen Teil Fundamentalisten". Von größerem Gewicht jedoch ist für Ernst Lange, daß die in Uppsala gemachten Vorschläge zur Erneuerung des Gottesdienstes *endlich das Odium des bloßen unverbindlichen Spiels von den experimentellen Gruppen nehmen und ihnen ekklesiologische und speziell liturgische Bedeutung einräumen, die sie faktisch haben: Stellvertretend für die ganze Kirche suchen sie nach der neuen Gestalt von Kirche. Sie sind die Kirche im Prozeß ihrer verantwortlichen Erneuerung.*

Das Unternehmen Ladenkirche findet sich nun plötzlich – auf der Ebene der ökumenischen Diskussion – ernst genommen. Lange bescheinigt deshalb einem der beiden verantwortlichen Berichterstatter, dem Schweizer Theologen Jean-Jacques von Allmen, daß ihm eine treffende Interpretation des Gottesdienstes in der heutigen Welt gelungen sei, wenn er die „Zukunftsorientierung" und den „Polemik"-Charakter des Gottesdienstes herausstellt. „Der Gottesdienst hat eine exorzistische Funktion" – diese Feststellung unterstreicht für Lange zugleich die Bedeutung der Predigt, deren exorzistische Rolle aber nur dann in Kraft treten kann, wenn sie das „Versprechen der Situation mit der biblischen Verheißung" vollzieht.

An diesem Punkt setzt er zu seiner grundsätzlichsten Kritik an: „Höchst unglücklich ist die Trennung von Liturgie und Gottesdienst im Alltag, die Trennung von Sektion V und Sektion VI." Darum vermißt er die Verknüpfung der „Gottesdienstfrage mit der Theologie des Laientums", die doch in der ökumenischen Bewegung entstanden ist. Dann erst nämlich hätte der Gottesdienst seine eigentliche Funktion erfüllt, „die angefochtene Gemeinde ihrer Sendung in der Welt wieder gewiß zu machen, ihr die Welt, die Umwelt als eine Welt voller Verheißung zu zeigen". Der Gottesdienst ist in der heutigen Welt nur noch eine Phase im Geschehen von Kirche: er betrifft die Ekklesiaphase.

Wir leben in einer Welt, in der das Kirchesein von Kirche und ihre Glaubwürdigkeit als Kirche nicht durch die heilige Begehung entschieden wird, durch die Liturgie, sondern durch den Christendienst in der Welt. Wird das ernst genommen, dann ist die Verbesserung des Gottesdienstes, wie der Bericht sie vorschlägt, nicht genug. Dann genügt nur Erneuerung des Gottesdienstes.

Mit dieser Analyse hat Ernst Lange ein klassisches Beispiel für jene ökumenische Didaktik geliefert, die er später immer wieder eingefordert hat: „Erlernen des Welthorizonts" – in diesem Fall im Bereich des Gottesdienstes.

Dieser Aufgabe hat er sich dann noch intensiver, noch nachdrücklicher gestellt, als er im Juli 1969 auf dem Killesberg in Stuttgart anläßlich des Kirchentags drei Bibelarbeiten vortrug. Die beiden Sachthemen lauteten: „Die Lage in zwei Dritteln der Welt und ihre Ursachen" und „Entwicklung und Solidarität". Dazu referierten der CDU-Politiker Walther Leisler Kiep und der neue Entwicklungshilfeminister Erhard Eppler (SPD). Ernst Langes Bibelarbeiten beschäftigten sich mit drei Texten der Bergpredigt. Am ersten Morgen sprach er über die „Seligpreisungen" und überschrieb seine Rede *Die Gerechtigkeit des Jüngers.* Er konfrontierte die Hörer mit der aggressiven Dynamik, die diesem Jesus-Text (Matthäus 5,3–12) innewohnt, und setzte ein mit einer eigenen Übertragung der Seligpreisungen:

Die Armen werden die Reichen sein. Sie werden die Reichen Gottes, die Reichen der Zukunft sein.

Die jetzt den ganzen Jammer dieser Erde auskosten, die werden frei sein und lachen.

Die Wehrlosen, die sich kein Recht verschaffen können, die werden die Macht ergreifen über die Erde.

Die sich nach Menschenrecht und Menschenwürde sehnen wie nach Brot, die werden empfangen, wonach sie verlangen.

Die sich nicht heraushalten können aus dem Leiden ihrer Mitmenschen, für sie kommt ein großes Aufatmen.

Die, die ganz konzentriert sind auf das Interesse Gottes in dieser Welt, des Menschen Menschlichkeit, die werden Gottes Gottheit erfahren.

Die, die als ohnmächtige Vermittler zwischen allen Fronten stehen, aller Welt Prügelknaben, die wird man Menschen heißen im vollen Sinn.

Die, die man totschlägt, totlacht, totschweigt um ihrer Passion für das Recht Gottes und der Menschen willen, die werden die Fülle des Lebens erlangen.

Ernst Lange sagte:

Natürlich sagen die Seligpreisungen viel mehr als dies. Aber beunruhigend ist es doch, wie rasch ein Funke springt zwischen unserer Frage nach der Gerechtigkeit in einer revolutionären Welt und diesen seltsamen Glückwünschen Jesu an die Opfer seiner Zeit. Da ist ein revolutionärer Unterton, kein Zweifel. Da ist ein beunruhigendes Element radikaler

Kritik, der Kritik an allen Ordnungen der Erde und der Hoffnung auf die Umwälzung aller Verhältnisse.

Hier spricht einer, der engagiert ist, unwiderruflich, im Kampf um die Freiheit seiner Mitmenschen von allen menschenzerstörenden Mächten. Vom Berg der Bergpredigt führt der Weg schnurstracks auf den Galgenberg Golgatha. Die Seligpreisungen sind gesprochen in erwiesener Solidarität.

Die Ahnenreihe der Jünger Jesu, die zu diesem Loblied Jesu auf den Jünger, auf den am Leid der Welt Beteiligten, paßt, verläuft seltsam: Stephanus, Paulus, die iro-schottischen Mönche – Piraten eher als Missionare, an der Bekehrung von Seelen nur beiläufig interessiert, dafür um so mehr am Kampf gegen die Dämonen, am Niederhauen von Heiligtümern, am Trockenlegen von Sümpfen, am Vertreiben der bösen Geister von all diesen Brutstätten menschlicher Angst und am Freilegen von Welt, von guter Welt Gottes. Die Hussiten, die Bauern, Thomas Müntzer.

Nicht Zuschauer, sondern Beteiligte, ins Leid der Welt ernstlich Verstrickte, Partisanen der guten Veränderung, der Befreiung, Jünger. Diese Jünger sind keine Revolutionäre, aber der Tatbestand, daß Menschen in dieser Welt notorisch am Menschsein gehindert werden – dieser Tatbestand, der Revolutionäre macht, der macht auch Jünger. Der Revolutionär und der Jünger, beide sind verpflichtet auf die Befreiung des Menschen – so nah stehen Rebell und Jünger einander. Was bedeutet das für unser Christentum in dieser revolutionären Welt? Ist es Zeit für uns, die Seiten zu wechseln?

Freunde haben später erzählt, es sei ihnen nur unter Aufbietung aller Kräfte gelungen, Ernst Lange zur Bibelarbeit auf das Podium zu bringen – so voller Angst, so verkrampft, so fast unfähig zu reden sei er gewesen. Als er aber dann am Pult stand, als er spürte, daß die überfüllte Halle fast wie atemlos lauschte, trug ihn die Kraft seiner eigenen Worte und Formulierungen weiter und weiter. Und so folgte am zweiten Morgen die Bibelarbeit über Matthäus 5,38–48, wo von der Gewaltlosigkeit und Feindesliebe, von Gottes grenzenloser Güte und seiner Vollkommenheit die Rede ist, zu der auch der Jünger berufen ist.

Es geht um die Anzettelung eines Aufstandes gegen die Gewalt. Man kann mit der Gewalt nicht mehr leben, nur noch sterben. Man kann sich

Gewalt nicht mehr leisten, man kann nur noch bankrott machen mit ihr. Wenn Jesus sagt, „liebet eure Feinde", dann heißt das: Der Jünger darf nicht der schrecklichen optischen Täuschung erliegen, als ob die Welt voll Teufel wäre.

Jesus überschreitet die Grenzen hinein in die angebliche Zone des Teufels und trifft liebenswürdige, liebebedürftige und auf Liebe ansprechende Menschen. Die Liebe des Jesus von Nazareth verwandelt die Erde nicht in ein Paradies, aber sie hat für alle, die Augen haben zu sehen, die Erde entteufelt. Die Entteufelung der Erde ist die gewaltigste Friedenstat der Menschheitsgeschichte. Wir müssen erst lernen, zwischen den Fronten zu stehen und von beiden Seiten Hiebe zu beziehen, wie es dem Ökumenischen Rat der Kirchen jetzt geht, diffamiert von den Weißen als Aufwiegler der Farbigen, auf Reparationen verklagt von den Farbigen als rassistische Institution.

Das wichtigste ist dies: Feindesliebe ist kein Wert an sich. Feindesliebe hat den Sinn, dem kommenden Frieden zu dienen. Gott verlangt nicht das Unnatürliche von uns, er verlangt das Natürliche: daß wir an morgen denken, wie wir morgen leben können. Wer bezahlt heute den Preis für den morgigen Frieden? Irgend jemand muß ihn bezahlen.

Irgend jemand muß ein Stück weit sterben, damit die anderen leben können. Wir sind dazu berufen, die Kosten des Friedens zu bezahlen. Wir sind dazu imstande, sie zu bezahlen, weil uns Kredit gegeben ist, ein Friedensvorschuß, ein Einblick in den kommenden Frieden.

Planung und Vertrauen – so überschrieb Ernst Lange seine dritte Bibelarbeit, die sich mit dem Text Matthäus 6, 24–34 beschäftigte:

Es gibt bestimmte Stellen in der Bibel, da hört die Christenheit seit vielen Jahrhunderten einfach weg. Dazu gehört etwa das Gebot: „Du sollst nicht töten!" mit seinen neutestamentlichen Auslegungen. Dazu gehört auch diese Stelle: „Ihr könnt nicht Gott dienen und dem Mammon ..." Die Verse beschreiben zwei entgegengesetzte Weisen, Mensch zu sein: das Sorgen und das Trauen ...

Das sind die, die Angst haben, und die, die Hoffnung haben. Da sind die Rechner und – ja, wie soll man sie nennen? – die Träumer? Die Spieler? Die Nachfolger Jesu? ...

Es ist gar nicht wahr, daß es die Rechner sind, die die wissenschaftlich-technische Welt zustande gebracht haben. Die Rechner waren immer nur die Prokuristen der wirklichen Gründer, der Leute, die besessen waren von den künftigen Möglichkeiten. Unsere ganze Welt steht auf einem Fundament von Träumen.

Seht die Träume der Menschen an, die sich eine bessere Welt denken können als die heutige: wie sie die Welt verändern, zum Guten verändern! Seht die Einfälle von Leuten, die Phantasie haben, wie sie tausend neue Lebensmöglichkeiten auftun: seid ihr denn nicht auch Menschen mit Träumen und Einfällen? Seid ihr denn nicht auch Kinder Gottes?

„Trachtet am ersten nach dem Reich Gottes – so wird euch alles andere zufallen!"

Leistet euch den großen Traum, meine Brüder, nehmt ihn vorweg in euren Taten, es ist der Traum von der in dieser Welt aufgehenden Saat Jesu Christi, der Saat des Reiches Gottes. Setzt alles daran, sie alltäglich in Gebrauch zu nehmen.

Dieser Bibeltext bringt nicht Vertrauen und Planung in einen Konflikt, sondern eine Planung in Vertrauen und eine Planung in der Angst. Das beginnt mit der Gewichtsverteilung in einem staatlichen Haushalt: wieviel relativ für Rüstung, wieviel für Bildung, wieviel für Entwicklung? Wonach bestimmen sich die Proportionen – nach der bösen Erfahrung oder nach der guten Erwartung?

Morgen wird der erste Mensch den Mond betreten. Dieser Erfolg wird 100 Milliarden Dollar gekostet haben. Ich möchte nur eines wissen: Wer hat nach welchem Maßstab für diese Priorität entschieden? Wer hat die neue Grenze, die wir jetzt ziehen sollen, auf den Mond verlegt statt in die Richtung einer brüderlichen Welt? Planung in Angst oder Planung in Vertrauen?

Nun machte sich Ernst Lange auf den Weg nach Canterbury. Er unterbrach seine Reise in Mainz, um seinen Arzt in der Klinik aufzusuchen. Es lag – so hat dieser später an den Genfer Generalsekretär berichtet – „ein recht ernster depressiver Verstimmungszustand vor". Dennoch hielt der Arzt Langes Teilnahme an der Zentralausschuß-Sitzung für möglich. Ernst Lange blieb dort aber nur drei Tage. Er reiste ab, ohne eine Nachricht über seine Absichten zu hinterlassen. Der Zentralausschuß und das neue DEA-Komitee mußten ohne seine Mitwirkung zurechtkommen. Später wird er Blake gegenüber andeuten, er sei in Canterbury auf ein großes Maß an Zurückhaltung gestoßen – namentlich im DEA-Arbeitsausschuß. Fühlte er sich nicht akzeptiert? Hatte er Kränkung erfahren? War sein Stolz verletzt worden? Alfred Butenuth kam aus Berlin herbeigereist, um ihm zu helfen. Er erinnert sich: „Ich versuchte, ihn etwas aufzumuntern, und sagte etwa so: ‚Du bist ein guter Mann, und das wissen die Leute hier bei der Ökumene. Sie haben dich schließlich auf diesen Posten geholt, weil sie von dir überzeugt sind ...‘ Die Antwort war ungefähr so: ‚Kein Mensch hat mich hier gekannt, und niemand hält hier etwas von mir. Die haben für den Rat einfach einen Deutschen gesucht, den man vorzeigen kann und der keine faschistische Vergangenheit hat ...‘“

Noch von Canterbury aus konnte Generalsekretär Gene Blake mit Ernst Lange telefonieren. Im Anschluß daran schreibt er am 23. August: „Ich gehe davon aus, daß Professor Langen mir nach Genf einen Bericht schickt, aus dem die kurzfristige und langfristige Prognose hervorgeht. Dann können wir Ende September miteinander zu einer Übereinkunft wegen der Zukunft kommen ... Ich hatte ein gutes Gespräch mit Bischof Scharf, der volles Verständnis für Deine Situation und für die des Weltrats hat. Ich bin sicher, daß er uns unterstützen wird bei der Entscheidung, die wir gemeinsam über die Zukunft zu treffen haben werden. Bis dahin glaube mir bitte, auch in Deinen depressiveren Stunden, daß ich unendlich dankbar bin für alles, was Du für den Weltrat getan hast, und hoffe, daß wir einen befriedigenden Weg finden, den Beitrag fortzuführen, den nur Du zu unserer Arbeit leisten kannst.“

Bald darauf traf ein Brief des Mainzer Klinikchefs in Genf ein. Darin erklärte Professor Langen die seelische Labilität von Ernst Lange. Es handle sich um eine Neigung zu depressiven Stimmungsschwankungen, die „durch das Hinzukommen situativer Faktoren“ in eine ausgeprägtere depressive Phase münden könnten. Unter der Voraussetzung, daß Lange zur Vermeidung von Überbeanspruchung in der Lage sei, seinen Tagesablauf zu regulieren, sei die Prognose als günstig anzusehen. Das gelte für die kurzfristige und für die langfristige Prognose. Es sei jetzt zu einer so weitgehenden Besserung des Zustandes gekommen, „daß Herr Lange durchaus in der Lage ist, eine Funktion als Direktor im Ökumenischen Rat der Kirchen oder eine gleichwertige Position einzunehmen“.

Ernst Lange kehrte nach Genf zurück.

In eingehenden Gesprächen kamen er und Gene Blake überein, die Arbeit des DEA-Direktors neu zu ordnen. Lange sollte so weit wie möglich von administrativen Aufgaben entlastet werden. Zu diesem Zweck wurde ihm Ralph Young als stellvertretender Direktor der Abteilung an die Seite gestellt. Young war ein ruhiger und zuverlässiger, schon älterer Kanadier, der aus der Jugendarbeit gekommen und Leiter der Laienreferats geworden war. Mit ihm und Blake sollte Ernst Lange seinen Terminkalender und seine Reiseverpflichtungen abstimmen. Ernst Lange akzeptierte die neuen Vereinbarungen. Er wollte das aber nicht tun, ohne Blake über seine „grundsätzliche Einstellung" reinen Wein einzuschenken:

Es ist nur billig, daß ich Dir sage, daß ich während der ersten Tage nach dem Canterbury-shock eigentlich entschlossen war, meinen Rücktritt einzureichen, wobei Du wohl geneigt gewesen wärest, ihn anzunehmen. Und dabei hing mehr damit zusammen als nur der gesundheitliche Aspekt. Ich habe zwar die Kirche noch nicht abgeschrieben, aber ich war drauf und dran, nicht mehr daran zu glauben, daß ein Mensch wie ich mit einer nicht übermäßig ausgeglichenen Natur sich weiterhin mit der institutionellen Kirche identifizieren könnte, während er doch in ständiger und kritischer Spannung mit ihr lebt. Während meines ganzen beruflichen Lebens habe ich mich in experimentellen Situationen befunden, und ich war dadurch gezwungen, eine Distanz ständiger Reflexion, Kritik und Protest zu halten. Ich bin dieser Rolle unendlich müde geworden, und es wäre gelogen, wenn ich sagen würde, ich wäre über diese fundamentalere Krise hinweg (die das „situationelle" Element meiner Depressionen zum Teil umschreibt). Du und alle Kollegen müssen sie, dessen bin ich sicher, genau so kennen wie ich, obwohl die meisten besser dafür gerüstet sind, ihr ins Gesicht zu sehen. Jedenfalls war ich ernsthaft versucht, selbst in diesem Alter, mich noch für eine andere Art von Tätigkeit zu qualifizieren. Soweit es die Kirche betrifft, würde ich mich aufs Schreiben konzentrieren, was ich m. E. am besten kann.

Du darfst mich nicht mißverstehen. Ich habe keine Schwierigkeiten damit, mich mit dem Weltrat als eigenständige Institution zu identifizieren. Aber natürlich ist der Weltrat eine integrale Dimension der „Kirche", und die Dilemmas und die inneren Widersprüche des institutionellen Christentums sind in Genf genauso zu spüren wie in Berlin – vielleicht noch mehr.

Wenn ich jetzt bereit bin, zu erklären, daß ich – was von Deiner Entscheidung abhängt – als Direktor von DEA weiter Dienst tun will, dann sollte ich wohl meine Gründe nennen: a. Ich denke immer noch, daß die Weltratsarbeit nützlich und notwendig ist und daß ich einen nützlichen Beitrag dazu leisten kann. b. Ich liebe viele von denen, mit denen ich zusammenarbeite, und da empfinde ich eine persönliche Verpflichtung. c. Langen hat mir geraten – das war etwas vom allerersten, was er mir sagte, und es war ihm sehr ernst damit –, ich solle keinen Wechsel vornehmen aus einer Position der Schwäche heraus. d. Ich möchte ein vollständiges Versagen vermeiden, denn mit meiner Art von Krankheit ist unvermeidlich ein Schuldgefühl verbunden, und das kann außer Kontrolle geraten. e. Ich möchte die neuen Wurzeln meiner Familie in Genf nicht abschneiden.

In Mainz habe ich ein gewisses Zutrauen entwickelt, daß ich in der Lage wäre, weiterhin für den ÖRK zu arbeiten, ohne größere Krisen, wenn ich die Dinge ernst nehme, auf die zu achten man mir geraten hat ... In Erwartung Deiner Entscheidung bin ich bereit, das zu tun, wobei ich Dich dringend bitte, mich sofort wissen zu lassen, wenn Du Gründe dafür hast, Deinen Sinn zu ändern, und mich reif genug zu erachten, daß ich in der Lage bin, auch eine ungünstige Entscheidung hinzunehmen. Ich mag dazu tendieren, persönlich zu reagieren, wenn mir Kritik und Widerstand begegnen, und das ist mir leid. Aber ich weiß auch, daß ich nur einen oder zwei Tage brauche, um Gründe einzusehen. Und ich möchte nie mehr, daß Kollegen mich mit Kritik verschonen oder mit einer Vertrauenskrise hinter dem Berg halten, weil ich doch ein „kranker Mann" sei. Ich bin fest davon überzeugt, daß Nächstenliebe dieser Art überhaupt nicht hilfreich ist, auch nicht in einer Übergangsperiode.

In einem Rundschreiben an alle leitenden Mitarbeiter des Hauses gab Blake daraufhin die bevorstehende Rückkehr Ernst Langes auf seinen Posten bekannt, informierte sie über die organisatorischen Neuregelungen und fügte hinzu: „Es sollte aber klar sein, daß es Herrn Lange gut geht und er von seinen Kollegen nicht übermäßig ‚geschont' werden soll. Er ist bereit, die volle Verantwortung für sein Amt als Direktor wieder zu übernehmen."

Ernst Lange kehrte an seinen DEA-Schreibtisch zurück und widmete sich zunächst vor allem dem Stab des neuen Büros für

Bildungsfragen. Die Vorgaben inhaltlicher und organisatorischer Art, die in Uppsala beschlossen worden waren, wurden erörtert, die ersten Planungen verabredet. Endgültige Entscheidungen sollten erst getroffen werden, wenn Paulo Freire zum Jahresende den Stab des Büros komplettieren würde.

Lange übernahm wieder die Leitung der Abteilungssitzungen und setzte seine Einzelgespräche mit jenen Kollegen fort, die im Blick auf die in Gang gesetzte Umorganisation noch immer unruhig waren.

Neben seiner Arbeit als Direktor entstanden zwei weitere Texte. Als erstes verfaßte Ernst Lange einen Beitrag zu einer Festschrift für Erich Breitsohl, seinem Stuttgarter Verleger. *Das ökumenische Unbehagen* ist ein bis heute grundlegender Text für alle, die die Kluft zwischen der ökumenischen Bewegung und ihren Kirchen begreifen möchten. In geschliffener Sprache klärt Ernst Lange in diesem Essay die Ursachen des Konflikts auf, der in der Gewissensstruktur des einzelnen Christen wurzelt. Sie ist geprägt von der Ortsgemeinde und der nationalen Heimatkirche. Was kann getan werden, um die Kluft zwischen der ökumenischen Erfahrung des Welthorizonts und einer aktiven, in der Ortsgemeinde gepflegten Frömmigkeit zu überbrücken? Jedenfalls darf es nicht zu einer „Regression" des christlichen Gewissens und der Kirchen hinter den Anfang kommen, der mit der ökumenischen Bewegung gemacht ist. Diese Regression ist nur zu verhindern, wenn der Provinzialismus in Kirchen und Gemeinden überwunden wird. Das „parochiale Gewissen" muß zu seiner ökumenischen Dimension finden. Die Verwandlung der Gewissen ist die theologische Bildungsaufgabe.

Die ökumenische Erfahrung ist eine Schwelle heutiger Frömmigkeit. Hinter diese Schwelle führt kein Weg zurück. Von Anfang an ist die biblische Verheißung eine „ökumenische" Verheißung gewesen. Das christliche Gewissen muß sich einleben in den größeren Haushalt, in den es von Anfang an „herausgefordert", auf den es von Anfang an orientiert war, den Haushalt der bewohnten Erde. Es muß sich einüben in ein neues, nein, in sein ursprüngliches Zeit- und Weltgefühl. Das ist ein Bildungsproblem im umfassenden Sinn des Wortes.

Nach dem Breitsohl-Essay entsteht ein großer Vortrag, dessen Thematik Ernst Lange in den kommenden Jahren zunehmend beschäftigen wird: die kirchliche Erwachsenenbildung. In der

Schweiz bestand seit 1960 die „Schweizerische Arbeitsgemeinschaft für Kirchliche Schulung“. Langes Züricher Freund Theo Vogt hatte sie mit anderen zusammen ins Leben gerufen. Das „Züricher Modell“ war weit über die Schweiz hinaus berühmt geworden. Für jedes Jahr wurde ein umfassendes Thema gewählt und für die ethische und theologische Bewußtseinsbildung auch methodisch aufbereitet. In der ganzen Schweiz gab es kantonale und lokale Arbeitsgruppen. Ernst Lange hatte davon gehört und Theo Vogt nach Genf zu einem Gedanken- und Erfahrungstausch eingeladen. Die beiden verstanden sich schnell. Lange stieß hier auf die vertraute Spur des „Erwachsenenkatechumenats“, das ihn seit Jahren beschäftigt hatte. Hier hatte er nun eine von und für Laien konzipierte Bildungsbewegung vor sich, die sich flächendeckend und flexibel organisiert hatte. Ihr methodisches Herzstück bestand in der „Multiplikatorenschulung“.

Fremd bin ich eingezogen, fremd zieh ich wieder aus

Für 1970 hatte sich die Schweizerische Arbeitsgemeinschaft die thematischen Schwerpunkte „Freizeit“ und „Glück“ vorgenommen. Im November 1969 sollten die örtlichen Kursleiter aus der ganzen deutschsprachigen Schweiz in dem Jurastädtchen Biel zusammenkommen, um eine gründliche Einführung in das neue Jahresthema zu erhalten. Theo Vogt bat Ernst Lange um das Grundsatzreferat. Der bereitete sich sorgfältig darauf vor, las die einschlägige Literatur, denn das Thema war ihm der Sache nach neu. Er betitelte den Vortrag *Erwachsenenbildung in der Freizeitgesellschaft,* der auf Jahre hinaus zum Schlüsseltext evangelischer Erwachsenenbildung im ganzen deutschsprachigen Raum, vielfach nachgedruckt, verbreitet und benutzt wurde.

Der Vortrag gliedert sich in drei große Abschnitte: 1. Der Freizeitmensch; 2. Wie kann „Tantalus“, der die „Höllenerfahrung“ des Freizeitmenschen verkörpert, geholfen, wie kann ihm Christus als Freimacher des Freizeitmenschen vermittelt werden? 3. Wie kann die uralte biblische Sabbattradition für den Freizeitmenschen Hilfe zur Befreiung werden?

Am 3. November ließ sich Ernst Lange von einem Kollegen nach Biel chauffieren, wo ihn achtzig Kursleiter erwarteten. Sein Vortrag dauerte zwei Stunden – für Redner und Hörer gleichermaßen anstrengend, nicht zuletzt der Intensität der Gedanken und der Sprache wegen. Ernst Lange war tief erschöpft, die Heimfahrt verlief einsilbig. Wenige Tage später kam es zu einem neuen Zusammenbruch. Dann ein Selbstmordversuch. Er ereignet sich nicht lange nach Neujahr. In ihrer Not ruft Beate Lange den amerikanischen Freund und Kollegen Will Kennedy zu Hilfe. Er wohnt in der Nähe. Als er bei Langes ankommt, sind die Ärzte schon an der Arbeit und können das Schlimmste verhindern. Ernst Lange hat einige Zeit danach brieflich versucht, den Freunden den Schritt zu erklären: Den Suizidversuch habe er unternommen nach monatelangem Psychopharmakagebrauch, mehreren Nächten ohne Schlaf, Tagen ohne jeden konstruktiven Gedanken.

Es fällt mir heute schwer, mich mit mir selbst bei diesem Akt totaler Mutlosigkeit identisch zu fühlen. – Ein „Gutes" hat der ganze Vorgang: Illusionen und Verharmlosungen gehen nicht mehr. Ein Weg ist wirklich zu Ende gegangen.

Es war dies eine jener Krisensituationen, in denen der Beistand von Alfred Butenuth unverzichtbar war. Auch jetzt eilte er von Berlin nach Genf, um dem Freund neuen Mut zuzusprechen und um Beate und ihrer Familie beizustehen. „Daß Beate dieses schwere Leben mit Ernst überhaupt durchgehalten hat, verdankt sie Alfred", urteilt Ursula Merck im Rückblick. „Er hat zu ihr gehalten wie ein älterer Bruder. Er hat Krisen abgedeckt und die Verantwortung auch für die Familie übernommen, wenn Ernst ausfiel. Alfred war und blieb das unerschütterliche Zentrum." Wer den ungezählten heiteren und ernsten Geschichten zuhört, in denen Alfred Butenuth die Zeit und den Weg mit Ernst Lange noch einmal lebendig werden läßt, begreift, warum für ihn „das Gespräch mit dem Freund bis heute nicht aufhört".

Ernst Lange kehrt nicht in den Weltkirchenrat zurück.

Will Kennedy indessen läßt sich durch dieses Erlebnis nicht davon abhalten, in einer ausgedehnten Korrespondenz mit einflußreichen Kollegen an amerikanischen Hochschulen nach einer Gastprofessur für Ernst Lange zu suchen. Der hat diese Möglichkeit später in die Liste seiner Optionen aufgenommen.

In einem Brief vom 5. Februar 1970 kündigt er Gene Blake seinen Rücktritt zum Herbst an. Bis dahin muß er, vor allem der Kinder wegen, durchhalten. Er führt für seinen Rücktritt drei Gründe an:

1. Schon seit Du uns Dein neues Strukturpapier gezeigt hast, das ganz allgemein den besten Ansatz enthält, den wir bis jetzt gesehen haben, wußte ich, daß für mich kein Platz sein würde in einer künftigen Abteilung für „Kommunikation und Bildung". Eine solche Abteilung wird einen erstklassigen Administrator brauchen sowie eine charismatische Leitung, sei es auf der Ebene des Direktors und der andere auf der Ebene des Stellvertreters oder umgekehrt. Ich passe in keine dieser Rollen …

2. Als ich die Konsequenzen einer solchen Entwicklung bei meinem letzten Besuch mit Langen besprach, warf er eine Frage auf, die hinter vielen unserer Gespräche im letzten Jahr stand. Er fragte mich, ob ich nach einer gründlichen Analyse meiner existentiellen Krise, die ich seit geraumer Zeit durchmache, wirklich denken würde, ich solle und könne weiterhin Pfarrer bleiben. Das war in gewisser Weise für mich die Stunde der Wahrheit. Meine Antwort hieß: Nein. Ich weiß, daß das eine Menge Erklärungen braucht angesichts der vorangegangenen Gespräche zwischen Dir und mir. Jetzt ist aber nicht der Augenblick für solche Erklärungen.

3. Der dritte Grund wäre eigentlich der erste gewesen. Aber die letzte Klarheit darüber ergab sich aus den ersten beiden Entwicklungen. Ich bin völlig sicher, daß ich nicht einmal für den jetzigen Job geeignet bin. Ich weiß, daß ich einiges beigetragen habe, aber die Dinge, die ich ganz ordentlich gemacht habe, werden in meiner Position gar nicht von mir erwartet, beziehungsweise ich habe nicht genug Zeit dafür, um sie richtig zu machen. Und die Dinge, die für den Job entscheidend sind, mindestens in dieser Übergangszeit, kann ich nicht gut genug … Das eigentliche Problem ist jetzt die Frage der Zeit. Ich möchte zu einem Zeitpunkt zurücktreten, der für die Abteilung, für den ÖRK und für Dich am günstigsten ist. Der Rat, den man mir gegeben hat, besagt, daß eine längere Periode einer „lahmen Ente" für alle Beteiligten schlecht sei. Außerdem bin ich momentan in keiner guten Verfassung und bin wieder zu Psychopharmaka zurückgekehrt.

Ich schreibe diesen Brief auch, weil ich meine, Dir sagen zu müssen, daß ich glaube, mich nach einer anderen Arbeit oder genauer nach einem anderen Beruf umsehen zu müssen. Ich werde das natürlich so vertraulich wie möglich machen. Sollte aber dennoch etwas nach außen dringen, dann möchte ich nicht, daß Du es von woanders her hörst. Um meine Zukunft braucht sich der Rat nicht zu sorgen. Ich kann immer von meiner Pension leben und von dem, was ich durch Schreiben verdiene.

Ich weiß – ich bin Dir Begründungen und Dank schuldig. Aber nochmals: Ich fühle, daß dafür jetzt nicht der richtige Zeitpunkt ist.

Herzlich Dein Ernst.

Nun wendet sich Ernst Lange an die Berliner Kirchenleitung und erkundigt sich nach den Möglichkeiten einer Zur-Ruhe-Setzung. Er erhält den Bescheid, daß er zunächst in den „Wartestand" versetzt würde, der nach drei Jahren anhaltender Erkrankung in den Ruhestand übergeleitet werden würde. Es werden ihm aber Beihilfen für außerordentliche Krankheitskosten zugesagt.

Mitte März 1970 schreibt der Chefarzt der Mainzer Klinik, Professor Langen, an Blake, es hätten sich gegenüber dem September 1969 neue Gesichtspunkte ergeben: In der beruflichen Situation Langes sei es offenbar nicht möglich, einen regelmäßigen Tagesablauf herzustellen, was entscheidend wäre. Darüber hinaus hätte sich gezeigt, daß es sich letzten Endes um eine tiefere existentielle Krise handele. Nachdem alles ausführlich erörtert worden sei, sei man schließlich zu der Entscheidung gekommen, „daß Herr Lange eine neue berufliche Orientierung suchen sollte".

Daraufhin schreibt Lange am 22. März an Blake und kündigt sein Rücktrittsschreiben an. Er schließt mit einer sehr persönlichen Positionsbestimmung:

Ich möchte das Pfarramt ganz undramatisch verlassen, – um es kurz zu sagen – weil ich mit ihm und mit der Kirche (oder dem Traum einer Kirche) zu stark identifiziert worden bin, und zwar aus den falschen Gründen: aus persönlichen Gründen, aus Gründen persönlicher Unsicherheit, die tief in meiner Vergangenheit wurzeln. Ich wollte Erfolg aus Mangel an Zugehörigkeit. Und dort liegt die Wurzel meines Versagens, wie ich es heute sehe (in gewisser Weise ist das Deine alte Theorie vom „Perfektionismus"). Kombiniert mit einem wachsenden theologischen Problembewußtsein, hat das zu einer ungesunden Motivmischung geführt, die mich buchstäblich krank gemacht hat. Ich muß einfach zu einer gesünderen Distanz finden. Darum ist es letzten Endes nicht eine Kritik an der Kirche, obwohl eine Menge davon ins Bild gehört, sondern ein notwendiger Schwenk zur Selbstkritik zu später Stunde.

Jetzt muß ich versuchen, ein Minimum an Selbstvertrauen zusammenzukratzen, um weiterzumachen. Bis jetzt war ich dabei nicht sehr erfolgreich. Ich brauche Dir nicht zu sagen, wie extrem leid mir das ist in vieler Hinsicht. Du weißt es. Die Situation des Rates und der ökumenischen Bewegung ist schwierig genug, ohne daß Elemente einer persönlichen Tragödie (oder Komödie) hinzukommen. Ich hätte Dir und der DEA alle diese Verlegenheiten und Unsicherheiten in einer schwierigen Periode des Übergangs gerne erspart ...

Wie auch immer Deine Entscheidung ausfällt, ich wäre froh für die Erlaubnis, im April zu Hause arbeiten zu dürfen. Diese letzten Wochen waren extrem schwierig und emotional erschöpfend. Ich muß wieder zu Atem kommen ... Tief dankbar und mit tiefem Bedauern Dein Ernst.

Das offizielle Rücktrittsschreiben hat folgenden Wortlaut:

22. März 1970

Lieber Dr. Blake,

hiermit trete ich vom Amt des Direktors der Abteilung für ökumenische Aktivitäten und als Beigeordneter Generalsekretär zum 1. April 1970 zurück. Die Gründe für diesen Rücktritt sind folgende:

1. Als ich die Einladung nach Genf annahm, habe ich die administrativen Verantwortlichkeiten einer solchen Stellung und die Schwierigkeiten einer effektiven Leitung in einem internationalen Arbeitsteam unterschätzt. Die Integration der Abteilung, die Einrichtung eines neuen Office of Education und eines „Fonds zur Erneuerung der Bildungsarbeit", die Vereinigungsverhandlungen mit dem Weltrat für Christliche Erziehung mit Konsequenzen für die Neuorganisation des gesamten Weltrates und einer schweren Identitätskrise der DEA und ihrer Referate haben das Gewicht dieser administrativen und exekutiven Elemente der Arbeit, zu der ich eingeladen war, erheblich verstärkt und werden das auch künftig tun. Für eine solche Funktion bin ich nicht genügend ausgerüstet, weder durch Begabung noch durch Erfahrung.

2. Während meiner Dienstzeit war ich viermal krank, jedesmal für mehrere Wochen arbeitsunfähig. Gemäß der Diagnose meines Arztes, Professor Dr. Langen – Mainz/Deutschland, gibt es keinen zuverlässigen Hinweis darauf, daß sich meine gesundheitliche Situation verbessern wird, es sei denn, ich verändere die beruflichen Umstände meines Lebens. Ein Brief dieses Inhalts wird den Weltrat dieser Tage erreichen.

3. Um diese notwendige Neuorganisation meines Lebens zu bewerkstelligen, habe ich mich in Übereinstimmung mit meinem Arzt entschlossen, so bald wie möglich ein weiteres Studium aufzunehmen, um mich für eine Arbeit im Bereich der Erwachsenenbildung zu qualifizieren.

Es ist mir außerordentlich leid, daß ich nicht in der Lage bin, meine volle Amtszeit wahrzunehmen, um an der aufregenden ökumenischen Arbeit der kommenden Jahre mitzuwirken. Ich bin jedoch völlig davon überzeugt, daß dieser Rücktritt die einzig verantwortbare Entscheidung sowohl im Blick auf die Interessen des Weltrates und der DEA wie auch die Zukunft meiner Familie und meiner selbst ist.

Ich möchte meine tiefe Dankbarkeit zum Ausdruck bringen für die Gemeinschaft, die Zusammenarbeit und das Verständnis aller meiner Kollegen wie auch für das außergewöhnliche Maß an Geduld und Unterstützung seitens des Weltrats und besonders Ihrer persönlichen Freundschaft und Beratung. Herzlich Ihr Ernst Lange.

Während der Gespräche zwischen Blake und Lange, die dem Rücktritt unmittelbar vorausgingen, hatte Blake die Möglichkeit angedeutet, Ernst Lange als „Berater“ von DEA weiter zu beschäftigen. Ernst Lange hatte seine Bereitschaft dazu signalisiert und eine Liste der Möglichkeiten aufgestellt, in welcher Weise und auf welchen Feldern er sich als Berater nützlich machen könnte:

1. Berater für das Office of Education.

2. Beratung der anderen Referate von DEA, sofern der amtierende Direktor das wünscht.

3. Vorbereitung von Vorlagen für die diversen Sitzungen des kommenden Sommers.

4. Zusammenarbeit mit Kollegen, die Studienarbeit betreiben, besonders bei der Studie „Mit dem Wandel leben“. Hier liege bereits die Anfrage vor, ein Buch über Moral und Gewissensbildung und die Rolle der Kirche zu schreiben.

5. „Ich werde ein Manuskript von etwa 200 Seiten schreiben müssen zum Thema Kirche, das im nächsten Frühjahr abzuliefern ist.“

Die Liste wurde von Blake kommentarlos zur Kenntnis genommen. Aus diesem Schweigen schloß Ernst Lange, Blake sei an seinen Vorschlägen inhaltlich nicht interessiert. Dies schmerzte ihn besonders in

Hinblick auf das Studienprojekt „Mit dem Wandel leben", das ihm sehr am Herzen lag. So schrieb er an Blake: „Ich möchte kein privates literarisches Vorhaben auf Kosten des Weltrats verfolgen. Natürlich bin ich in einer blöden Situation, denn ich muß bis zum Ende des Schuljahrs in Genf bleiben. Aber wenn es nichts gibt, was ich im Interesse beider Seiten tun kann, dann möchte ich diese Interimsperiode so kurz wie möglich gestalten." Ernst Lange war in dieser Situation äußerst verletzbar und reagierte darum auch so verletzt. Doch Blake blieb kühl. Es mag sein, daß er skeptisch gewesen war gegenüber der Fülle der Vorhaben, die Ernst Lange sich zumuten wollte. Tatsächlich konnte er auch nur die beiden zuletzt genannten Projekte noch in Angriff nehmen.

Blake gibt am 1. April 1970 in einem Rundschreiben den leitenden Mitarbeitern im Ökumenischen Zentrum bekannt, daß „der Rücktritt von Ernst Lange als Beigeordneter Generalsekretär und Direktor der DEA mit großem Bedauern angenommen wurde". Langes Rücktrittsschreiben wird beigefügt, die Stellungnahme des Arztes wird zitiert. Dann teilt Blake mit, daß Ernst Lange „weiterhin beim WCC beschäftigt bleibt". Er wird als Berater für Studienarbeit dem Generalsekretär direkt unterstehen, die Aufgabenbeschreibung lehnt sich eng an Langes eigene Liste an. Nun war der Weg für Ernst Lange frei, die Neuernennung zu akzeptieren:

„Mit Freude und Dankbarkeit nehme ich meine Neuernennung zum Berater für Studienfragen ab 1. April 1970 an", schreibt er am 15. April an Blake. Dann folgt die verabredete Liste der vier Projekte sowie eine Information über seine geplanten Deutschlandreisen. Blake erklärt sein Einverständnis – und nun ist Langes künftiger Gesprächspartner Ralph Young.

Aber seine Teilnahme an den geplanten Studienkonferenzen muß entfallen. Anfang Mai wird es notwendig, daß er sich in die Tübinger Nervenklinik begibt. Von dort aus meldet er sich Mitte Juni bei Blake und berichtet ihm zunächst über seine eigene Situation: „Die Mainzer Diagnose ist hier bestätigt und spezifiziert worden." Das Ergebnis: Er wird sich einer langfristigen Analyse unterziehen müssen. Seine Verhandlungen mit der Berliner Kirchenleitung haben zu einer Wartestandsregelung geführt, die ihm und seiner Familie einen bescheidenen Lebensstandard ermöglichen wird.

Neben der Analyse-Therapie, die, soweit ich verstanden habe, einen erheblichen Teil meiner Zeit und meiner Kraft in Anspruch nehmen wird, werde ich studieren und schreiben. Mein Leben wird so sinnvoll und gesichert sein, wie es unter den gegebenen Umständen möglich ist.

Er kündigt an, daß er die Absicht hat, den ÖRK endgültig zum 31. August zu verlassen, und mit seiner Familie voraussichtlich nach Darmstadt in Hessen ziehen wird. Dann berichtet er, daß er in den Wochen der Klinik arbeiten konnte und den Entwurf für ein Buch geschrieben habe, dem er den Titel geben will: *Hüter der Moral?* oder: *Gewissen der Menschheit? Die Kirchen im Wandel der Moral.*

Dadurch, daß Ernst Lange sich im Sommer und Herbst voll auf die Abfassung des Buches konzentrieren kann, gelingt ihm dessen Fertigstellung bereits Ende Oktober. Es steht dann der DEA-Studie als Manuskript unter dem Titel *Conscientious Living in a World of Change* sofort zur Verfügung. Mit seiner Hilfe wird ein weltweiter zweijähriger Studienprozeß initiiert.

Seine Analyse der DEA-Geschichte dagegen muß Ernst Lange als Fragment hinterlassen. Einen ersten Teil kann er ausformulieren, den er mit den Worten einleitet: „Dieses Memorandum ist eine Liebeserklärung an die Abteilung für ökumenische Aktivität und an den Weltkirchenrat. Aber es kann sein, daß der Leser das nicht merkt." Es folgt eine scharfsinnige und kenntnisreiche Durchleuchtung, Aufklärung und Interpretation eines Herzstücks der ökumenischen Geschichte. Für die übrigen Teile hinterläßt er Überschriften, Stichworte, Andeutungen für Schlußfolgerungen.

Today is the first day of the rest of your life

oder: Ende und Anfang zu verknüpfen verstehen (1970 bis 1974)

Weiterstadt, Heinrichstraße 55. Ab dem 1. Oktober 1970 wird das die Adresse der Langes sein. Weiterstadt ist ein Ort in der Nähe von Darmstadt, wo Ernst Langes Schwester Ursula Merck wohnt. Sie hatte diese „durchaus vernünftige Wohnung" ausfindig gemacht, und die Langes waren Mitte Juni dorthin gefahren, um den Mietvertrag zu unterschreiben.

Zunächst war Ernst Lange noch einmal wie verabredet Ende Juni nach Genf zurückgekehrt. Dort hatte er mit dem Schreiben des Buches begonnen. Damit es als Grundlage und Leitfaden für die Studie so schnell wie möglich zur Verfügung stehen konnte, hatte er das Manuskript in Englisch verfaßt, das er inzwischen genauso gut beherrschte wie seine Muttersprache. In Deutschland wollte er das Buch im Burckhardthaus-Verlag herausbringen. Dort war sein alter Freund Heiko Rohrbach inzwischen Direktor geworden. Er erklärte sich bereit, die Übersetzung ins Deutsche herzustellen. Ihre enge Zusammenarbeit stellte sicher, daß im Deutschen genau die Ausdrücke verwendet wurden, auf die es Ernst Lange ankam. Das Buch erschien im Sommer 1971 für den deutschsprachigen Raum unter dem Titel *Leben im Wandel. Überlegungen zu einer zeitgemäßen Moral.* Der Untertitel weist aus, daß Lange hier die Spur der Sektion VI von Uppsala aufgenommen hatte und für das, was dort gemeint war, eine ökumenisch relevante anthropologische Grundkategorie gefunden hatte, die er zum ersten Mal in seinem Brief an Willy Brandt gebraucht hatte: den Begriff der „Moral". Sie taucht in keinem der Entwürfe und Diskussionen von Uppsala auf. Im Vorwort schildert Lange die komplizierte Geschichte des Manuskripts:

Daß diese frühe Arbeitsunterlage für das ökumenische Arbeitsvorhaben „Mit dem Wandel leben" („Participation in Change", ursprünglicher

Arbeitstitel „Conscientious Living in a World of Change", entstanden 1969) unter dem Eigennamen Ernst Lange erscheint, ist eine Verlegenheitslösung.

Tatsächlich ist sie das Ergebnis eines Gruppenprozesses, wie alle ökumenischen Arbeitspapiere. Die Kollegen der „Abteilung für Ökumenische Aktivität" – Jugendreferat, Laienreferat, Abteilung für die Zusammenarbeit von Mann und Frau, Bildungsreferat, Ökumenisches Institut Bossey – haben in der einen oder anderen Form alle daran mitgearbeitet.

Trotzdem hat das Papier nicht den Status eines offiziellen Textes des Ökumenischen Rates der Kirchen. Struktur und Formulierung werden von mir persönlich verantwortet.

Schon die Aufmachung des Inhaltsverzeichnisses kennzeichnet die Schrift als Arbeitsbuch. Die Kapitelüberschriften geben die wichtigsten Themen an: Problemlage – Alternativen – Gewissen – Verheißung – Gewissenhaft leben – Gewissensbildung. Die beiden zentralen Kapitel sind den Themen „Gewissen" und „Verheißung" gewidmet. „Gewissenhaft leben" heißt für Ernst Lange: „Grenzen überschreiten", „Freiheit stiften", „das Leben feiern", „einen Preis zahlen". Die Diskussionen und die Ergebnisse von Uppsala werden ständig in Erinnerung gerufen, besonders die Sektionen V (Gottesdienst) und VI (Auf der Suche nach neuen Lebensstilen). Mit der Einführung und Verarbeitung des Begriffs der „Moral" hat Ernst Lange einem zentralen Gedankengang von Uppsala einen Namen gegeben, der dort zwar vielfach umkreist und umschrieben worden war, aber ohne daß man dieses Schlüsselwortes ansichtig geworden wäre. Es erweist sich jetzt ebenso treffend wie fruchtbar für die Entfaltung dessen, was „gewissenhaft leben" heißt. Ruft man sich Langes Texte aus den vorangegangenen zwei, drei Jahren ins Gedächtnis, so erkennt man, daß in diesem Buch nicht nur „zeitgemäßes", das heißt, im Welthorizont angesiedeltes Verhalten beschrieben, also eine moderne ökumenische Ethik entwickelt wird, sondern daß der Autor zugleich eine (Zwischen-) Bilanz seiner eigenen ökumenischen Erfahrungen und Erkenntnisse vorlegt.

Noch während seines Aufenthalts in der Tübinger Klinik hatte Ernst Lange begonnen, wieder Fäden zur Außenwelt zu knüpfen. Die Initiative kam aus Stuttgart: der Kreuz-Verlag bat ihn um ein Gutachten zu einem Textentwurf, den der amerikanische Theologe und Autor Theodore A. Gill in der Absicht verfaßt hatte, einen Bonhoeffer-Film zu machen. Die Anfrage faszinierte Ernst Lange auf der Stelle aus mehreren Gründen: Ted Gill hatte einige Zeit in Vorbereitung von Uppsala im Genfer Stab zugebracht. Ernst Lange hatte sich mit dem originellen und kreativen Kollegen angefreundet, der für ihn und die DEA in Uppsala einen wichtigen Dienst leistete: Gill hatte in einem fulminanten Hauptvortrag während der Vollversammlung den Weg für den Beschluß gebahnt, das Office of Education einzurichten. Sein Vortrag „The Great Convergence" (Die große Annäherung) wurde zu einem der Höhepunkte der Uppsala-Versammlung. Abgesehen davon, daß er die große Begabung Gills kannte, war für Ernst Lange natürlich das Thema wichtig, das mit einem bisher völlig ungeläufigen Medium angegangen werden sollte, einem „Movie". So griff Ernst Lange begierig nach dem Manuskript. Er wurde zugleich gefragt, ob er gegebenenfalls die Übersetzung übernehmen würde. Ernst Langes Exposé zu Theodore A. Gills „Memo for a Movie" beginnt mit den Sätzen:

Die Lektüre der Fahnen hat mich fasziniert. Nicht nur die Sprache ist, wie immer bei Gill, hochkarätig. In dieser Sprache wird eine außerordentlich komplizierte Geschichte ausgezeichnet erzählt, die Details ersticken die Sprache nicht, die Fabel geht nicht auf Kosten der Details.

Das Medium interessierte Ernst Lange als

Beispiel für den Kampf um ein Medium, dem wir Christen immer noch nicht gewachsen sind, und um eine Darstellungsweise komplizierter historischer, biographischer und theoretisch-theologischer Sachverhalte, die „jedes Kind" versteht ... als ein Beispiel angewandter Kunstlehre der christlich motivierten Kommunikation.

Ernst Langes Faszination durch Gills Memo spiegelt sich in seinem inhaltlich wie stilistisch dichten Gutachten, das er in der Klinik niedergeschrieben hatte und Mitte Juni in Stuttgart ablieferte. Bonhoeffer-Kenner sind überzeugt, daß es keinen besseren Essay gibt, der Bonhoeffers Leben, Werk und Bedeutung in dieser Kürze und Prägnanz vor dem Hintergrund des Widerstandes der Bekennenden Kirche unter Hitler darzustellen vermöchte. Ernst Langes Resümee freilich ist kritisch:

Theologie ist schwer verfilmbar. Und darum glaube ich am Ende doch nicht, daß der Mensch, der da aufregend lebendig wird, wirklich der

Mensch Dietrich Bonhoeffer ist. Man kann Dietrich Bonhoeffers Theologie nicht erzählen, ohne seine Biographie zu erzählen. Aber auch umgekehrt geht das eben nicht ...

(An dieser Stelle denkt man unwillkürlich an den Autor dieses Textes selbst.) Lange ist unentschlossen, ob er dem Verlag das Buch und seine deutsche Übersetzung empfehlen soll (die er im Bedarfsfall gerne selbst übernommen hätte) – „es sei denn der Film kommt. Dann ist dies ‚das Buch zum Film'! Feststellen, ob der Film kommen wird und wann. Wenn er kommt, dann nicht zögern ..." Der Film kam nicht – dabei hatte man bereits Rod Steiger als Hauptdarsteller ins Auge gefaßt.

Hans Jürgen Schultz hatte Langes Gutachten schon bald zu Gesicht bekommen und dem Freund sehr zugeredet, die Bearbeitung des Buchmanuskripts von Gill zu übernehmen. „Ich finde, das ist eine reizvolle Aufgabe. Du hast keine Zeit dafür? Ich wage diese Frage kaum zu stellen, weil Deine anderen Projekte nicht leiden dürfen. Andererseits lockt mich die Vorstellung, einen von Dir mitgestalteten Bonhoefferschen Lebensbericht in die Hand zu bekommen ..." Bald danach kommt er darauf zurück: „Ich finde den Gedanken immer reizvoller. Wir sprachen schon darüber: Dieser Stil von Literatur ist bei uns recht unterentwickelt. Dir würde er sicher liegen. Ich wäre durchaus daran interessiert, mit Dir die Frage zu prüfen, ob sich einige Kapitel dieser dramatisierten Biographie auch für den Funk eignen. Dein Buch über das Moralproblem hat sicherlich Vorrang. Dein Manuskript über die Kirche rangiert für mich natürlich ebenfalls ganz vorn. Aber möglicherweise täte Dir zwischen diesen beiden Arbeiten eine andersartige ganz wohl."

Mit dieser Korrespondenz war auch der Faden zum Stuttgarter Freund wieder geknüpft, der mit Ernst Langes Umzug nach Genf zwei Jahre zuvor abgerissen war, sieht man von der schmerzlichen Begegnung in Nyon ab. Bald lud Schultz Lange ein, seinen Beitrag zur Breitsohl-Festgabe in einen Vortrag für den Funk umzuarbeiten. Ernst Lange sprach ihn selbst im August im Stuttgarter Funkhaus. Das gab den Freunden nach langer Zeit wieder einmal Gelegenheit zu einem ausführlichen Gedankenaustausch. Schultz klagte, er brüte über einem Manuskript zur Laienfrage und vermisse ökumenische Quellen dazu. Dabei war das Thema genuin ökumenisch. Ernst

Lange fuhr nach Genf zurück und verfaßte für den Freund ein siebenseitiges Exposé über den Zusammenhang zwischen der „Laienfrage“ und der „Erneuerung“. Knapp, aber mit größter Genauigkeit verfolgte er den Faden durch die jüngere ökumenische Geschichte seit 1937 und identifizierte in der Person Joseph W. Oldhams den Vordenker einer „Laisierung der kirchlichen Lehre“. Das bis vor kurzem verschollene Dokument liefert einen interessanten Beitrag zu der seit 1992 wiedererwachten Genfer Diskussion über das „Profil der Laien“, das unter dem Konzept der „Zivilgesellschaft“ neu zur Diskussion steht.

Ernst Lange weist nach, daß sich die Kirche mit Hilfe einer „steuernden Toleranz“ (Herbert Marcuse) das „Laientum“ einverleibt habe. Die sarkastischen Bemerkungen, die er anschließt, reflektieren deutlich seine deprimierenden Erfahrungen in der DEA: „Solange die Grundmodelle (sc. der Kirche) nicht verändert werden, kann keine Kritik schaden, ja sie ist sogar hochwillkommen im Blick auf ihre Alibifunktion.“ Während er im Uppsala-Workbook einen „neuen Ton von Desillusionierung und Streitsucht“ unter den Laien ausmacht, fügt er abschließend resigniert hinzu:

Wegen der bis jetzt erfolglosen teilweisen Integration und einer Stabsituation, die – hauptsächlich durch meine eigene Mangelhaftigkeit – das Laienreferat aus der Hälfte der Zeit und Kraft eines Stabsmitglieds bestehen läßt, ist nicht viel Aussicht, daß die „Laienfrage“ mit viel Lebenskraft auf der WCC-Ebene fortgeführt werden kann. Als Konfliktstoff wird sie giftig weiterbestehen, besonders in lokalen Situationen.

Bildung – ganz! Pädagogik zwischen Domestizierung und Emanzipation

In den Wochen vor dem Umzug von Genf nach Weiterstadt galt Ernst Langes ganzes Bemühen dem ersten publizistischen Auftritt des neuen Bildungsbüros (OE). Dieses hatte im Mai im holländischen Bergen sein ökumenisches Debüt gegeben, und zwar in Gestalt einer großangelegten Weltkonferenz unter dem Thema „Die Weltbildungskrise und die Rolle der Kirchen“. Wegen seines Krankenhausaufenthaltes hatte Ernst Lange daran nicht teilnehmen können. Nun kam für ihn aber alles darauf an, der „Bergen-Konsultation“ wenigstens ein größtmögliches ökumenisches Echo zu verschaffen. Er setzte sich mit den drei Kollegen des Office of Education zusammen, und gemeinsam entwarfen sie eine Publikation, die im Zentrum den Bericht von der Konferenz in Bergen enthalten sollte. Doch während bis dahin Berichte über ökumenische Tagungen meist der Veröffentlichung langweiliger Konsensdokumente und deren Erklärung dienten, gelang es unter der kreativen Anleitung von Ernst Lange, den Bergen-Bericht zu einem lebendigen und spannenden Dokument zu gestalten: Unter dem Titel *Bildung – ganz!* setzte Lange zum ersten Mal den Stil der Textcollage ein. *Bildung – ganz!* bot neben dem durchgängigen Konferenzbericht separat gedruckte Konferenzdokumente, Auszüge aus Gruppenberichten, einschlägige Gedichte, treffende Karikaturen und eine weiterführende Korrespondenz unter Teilnehmern.

Die Einleitung zum Buch schrieb er selbst. Zwei Jahre nach seinem Eppler-Memorandum geriet sein Text zu einem weiteren ökumenischen Basisdokument, das auf eine globale Herausforderung jener Zeit antwortete. Sie trug den Namen „Weltbildungskrise“. Die Weltbildungskrise ist für Lange mindestens ebenso dramatisch wie der Welthunger, die Armut, die Bevölkerungsexplosion, die Umweltzerstörung, die Globalisierung von Ökonomie und Politik. Ja, mehr noch – alle diese Krisen stellen sich „als fundamentale Bildungsprobleme dar in dem Augenblick, wo es um die Praxis der Veränderung geht“. Denn es handelt sich dabei nicht bloß um andere Bildungsinhalte, sondern um die Bildung eines neuen Weltbewußtseins, um einen Sprung der Vernunft bei den Eliten und bei den Massen.

Im Blick auf die damals in Deutschland ausgerufene „Bildungskatastrophe“ warnt Lange davor, sie nur binnendeutsch zu sehen und zu bearbeiten. „Nur im internationalen Horizont ist die deutsche Katastrophe zu wenden.“ Die Suche nach einem Ausweg aus der Weltbildungskrise stößt auf ein Dilemma: Domestizierung oder Emanzipation? Alle bis dato bekannte und praktizierte Pädagogik war am Status quo orientiert. Dieser aber wirkt in der Welt revolutionären Wandels dysfunktional. Was ist die Alternative? Sie heißt „Erziehung als Praxis der Freiheit“. Dieses Konzept war in Bergen in der Person des brasilianischen Volkspädagogen Paulo Freire leibhaftig anwesend. Seine Ideen haben in den siebziger Jahren die pädagogische Debatte auch in Deutschland heftig bewegt und in anhaltende Turbulenzen geführt. Auslöser war vor allem die radikale Infragestellung der Schule als Grundmodell der Erziehung. Sie wurde weltweit auch in Bergen kritisiert. Das emanzipatorische Erziehungskonzept, wie es Paulo Freire und Ivan Illich vertraten – „Entschulung der Gesellschaft“ –, hat freilich in sich rapide industrialisierenden Gesellschaften wenig Chancen, die Schule als pädagogische Institution in Frage zu stellen, geschweige denn abzulösen. „Spezialisierung ist nicht entbehrlich“, schreibt Lange, „aber Spezialisierung ist eo ipso ein Stück Domestikation.“ Auf dem Weg zu einer anderen Erziehung sieht Ernst Lange primär in der „Umerziehung der Erzieher“ das Kernproblem.

Mit dem Schlüsselwort *Bildung – ganz!* ist für Lange die grundlegende Perspektive des pädagogischen Problembewußtseins formuliert. Es signalisiert den Zusammenbruch der Diastase zwischen „säkularer“ und „religiöser“ Erziehung. Es fordert die „Ganzheit des Bildungsprozesses“ in seiner ganzen geschichtlichen und lebensgeschichtlichen Tiefe. Bildung muß die Geschichte der Menschwerdung des Menschen in ihrem ganzen Gewicht verarbeiten. Das stellt unser „Gebanntsein durch die Institution Schule in Frage“, denn es sind zahlreiche Mit-Erzieher am Werk: die Straße, die Medien, die Produktionsverhältnisse, das Konsumangebot – die „Welt“ in toto greift in die Erziehung ein. Nicht zuletzt verweist *Bildung – ganz!* darauf, daß das Bildungsproblem als ein Problem der einen Menschheit erkannt werden muß. Es geht nämlich um die Bildung des International Man, dessen Lebens- und Verantwortungsraum nicht mehr allein der heimische Herd, sondern die ganze Welt ist.

Welche Rolle spielen die Kirchen? Ernst Lange konstatiert, daß sie ihrer traditionellen Trägerfunktion „heute weder personell noch finanziell, weder pädagogisch noch politisch mehr gewachsen sind“. Dennoch vernimmt er in Bergen den Ruf an die Kirchen seitens der Vertreter der säkularen Erziehung: Bleibt dran! Bleibt dran als Ver-

Wir spielen eure Schallplatten. Beate und Ernst Lange, um 1970

mittler, als Kritiker, als Katalysatoren, als Übersetzer, als Diakone, als Leute mit Hoffnung!

Die Kirchen haben Geld, sie haben Leute, sie haben Macht, sie haben eine Motivation: die Liebe Jesu. Sie haben eine Vision: die Gottesherrschaft. Das macht sie urteilsfähig, das macht sie in hohem Maße dienstfähig – gerade in den Lücken des Systems ... Nur – und das ist ein ironischer Tatbestand: Die mögliche Rolle der Kirchen und der Christen im Blick auf die Weltbildungskrise und ihre positive Bewältigung ist wiederum ein Bildungsproblem. Für diese Rolle müßten die Christen ganz anders „gebildet" sein.

Am 8. Oktober, wenige Tage nach dem Umzug nach Weiterstadt, schrieb Ernst Lange an die DEA:

Liebe Kollegen,

wir haben den Umzug überlebt, wir kochen unser eigenes Essen, wir schlafen wieder in unseren eigenen Betten und fangen an, ein Gefühl für unser eigenes neues Heim zu entwickeln, das hübsch ist, hell und im ersten Stock – deshalb menschlicher als Lignon. Natürlich ist längst noch nicht alles eingerichtet, aber inmitten zahlloser Kisten, die noch nicht ausgepackt sind, versuche ich, mich an die dringendste Post zu machen. Und ich habe das Gefühl, Euch allen zu danken sei ziemlich dringend. Wir spielen Eure Schallplatten, wir trinken den Wein, den Ihr uns geschenkt habt, denken an die Abschieds-Parties, an Euch und an Eure Arbeit. Und wir machen uns klar, daß es Gründe gibt, dankbar zu sein, mindestens so viele Gründe, wie es Menschen gab und Freunde auf dem DEA-Stockwerk und im ganzen ökumenischen Zentrum ... In Schweden habe ich einmal gelernt, daß es in jeder Sprache der Welt nur drei wirklich wichtige Wörter gibt und daß „Lebewohl!" sagen heißt, diese drei Wörter zu benutzen: „Danke!" – „Verzeiht!" – „Helft!" Wenn wir jetzt an Euch alle denken, denken wir an diese Worte und meinen mit dem „Helft!", daß Ihr es Euch zur Gewohnheit machen sollt, ein paar Stunden oder ein paar Nächte in der Heinrichstraße 55 zu verbringen, wann immer Ihr durch Frankfurt und Umgebung kommt. Euer getreuer Ernst.

Diesen Brief schickte er zur Verteilung an Ralph Young mit einem besonderen Begleitschreiben:

Lieber Freund,

Ich habe kaum jemals die Freude gehabt, mit jemand so eng zusammenzuarbeiten wie mit Dir. Ich habe ein schlechtes Gewissen, weil ich

Dich mit einem Job zurückgelassen habe, der nicht Deine erste Wahl gewesen wäre und der gerade jetzt schwieriger ist als je zuvor. Du weißt das alles, und Du weißt, daß ich es weiß. Aber ich hatte keine wirkliche Alternative. Das ist meine einzige Entschuldigung ... Ich weiß, daß Du in DEA eine ausgezeichnete Arbeit leisten wirst. Zugleich hoffe ich, daß Du bald Gelegenheit bekommst, das zu tun, was Dir am Herzen liegt, und ich bete darum, daß kreative und fruchtbare Jahre vor Dir und allen Kollegen liegen mögen.

Was bewegt die ökumenische Bewegung?

Im Mittelpunkt des Jahres 1971 stand für Ernst Lange die Teilnahme an der Kommissionssitzung von „Glauben und Kirchenverfassung" im belgischen Löwen. Die „Bewegung für Glauben und Kirchenverfassung" (gegründet 1927 in Lausanne) gehört zu den drei Grundströmungen, aus deren Zusammenschluß 1948 der „Ökumenische Rat der Kirchen" hervorgegangen ist. Zusammen mit der „Bewegung für Praktisches Christentum" (1925 in Stockholm gegründet) und der „Internationalen Missionsbewegung" (Edinburgh 1910) bildet „Glauben und Kirchenverfassung" die dritte Säule des Weltkirchenrats und gilt als dessen von den Kirchen inspiriertes (und kontrolliertes!) theologisches Gewissen. Die „Kommission für Glauben und Kirchenverfassung" ist der theologische Braintrust der Bewegung, ihr Sekretariat sitzt in Genf. Langjähriger Direktor der Kommission war der Schweizer Theologe Lukas Vischer, Kollege und Freund Ernst Langes. Er war es, der Lange nach Löwen einlud, um einen kritischen Bericht über die Sitzung der Kommission zu schreiben, die im August 1971 unter dem Thema „Einheit der Kirche – Einheit der Menschheit" zusammentrat. Zu den 120 berufenen Mitgliedern der Kommission, zu denen protestantische, orthodoxe und römisch-katholische Theologen gehörten, gesellten sich in Löwen noch etwa dreihundert Berater, Beobachter, Journalisten und Experten. Jahrzehntelang hatte sich die Kommission auf ihren, alle vier Jahre stattfindenden Sitzungen nur mit theologischen Streitfragen zwischen den Kirchen beschäftigt mit dem Ziel, die Einheit unter den Kirchen, wenn schon nicht zu erreichen, so doch zu fördern. Nun stellte sie sich in Löwen 1971 zum ersten Mal der Frage, was die Einheit der Kirchen zur Einheit der Menschheit beitragen könnte.

Der Konferenzbericht, der von Ernst Lange erwartet worden war, geriet unter seiner Feder zu einem Meisterstück ökumenischer Literatur – zu einem Buch, das er selbst als sein bestes bezeichnet hat: *Die ökumenische Utopie oder was bewegt die ökumenische Bewegung?* Die *Ökumenische Utopie* ist das einzige seiner Bücher, das Ernst Lange Mitgliedern seiner eigenen Familie gewidmet hat. Die Widmung klingt herausfordernd: „Michael und Andreas, meinen Söhnen – 1. Petrus 3,15 b". Der vom Vater den Söhnen zugemutete Text ist wohl zugleich als Selbstaussage über die Intention seines Buches zu lesen. Er lautet: „Seid allezeit bereit zur Verantwortung gegenüber jedermann, der Grund fordert der Hoffnung, die in euch ist." Die *Ökumenische Utopie* ist fraglos Langes wichtigstes Buch, denn es ist die bis heute mit Abstand beste Darstellung dessen, was die ökumenische Bewegung ist und bedeutet. Der Weltkirchenrat hat es deshalb auch – in leicht gekürzter Fassung – bereits 1978 in englischer Übersetzung herausgebracht.

In diesem Buch konvergieren alle wichtigen Themen, die Ernst Langes ökumenische Existenz geprägt und seine Perspektiven bestimmt haben: Die Kirche und ihre Erneuerung. Die Frage der sozialen Gerechtigkeit im Welthorizont und ihre Chancen im Alltag von Arbeit und Politik. Welche Moral ist zu ihrer Herstellung gefordert? Das Problem des „parochialen Gewissens" der Christen. Welche Art von Bildungsarbeit ist für seine Überwindung notwendig – hier wirft Ernst Lange zum ersten Mal die Forderung nach einer „ökumenischen Didaktik" auf. Insgesamt will das Buch die Frage beantworten: Was „bewegt" die ökumenische Bewegung? – in des Wortes doppelter Bedeutung: wo schlägt eigentlich ihr Herz, welches Movens treibt sie an und voran und: was bewegt sie von der Stelle? Was trägt sie ihrerseits dazu bei, daß sich die Dinge in der Welt bewegen, die sich bewegen müssen? Was verändert sich durch die ökumenische Bewegung? Verändert sie die Welt? Letzten Endes laufen alle diese Fragen für Ernst Lange auf ein einziges Thema, auf eine einzige Frage zu: Was trägt die Einheitsbewegung der Kirchen für den Frieden unter den Völkern aus? Wie wird Frieden?

Lange schreibt:

Es gibt für die ökumenische Theologie nicht nur ein Beziehungsproblem mit den kirchlichen Institutionen. Schwerwiegender noch ist für sie die Frage, wie ihre Arbeit sich mit der gelebten Frömmigkeit in den Gemeinden verträgt. Das Gewissen der Menschen ist viel provinzieller als ihr Bewußtsein. Es hängt an der Heimat, und es ist verfangen in der Heimat. Und die ökumenische Zumutung, die die Theologen von „Glauben und Kirchenverfassung" vertreten, ist in gewisser Weise viel einschneidender als die Zumutung der Exegese, der Systematik, der Praktischen Theologie. Denn sie versucht nicht nur, das Bewußtsein des Glaubens zeitgenössisch, gegenwärtig zu machen, sondern die Frömmigkeit und das Gewissen auf die Zukunft zu orientieren. Sie greift nicht nur Bewußtseinsinhalte an, sondern Gemütszustände, Vorurteile, Motivationen und Verhaltensweisen, die ganz tief eingefahren sind. Menschen sollen über ihre Grenzen hinaussehen, hinausfühlen, hinausleben lernen. Sie sollen auf ihre Feindbilder verzichten. Das Fremde soll nicht mehr fremd sein für sie. Veränderung soll gesegnet und nicht mehr gescheut oder gar verflucht werden. Gott soll aus der Vergangenheit auswandern und als der erkannt, nein angenommen werden, der immer schon im Kommenden angesiedelt ist. Kirche soll nicht mehr vertraute Vergangenheit, sondern ersehnte Zukunft sein. Das ist ein tieferes Lernen als das Lernen des Verstandes.

Um diesen Cantus firmus herum hat Lange in seinem Buch ein vielstimmiges Werk orchestriert, dem lesend zuzuhören nicht nur Gewinn, sondern auch Genuß ist. Ein Kunstwerk der Sprache ist ihm gelungen, jeder zweite Satz ist meditationsreif. Ernst Lange erzählt anschaulich, farbig und geht gleichzeitig in theologische, psychologische, soziale und pädagogische Tiefe. Es entgeht ihm kein Detail, ohne daß er sich dabei in Einzelheiten verliert. Lukas Vischer schreibt in seinem Vorwort, Ernst Lange sei der Diskussion über die Einheit der Kirche und die Einheit der Menschen auf ihren komplizierten geraden und krummen Wegen nachgegangen, und dem Leser komme es „bei der Lektüre gelegentlich vor, als ob ein Wünschelrutengänger über seinen Grund und Boden ginge und an Stellen Wasser fände, an denen er es gar nicht vermutet hätte".

Langatmige abstrakte Darlegungen werden vermieden. Da wird erzählt, erklärt, gezeigt, nahegebracht – über fünf „Briefe" hinweg. Er breitet aus, was er sieht, erlebt, was ihn beeindruckt, was ihn ergreift, was ihn irritiert, während er sich in Löwen umherbewegt wie einst Paulus unter den Göttern des Areopag. Und neben die eingehenden, sorgenvollen, liebevollen, erfreuten und bedenklichen Briefe setzt er in kleinem Fettdruck die wichtigsten Texte und Auszüge aus Dokumenten. Wieder ein anderes Schriftbild zeigt an, daß es sich hier um die einfache, fortlaufende Berichterstattung handelt, die – wenn man einfach nur am Ablauf von Löwen interessiert ist – zur Information völlig ausreicht. Und dazwischen finden sich Texte, Songs, Gedichte und Kierkegaards Parabel von den Gänsen. Das Buch ist eine literarische Collage, eine stilistische Komposition, die nicht nur durch ihre Buntheit und Geschlossenheit besticht, sondern auch durch die Kraft der Sprache – nein: der Sprachen, denn jede der literarischen Formen findet bei Ernst Lange auch eine adäquate Sprachgestalt. Es ist ein aufregendes Buch, das seinem Titel in der Form wie im Inhalt zumindest ganz nahekommt: ein utopisches Buch. Es ist, als befinde man sich beim Aufstieg auf den „Berg der Verklärung", und jede Wegbiegung eröffne neue Einsichten und Ausblicke. Am Wegrand stehen zahllose Lichter – „lumières", der französische Ausdruck für „Aufklärung". Dann nähern wir uns dem Gipfel. Da heißt es:

Die ökumenische Bewegung ist eine Friedensbewegung. Sie ist, weit über den Genfer Zusammenschluß hinaus, die Weise, wie die christlichen Kirchen heute den Frieden wahrnehmen. Es gibt heute nur eine Aktualisierung für die vier Kriterien des Glaubensbekenntnisses – Einheit, Heiligkeit, Katholizität, Apostolizität –, und sie heißt: Ökumenizität. Und das ist zugleich die aktuelle Übersetzung für Frieden, für Schalom ...

Der Streit um die Verdienste des Christentums, um seinen Anteil an der Erziehung des Menschengeschlechts ist müßig. Es muß genügen, daß der Stoffwechsel zwischen Glauben und Vernunft verheißen ist und erfahren wird. Das ökumenische Projekt der Kirchen wird dem Friedensprojekt der Völkerwelt ganz unmittelbar Energien zuführen. Aber nicht darin liegt die entscheidende Bedeutung der ökumenischen Utopie. Gebraucht wird sie als Irritation. Let the Church be the Church!

Da haben Sie also mein ökumenisches Bekenntnis. Da ich weiß, daß Sie ein Kenner der Bibel sind, höre ich Sie mit dem Eunuchen fragen: „Ich bitte dich, wen meint der Prophet damit?" Meint er wirklich die Kirchen, wie sie sind?

Meine Antwort: Ja, ich meine die wirklichen Kirchen – im Licht ihrer Möglichkeit. Ich meine die wirklichen Kirchen – unter dem Druck ihres Mandats. Dieses Mandat, meine ich, verpflichtet sie auf die Realisierung der ökumenischen Utopie. Freilich, man hat schon gehört, daß Kirchen ihr Mandat verrieten. Schalom! Ihr E. L.

Wer das Buch zu Ende gelesen und weggelegt hat, muß zunächst Atem holen. Zur Buchmesse 1972 bringt es der Kreuz-Verlag auf den Markt – und es wird für den Verlag ein geschäftliches Fiasko. Von der Auflage von 7 000 Exemplaren werden im ersten Jahr 800 Stück verkauft. Nur wenige ökumenische Liebhaber entdeckten und erkannten, daß hier ein Ökumeniker aus Passion, ein kritischer Liebhaber der Kirche, ein von der Hoffnung des Schalom inspirierter prophetischer Geist einen letzten und äußersten Versuch unternommen hatte, die Kirche an ihr ökumenisches Mandat zu erinnern.

Die *Ökumenische Utopie* ist nicht zuletzt das Werk eines genuinen und genialen Pädagogen. In ihm liest er unter dem Eindruck seiner Erfahrungen in Löwen der ökumenischen Bewegung die pädagogischen Leviten:

Es gibt keine ökumenische Didaktik, keine Theorie und keine Methode für das Erlernen des Welthorizontes, in dem allein die Kirche heute Kirche sein, das Christentum an der Zeit sein kann.

Vor allem, es gibt keine ökumenische Sozialdidaktik, keine Theorie und keine Methode zur Herstellung eines Klimas, einer Spannungssituation in Kirche und Gesellschaft, in der einzelne, Gruppen, Gemeinden und Kirchentümer überhaupt erst frei werden zu einem Lernen, das die elementaren Beschränktheiten des bisherigen Informationsstandes und Bewußtseins überwindet. Explosionen wie der Antirassismus-Streit erzeugen ein solches Klima, einen solchen Spannungszustand. Das ist bis zu einem gewissen Grad erwiesen. Aber die Zerstörungen, die ein solcher „ungekonnter Konflikt" anrichtet, die Reibungsverluste, die er verursacht, sind viel zu groß. Man sollte die Gewissen nicht in Angst versetzen, wenn es durch eine bessere sozialdidaktische Technik vermieden werden kann.

Eine Strategie, die dieser Lage entspräche, müßte eine gemeinsame Bildungsstrategie des ÖRK und der Mitgliedskirchen sein, eine gemeinsame Strategie zur Erziehung der Mitgliedschaft. Damit ist nicht gemeint eine propagandistische Manipulation der Mitgliedschaft, sondern die Herstellung ihrer Entscheidungsfähigkeit.

Ein universales Bewußtsein, eine Handlungsfähigkeit, die von Weltverantwortung geprägt ist, wurzelt in der Befreiung der Gewissen aus ihrer parochialen Gefangenschaft. Und diese Gefangenschaft beginnt sehr früh.

Die ökumenische Zentrale in Genf hat sich – spät genug – inzwischen ein Bildungsreferat zugelegt. Es ist im Augenblick fast ausschließlich mit Fragen der Weltbildungskrise und der Verantwortung der Kirche in der drohenden Bildungsklassengesellschaft beschäftigt. Das ist durchaus legitim, denn die Bildungssituation der Gesellschaft ist der Kontext auch aller innerkirchlichen Bildungsprozesse. Trotzdem weist die Logik des ökumenischen Prozesses die neue Unternehmung schließlich in eine andere Richtung. Sie muß eine neue Antwort finden auf die Frage, wie Christen wachsen, damit sie der Welt, in der hinfort geglaubt, geliebt und gehofft werden muß, gewachsen bleiben.

Wie wachsen Christen, damit sie ihrer Welt gewachsen bleiben?

Auf diese pädagogische Grundfrage hat Ernst Lange Zeit seines Lebens in unterschiedlichen Lebenszusammenhängen Antworten gesucht und erprobt: Während seiner Berliner Isolation hat der Siebzehnjährige methodische und didaktische Möglichkeiten sinnvollen Lernens durchdacht, ausprobiert und in Briefen an die Freundin in Schondorf diskutiert. In Sigtuna hat der Zwanzigjährige Erfahrungen mit organisatorischen und strukturellen Möglichkeiten gesammelt und mit Freunden erörtert. Als Dreiunddreißigjähriger hat er dann seine methodischen und didaktischen, seine organisatorischen und strukturellen Einsichten in den Aufbau der Gemeinde am Brunsbütteler Damm eingebracht und eingebaut. Pfäfflin, einer seiner Schüler an der Kirchlichen Hochschule, nannte ihn ein „pädagogisches Naturtalent".

Dennoch – das „Wachsen der Christen", die ihrer „Welt gewachsen bleiben", wird für Ernst Lange aus anderen Tiefenschichten gespeist. Er hat gelegentlich Erwachsenenbildung als „Sprachschule für die Freiheit" beschrieben. Aber sie hat sich für ihn darin nicht erschöpft. Am Ende seines berühmt gewordenen und richtungsweisend gebliebenen Bieler Vortrags von 1969 über *Erwachsenenbildung in der Freizeitgesellschaft* heißt es: „Christen sind Leute, die das Spielen und Feiern hochhalten, weil sie von der Freude des Sabbat wissen." Die „Freude des Sabbat" aber gewinnt für ihn Gestalt in der

„Feier als Lobpreis des Lebens“ und im „Spiel als dem Lobpreis unserer Möglichkeiten des Lebens“.

Hier stoßen wir auf den Mutterboden, aus dem heraus Christen wachsen können, der Gemeinschaften von Menschen trägt, verbindet und nährt, wo sich Alltag und Sonntag, Realität und Spiritualität in der „Freude des Sabbat“ vereinen. Sein Verständnis von Erwachsenenbildung versammelt die „Träumer“ und die „Rechner“, die „Spieler“ und die „Pfleger“, die „Experimentatoren“ und „Bürokraten“ zu einer gemeinsamen Anstrengung,

das Spiel mit den Möglichkeiten in der Kirche wieder in Gang zu setzen. Seht auf die großen Spieler Gottes in unserer Zeit: wie Tullio Vinay in Riesi, die Sjaloomleute in Holland, die christlichen Erwachsenenbildner wie Paulo Freire in Lateinamerika. Nehmt ihre Spiele ernst! Denn entweder werden sie die Fehler herausspielen, die wir, die Mehrheit, nicht mehr zu machen brauchen, oder die neuen Lebensmöglichkeiten, nach denen wir suchen.

So konkret-utopisch vermochte Ernst Lange zu beschreiben, welche Folgen die „Freude am Sabbat“ für eine Pädagogik des Wachsens von Menschen hat – vielmehr: haben könnte.

Ernst Lange – der ökumenische „Visionär“ – und Willem Visser't Hooft – der ökumenische „Macher“ – sind einander, wenn überhaupt, nur selten persönlich begegnet, obwohl beide zur gleichen Zeit ein Büro im Genfer Ökumenischen Zentrum hatten. Aber dann trafen sie einander doch noch intensiv und auf originelle Weise: in einem literarischen Dialog, in dem jeder des anderen soeben erschienenes Buch besprach. Visser't Hoofts Autobiographie „Die Welt war meine Gemeinde“ und Ernst Langes *Ökumenische Utopie* erschienen zeitgleich im Herbst 1972, und die „Lutherischen Monatshefte“ in Hannover publizierten beide Besprechungen in einem Heft – der Märzausgabe 1973.

Visser't Hooft ist voll des Lobes über Langes Buch und zeigt sich besonders davon beeindruckt, daß Lange einen Tagungsbericht vorlegt, „der sehr viel mehr ist als ein Tagungsbericht und nicht von einem Zuschauer, sondern von einem Durchschauer geschrieben ist, so daß es fast zu einer Vivisektion der Ökumene kommt“. Ernst Lange sei „ein Meister der scharfen Formulierungen und Sentenzen. Sein letzter ‚Brief‘, in dem er uns sein Bekenntnis zur Ökumene gibt, ist eine überzeugende Auslegung der These, daß es in der heutigen Welt für das Christentum nur die zwei Möglichkeiten gibt: entweder ökumenisch aufzutreten oder gar nicht. Denn es geht um den Schalom, um den großen Frieden." Natürlich findet Visser't Hooft auch manches Haar in der Suppe, ist noch nicht mit allen Darstellungen und Deutungen Ernst Langes einverstanden. Dennoch kommt er zu dem Schluß: „Ein reiches Buch, das nicht beiseite gelegt werden darf, ehe wir uns mit seiner konstruktiven Kritik auseinandergesetzt haben."

Die Besprechung, die Ernst Lange dem Alt-Generalsekretär des ÖRK widmet, ist gänzlich anderer Art. Seine subtile Kritik äußert sich hier und da in massiven Formulierungen:

Gründer haben keinen Abstand zu ihrer Gründung, sonst wären sie als Gründer nicht tauglich ... Die ökumenische Bewegung verdankt sich der Initiative weniger Männer, die in den Salons von Herrenhäusern und Bischofspalästen Zukunft entwarfen ... Man wünscht, der Autor hätte nicht Annalen, sondern Memoiren geschrieben ... Im übrigen aber gestattet sich der erste Beamte der Ökumene wenig Phantasie.

Schließlich wird sogar sichtbar, was den deutschen Zeitzeugen vom holländischen trennt, wenn er Visser't Hoofts Faszination durch „Barmen" und das „Stuttgarter Schuldbekenntnis" aufs Korn nimmt:

Diese Erfahrung ist so einschneidend, daß er gar nicht wahrnimmt, daß die Bekennende Kirche nach drei, vier Jahren als Institution einen qualvollen Tod stirbt.

Die Begegnung des Enkels mit dem Patriarchen ist ehrlich, aber unglücklich. Ernst Langes Liebe zur Ökumene war – wie die zu seiner Kirche – eine kritische. Die beiden Bücher erschienen im Jahr der Wahl Philip Potters zum neuen Generalsekretär des ÖRK. Ernst Lange hat im Vorfeld dieser Wahl in einem vertraulichen Memorandum Partei ergriffen für Philip Potter und seine Sicht der ökumenischen Bewegung. Seine Besprechung des Buches von Visser't Hooft war der literarische Fanfarenstoß, der darauf aufmerksam machen wollte, daß die Zeit des „alten nordatlantischen Clubs" abgelaufen sei.

Noch ganz unter dem inspirierenden Eindruck seiner Löwen-Erfahrung tauchte Ernst Lange unmittelbar nach seiner Rückkehr in eine vollkommen andere Welt ein. Er schrieb die Einführung in das Buch seines brasilianischen Freundes und Genfer Kollegen Paulo Freire „Die Pädagogik der Unterdrückten". Von Paulo Freire hatte Ernst Lange unter anderem gehört, als er auf der Suche nach den drei pädagogischen Experten für das neue Office of Education war. Freire hatte ein Alphabetisierungsprogramm entwickelt, das die Menschen politisch sensibilisierte. Als er gerade im Begriff war, sein Programm in Brasilien flächendeckend umzusetzen, putschte General Medici. Freire wurde verhaftet und ins Gefängnis geworfen. Nach drei Monaten wurde er auf internationalen Druck freigelassen und ausgewiesen. Er ging mit seiner Familie nach Chile, wo gerade der Sozialist Salvadore Allende zum Präsidenten gewählt worden war. Dort arbeitete Paulo Freire im Auftrag von UNESCO an seinem Alphabetisierungsprogramm weiter und schrieb ein Buch über seine Methode und das zugrundeliegende pädagogische und politische Konzept. Eine seiner Schülerinnen war dabei, das auf Brasilianisch verfaßte Buch ins Amerikanische zu übertragen. Das Buch sollte in der ganzen Welt Aufsehen erregen, war aber noch nicht übersetzt, als Ernst Langes Einladung nach Genf Paulo Freire in Santiago de Chile erreichte. Zwar reizte Freire die Einladung, war das doch eine Chance, seine Gedanken im Weltmaßstab zu verbreiten. Nur – er hatte soeben der amerikanischen Harvard-Universität für eine einjährige Gastprofessur zugesagt. Diese Zusage wollte er einhalten. So schrieb er Ernst Lange, er sei grundsätzlich bereit, als „Berater" an das neue Office of Education zu kommen, könne die Genfer Arbeit aber erst zum Jahresbeginn 1970 aufnehmen. Und setzte gleichsam als Vorwarnung hinzu: „Sie müssen wissen, daß ich mich entschieden habe. Meine Sache, das ist die Sache der Armen auf dieser Erde. Sie müssen wissen, daß ich mich für die Revolution entschieden habe." Ernst Lange hat diese Briefstelle in seinem Vorwort zu Freires Buch zitiert und hinzugefügt:

Ohne diese Entscheidung kann man Freire nicht verstehen. Seine ganze pädagogische Theorie ist revolutionär, nicht nur in dem Sinne, daß

Gegen eine Kultur des Schweigens. Werner Simpfendörfer (links) und Paulo Freire (rechts) auf einer Konferenz in Lima/Peru 1971

die Revolution eines ihrer zentralen Themen ist, sondern insofern als sie jeden, der sich auf sie einläßt, unweigerlich in eine revolutionäre Bewegung bringt.

Im Januar 1970 traf Paulo Freire in Genf ein. Ernst Lange war in der Klinik. Anfang März – Lange hatte seinen Rücktritt bei Blake bereits eingereicht – zog sich das nunmehr komplette „Büro für Bildungsfragen" zu einer Programm-Klausur auf eine Hütte im Südschwarzwald zurück, wo tiefer Schnee lag. Ernst Lange hatte versprochen, dazuzustoßen. Er wollte das endlich zustandegekommene Büro beim Entwurf seines Programms beraten. Vor allem wollte er den berühmten Kollegen aus Recife im Nordosten Brasiliens persönlich kennenlernen. In einem Dorfrestaurant begegneten sich die beiden zum ersten Mal. Es war ein bewegender Augenblick. Paulo Freire war wie verzaubert. Kongeniales Einverständnis blitzte auf. „This is a fantastic man!“ raunte Freire seinen beiden Kollegen zu, als Ernst Lange für einen Augenblick den Raum verließ, „we must get him on our staff!“ Die beiden anderen klärten ihn auf: „He is our boss, Paulo!“ Von diesem Moment an ist die Freundschaft zwischen den beiden besiegelt, mehr noch: An einer befreienden „Pädagogik der Unterdrückten“ arbeiteten ja beide schon längst – Freire unter den Armen im Nordosten Brasiliens, Lange seit der „Gemeinde am Brunsbütteler Damm“, die er als „Ensemble der Opfer“ erlebt und begleitet hatte. Von nun an würden sie Hand in Hand daran mitwirken, die „Kultur des Schweigens“, die das Schicksal der Opfer in aller Welt ist, in einer „Sprachschule der Freiheit“ zu überwinden.

So war es für Ernst Lange keine Frage, daß er die Einleitung zur deutschsprachigen Ausgabe des Buches von Paulo Freire verfaßte. Er trug damit nicht zuletzt zu seiner weiteren Verbreitung in Deutschland, vor allem auch in kirchlichen Kreisen bei. Das große Verdienst des ebenso kongenialen wie brilliant formulierten Vorworts liegt in einem doppelten: Es gelingt Ernst Lange, die für die „Dritte Welt“ konzipierte politische Pädagogik in ihrer auch für den reichen Westen bedeutungsvollen Relevanz überzeugend dazutun. Denn die von Freire kritisierte „Bankiersmethode“ des westlichen Erziehungssystems, die nur die ideologischen „Einlagen“ der Herrschenden als „Bildungsgut“ anerkennt, trägt auch hier zur „Kultur des Schweigens“ bei, in der keiner mehr „sein eigenes Wort sagen“ darf. So entsteht das Potential der Revolution. Zum anderen vermag Ernst Lange, den westlichen Kirchen Freires Pädagogik als Stachel ins Fleisch zu drücken:

Der kirchliche Leser des Westens wird sich der Argumentation Freires nicht ungestraft entziehen dürfen, daß emanzipatorische Pädagogik und gesellschaftliche Umwälzung unlöslich zusammengehören. Die Kirche ist schlimmer gefangen im Gegensatz der befreienden Inhalte und der repressiven Verfahren als jede andere Sozialisationsinstanz. Daß das Evangelium sich auf Freiheit reimt, wird sinnlos, wird unglaubwürdig, wo die Kommunikationsbedingungen autoritär, repressiv, manipulativ sind. Ein Paulo Freire, der in dieser Weise theologisch ernst genommen und aufgenommen würde, könnte werden, was er sicherlich gar nicht zu werden beabsichtigt: ein Lehrer der Kirche, die sich selbst zum Problem macht als Kinderstube der Unterwerfung. Und eine Institution zum Verlernen des Lernens wird die Kirche nie mehr sein dürfen, denn das wäre ihr Ende.

Es ist Sommer. Ernst Lange scheint gut in Form zu sein. Noch im April hatte er dem Freund in Stuttgart mitgeteilt: „Mir geht's im Moment nicht so besonders. Ich bin mal wieder total blockiert und fahre heute noch mal nach Tübingen." Aber mittlerweile hat ihm die Löwen-Erfahrung Auftrieb gegeben, die Auswirkung ist in der Frische des Freire-Textes unverkennbar. Hinzu kommt, daß er sich entschlossen hat, die schon in Genf ins Auge gefaßte berufliche Neuorientierung mit aller Konsequenz in Angriff zu nehmen. Noch am 31. Juli – kurz vor seiner Abreise nach Löwen – schreibt er einen beherzten Brief an Hans Jürgen Schultz:

Es ist eine ironische Umkehr der Situation: Ich muß mit Sicherheit in ganz kurzer Zeit meine Existenzweise ändern, aus finanziellen und „hygienischen" Gründen. Tatsächlich habe ich mich – das ist vertraulich! – bereits vor einigen Wochen um eine Stelle an der hier neu gegründeten kirchlichen Fachhochschule beworben. Wenn es hier nichts wird, werde ich es vermutlich an anderen Institutionen versuchen müssen. Die Sache ist schlicht die: von Wartegeld kann man nicht leben, wenn man zwei, bald drei Kinder in der Ausbildung und außer Haus hat. Anders gesagt: man kann nur so leben, daß man unvernünftig viele Termin-Verpflichtungen eingeht. Das aber erweist sich bei meinem Versuch, wieder ganz gesund und einsatzfähig zu werden, buchstäblich als Gift. Die Frage, ob ich die regelmäßigen Unterrichtsverpflichtungen auf mich nehmen kann, ist natürlich prekär, auch noch nicht definitiv entschieden. Aber offenbar ist eine Regelung, die mich wenigstens gelegentlich aus dem Haus und unter Menschen bringt und etwas weniger übergangsmäßig ist, auf jeden Fall vorzuziehen.

Wenn ich aber wieder ins Geschirr gehe, dann ist die conditio sine qua non, daß ich mich gerade im Anfang gänzlich unabgelenkt durch andere Verpflichtungen nur auf die eine Sache konzentriere, sonst kann ich mir den nächsten break-down schon gleich in den Terminkalender eintragen. Und noch einmal kann ich das auf keinen Fall riskieren, aus Gründen, die ich nicht im einzelnen aufführen möchte.

Zu den Dingen, die ich aufgeben muß, gehört auch das Buch über die „Kirche". Das tut mir leid, weil ich ein Konzept dafür habe, das mir nach wie vor gut und einleuchtend scheint.

Dieses Buch über die „Kirche" hatte Ernst Lange schon im Februar 1969 Hans Jürgen Schultz versprochen. Schultz arbeitete damals für den Kreuz-Verlag an einer Buchreihe „Themen der Theologie". Die auf 15 Bände angelegte „Bibliothek" informierte über einige der wichtigsten theologischen Schlüsselbegriffe aus der Feder jeweils eines prominenten Wissenschaftlers. „Dabei", so hatte Schultz an Lange geschrieben, „bin ich weniger an einer exegetischen oder dogmatischen Studie als an einer Darstellung der heutigen Situation und Diskussion interessiert." In der Ankündigung des Verlags hieß es: „Die ‚Bibliothek Themen der Theologie' ist kein akademisches Programm, sondern der notwendige und praktische Versuch, im Dialog mit der Welt die Sprachlosigkeit des Glaubens zu überwinden." Ernst Lange hatte die Anfrage von Schultz postwendend mit einer Zusage beantwortet, denn mit diesem Programm konnte er sich sofort identifizieren. Außerdem hatte die Liste der illustren Autorennamen – von Herbert Braun bis Eberhard Jüngel, von Dorothee Sölle bis Jürgen Moltmann – ihren Eindruck auf ihn nicht verfehlt. Auch der mittlerweile in Frankfurt lehrende Freund Hans Schmidt gehörte zu ihnen. Vor allem hatte ihn wohl das ihm angetragene Stichwort „Kirche" herausgefordert. Es war das Thema seines Lebens. Noch in seinem letzten Brief an Blake im Juni 1970 aus der Tübinger Klinik hatte das Kirchenbuch an der Spitze seiner Prioritätenliste gestanden.

Nun aber waren seit seiner Zusage zwei Jahre verstrichen – und der Abgabetermin auch. Jetzt ging es um Schadensbegrenzung. Zunächst beschrieb er das Konzept, das ihm vorschwebte:

Eine Analyse der ekklesiologischen Texte der ökumenischen Bewegung soll zeigen, daß alle Ekklesiologien durch das Faktum der ökumenischen Bewegung relativiert sind. So ist die Situation gegeben, daß das Zeitalter der Kirche vorbei ist, daß im Ruinenfeld der religiösen Organisationen Neues entsteht, das sich noch nicht zureichend beschreiben läßt. Meine dritte These ist dann die Behauptung vom Christentum als einer menschheitlichen Lernbewegung, als Bildungsprozeß in Aufnahme der alten These Lessings. Von daher lassen sich bestimmte Prognosen über die zukünftige Funktion und Organisation des Christentums in aller Vorsicht machen.

Ich schreibe das alles, damit Du nicht denkst, ich versuche mich aus inhaltlichen Gründen zu drücken, obgleich das Konzept, wie alle meine Konzepte, natürlich wieder arg anspruchsvoll ist und es sich fragt, ob ich es schließlich hinauszuführen hätte.

Nun weiß ich nicht, was tun ...

Mit anderen Worten: Man müßte einen ökumenischen Autor finden. Mir fallen auf Anhieb ein: Hollenweger, van den Heuvel, Konrad Raiser. Aber man könnte auch an einen von den alten Faith-and-Order-Hasen denken, etwa Berkhof.

Denkbar wäre auch eine Kooperation von drei, vier Leuten, wobei ich dann vielleicht einen Beitrag zur letzten meiner Thesen schreiben und insofern etwas beitragen könnte, daß Deine Planung nicht einfach über den Haufen geworfen würde. Ich schreibe Dir das alles vertraulich und in der ganzen Unfertigkeit und Unentschlossenheit meiner Überlegungen. Sicher ist, daß ich mich beruflich umstellen muß und daß ich in der Konsequenz von Ende dieses Jahres an auf alle Nebenbeschäftigungen verzichten muß, wenn ich überleben will. Natürlich habe ich Vorschuß genommen, den muß ich zurückzahlen, das ist klar. Vermutlich muß ich auch darüber hinaus etwas zur Entschädigung tun. Aber das wird mich von der notwendigen Entscheidung nicht zurückhalten können.

Ernst Lange legte das Vorhaben beiseite. Der Stuttgarter Freund reagierte enttäuscht, drängte ihn aber nicht weiter. Drei Jahre später ließ Ernst Lange im April 1974 seine Schwester wissen, daß er sich für den Sommerurlaub vorgenommen habe, „am Kirchenbuch zu arbeiten, das wohl doch so etwas wird wie eine Bilanz". Es kam nicht mehr zur Ausführung dieses Vorhabens. Nach Ernst Langes Tod übernahm der Heidelberger Theologe Wolfgang Huber, der heutige Bischof von Berlin-Brandenburg, die Aufgabe, den Band „Kirche" zu schreiben. Im Vorwort heißt es: „Ein kleines Stück der Dankesschuld, die die ökumenische Christenheit, die evangelische Kirche in Deutschland und die Theologie ihm gegenüber zu begleichen haben, hoffe ich mit diesem Buch abzutragen. Ernst Lange machte uns als jungen Theologen Mut zur Kirche, indem er die ‚Chancen des Alltags' beschrieb. Später charakterisierte er die Kirche als einen ‚institutionalisierten Widerspruch'. Vor allem aber litt er an den Widersprüchlichkeiten der Kirche, die über das notwendige Element des spannungsvollen Widerspruchs oft so weit hinausgehen. Je länger ich an diesem Buch schrieb, desto besser verstand ich dieses Leiden." Und an anderer Stelle heißt es bei Huber: „Nach wie vor ist für mich Ernst Lange neben Dietrich Bonhoeffer der wichtigste Anreger für das Programm einer ‚Theorie der Kirche'. In Wahrheit hat kaum jemand nachdrücklicher als er die Erneuerung der Kirche aus dem Geist des Evangeliums gefordert und für sie gearbeitet. Vor allem hat kaum einer mehr als er unter den Fehlschlägen auf diesem Weg gelitten."

Im Februar 1971 hatte Ernst Lange damit begonnen, in Absprache mit den Freunden vom Office of Education eine kleine, handverlesene Arbeitsgruppe über Erwachsenenbildung zusammenzurufen. Mit Rücksicht auf „Verschiebungen im ökumenischen Terminkalender" lud Ernst Lange dann die Kollegen aus der Evangelischen Erwachsenenbildung in Deutschland und der Schweiz zum 7. bis 10. Oktober nach Hofgeismar ein. Das Thema lautete: „Erwachsenenbildung als Funktion der Kirche". Mit der Einladung konnte er die Teilnahme des Genfer Office of Education fest zusagen. Ernst Lange brachte als seinen Input ein Manuskript mit, das ursprünglich als Gesprächsgrundlage für seine Bewerbung bei der Fachhochschule in Darmstadt dienen sollte. Seine Thesen überschrieb er *Konfliktorientierte Erwachsenenbildung als Funktion der Kirche.*

Etwa 25 Erwachsenenbildner setzten sich am Donnerstag, dem 7. Oktober, in Hofgeismar zusammen. Die Runde begann mit einer ausführlichen Vorstellung, bei der vor allem Paulo Freires Bericht größte Aufmerksamkeit fand. Am nächsten Morgen sollte Ernst Lange seine Thesen vortragen. Er erschien nicht. Der Freund Alfred Butenuth versuchte mehrfach, ihm zuzureden – er weigerte sich, sein Zimmer zu verlassen. Die Versammlung beschloß dann, die eigene Erfahrung in einem selbstorganisierten Lernprozeß für das Thema fruchtbar zu machen. Ernst Langes Thesen wurden wenig später in verkürzter Form in den „Evangelischen Kommentaren" veröffentlicht.

Schon im November konnte Ernst Lange dann allerdings der Einladung von Theo Vogt nach Zürich folgen, vor der Schweizerischen

Arbeitsgemeinschaft für Erwachsenenbildung über *Mehr Freizeit – Chance für unser Menschsein?* zu sprechen. Der Vortrag war als Fortführung des Bieler Grundsatzreferats von 1969 gedacht und sollte der „Durchführung vor Ort" (Theo Vogt) dienen. Vogt erinnert sich: „Für 1971 – die Durchführung des Themas ‚vor Ort' – habe ich Ernst nach Zürich eingeladen. Sein Vortrag stand unter dem Titel: ‚Mehr Freizeit – Chance für unser Menschsein? (Einiges über Erziehung zur Freiheit)'. Wichtig: Das Fragezeichen ... Laut Prospekt: ‚Verarbeitung nach dem Referat in Kleingruppen'; sicher Methode 66. Jetzt meine Erinnerung: Um 22 Uhr mußte man schließen. Die Leute wollten nicht heim (viel Junge, Studenten; etwa 500–600 Personen). Da bot ich in unserer Wohnung Zollikerberg ein ‚Nachgespräch (= Nachtgespräch)' mit dem Referenten an. Ich sehe das vor mir: Die Leute saßen in unserer geräumigen Wohnstube am Boden, bis in den Korridor hinaus; und inmitten, mager, mit schütterem Bart, Ernst, der einging auf die Fragen; schier eine Jeremiagestalt. Das dauerte bis wohl lange nach Mitternacht."

Ernst Lange schickte das Züricher Manuskript, das er später auch in der Evangelischen Akademie Loccum vortrug, am 25. November an Hans Jürgen Schultz und bemerkte dazu: „Der Impulswert ist ziemlich groß." Er fügt hinzu: „Bei mir ist's trübe. Ich finde nicht recht jemand, der mich gebrauchen kann. Und jetzt hat man uns die Wohnung gekündigt." Schultz wollte das Manuskript sofort für den Funk haben: „Dein Züricher Vortrag gefällt mir gut. Ich bin sicher, daß Du hier mit sehr aufmerksamen Zuhörern rechnen kannst. Ich hätte das Manuskript gerne so bald wie möglich."

In diesem „trüben" Monat wird auch Ernst Langes Rundfunkvortrag *Today is the first day of the rest of your life* vom Norddeutschen Rundfunk ausgestrahlt, nämlich am Totensonntag, 21. November 1971. Er wurde in den Predigtmeditationen 1973 nachgedruckt. Dort hat Ernst Lange folgende Einleitung vorangestellt:

Der Zerfall der traditionellen Sprache der Frömmigkeit ist sicher nirgends so quälend wie im Feld der christlichen Hoffnung für die Welt, die Menschheit und den einzelnen. Resignation und Reduktion scheinen mir dennoch unerlaubt. In biblischer Tradition reden heißt, von der Verheißung des Lebens reden. Die Probe auf diese Rede ist und bleibt die Situation, die härter gegen die Verheißung spricht als alles andere: das

Sterben, der Tod. Wenn wir uns an dieser Probe vorbeimogeln, betrügen wir uns selbst und die, die uns zuhören. Das Thema ist gegeben. Die Christenheit ist und bleibt die Hüterin der Überschüsse der Verheißungen. Wenn sie das nicht mehr ist, wird sie nicht mehr gebraucht.

Der Titel stammt von Sister Coretta, einer amerikanischen Nonne, die in den sechziger Jahren eine graphische Form der missionarischen Verkündigung entwickelte. Auf große Poster malte sie originelle Sätze, Einfälle, Weisheiten und Sprüche in allen Formen und Farben. Ihre Buchstaben stehen manchmal auf dem Kopf, manchmal muß man die Sätze von hinten her lesen – ein Sprachbild, das ebenso überraschend ist wie ihre meist hintersinnigen Botschaften. „Ihr ganzes graphisches Werk ist eine Explosion der Lebensfreude, ein Liebeslied auf das Leben, den Frieden und das Erbarmen", sagt Ernst Lange. „Today is the first day of the rest of your life" – der Satz hing, auf einen Karton gemalt, an der Glastüre zur Wohnung der Langes in Weiterstadt, die er in einem Brief an einen Freund „meine Höhle der Niederlagen" genannt hat. Corettas Satz war sein Protest gegen diese Höhle, und zu diesem Protest hat er an jenem Totensonntag 1971 die Menschen aufgerufen:

Der Tod ist kein Argument gegen das Leben, kein Argument gegen den Glauben an den Sinn eines jeden Menschenlebens. Kein Argument gegen die Liebe als die Energie des Lebendigmachens alles Lebens. Kein Argument gegen die Hoffnung auf die Vollendung der Welt. Ganz schlicht: Kein Argument gegen Gott. Man stirbt nicht weg von Gott, man stirbt in Gott hinein.

Zur Jahreswende 1971/72 beginnt Ernst Lange einen Briefwechsel mit Heiko Rohrbach, der nun Direktor des Burckhardthauses war. Mit ihm ist Lange seit zwanzig Jahren befreundet, mit ihm hat er seit den gemeinsamen Tagen in Evanston Höhen und Tiefen durchlebt: Rohrbach ist auch ein „Ökumeniker", auch ein „Orbishöher", der sensibel ist für das, was sich im Inneren von Menschen abspielt. Die deutsche Ausgabe von *Leben im Wandel* war ihr letztes gemeinsames Projekt gewesen. An ihn wendet sich Ernst Lange in einer Situation der Unsicherheit und Ratlosigkeit. Er sieht sich an eine Wegscheide gekommen: Soll er an die neu gegründete kirchliche Fachhochschule für Sozialarbeit oder in eine Gemeinde gehen? „Bevor ich, womöglich bald, eine solche Entscheidung fälle, möchte ich doch wenigstens gefragt haben, ob Du eine Alternative weißt oder siehst“, heißt es in einem Brief vom 30. Dezember 1971. Aktueller Anlaß seiner Überlegungen: „Ich vermute, ich habe endlich einen neuen Analytiker gefunden, was aus vielen Gründen so wichtig ist, daß ich mein übriges Leben um diese Tatsache herum organisieren muß. Der Mann sitzt in Frankfurt, ich bin also an den Raum um Frankfurt gebunden (viermal die Woche!). So ansprechend das ganze Arrangement für mich ist – eben jener ‚Motivationszerfall‘, von dem wir sprachen und der für mich noch nicht so überwunden ist wie für Dich, läßt mich doch fragen, ob ich recht tue. Kommt herüber und helft uns – unseren Schnaps austrinken ...“ Er schickt einen langen Brief hinterher, in dem er seine Situation eingehend reflektiert und dann hinzufügt: „Daß ich dich überhaupt so weit hereinziehe, muß ich wohl auch noch begründen. Die Freunde, mit denen ich in den letzten Jahren am engsten zusammengelebt habe, etwa Butenuth, Simpfendörfer, H. Schmidt etc. stehen zu nahe dran. Zwischen Dir und mir gibt es Freundschaft und Vertrauen, aber auch eine wohltätige Distanz. Darum war ich so dankbar für Deinen Brief und bin ich dankbar für eine Aussprachemöglichkeit.“

Die Freunde verabreden sich auf ein Treffen in Weiterstadt am 22. Januar 1972, und in Vorbereitung dieses Gesprächs schreibt Ernst Lange:

Die Lage, wie ich sie sehe, ist also so:

1. Die Rolle des kreativen Hans-Dampf-in-allen-Gassen, des Westentaschenreformers mit den vielen Einfällen und einer gewissen Nase für das, was morgen dran sein wird, diese Rolle, mit der ich die ersten zwanzig Jahre meines beruflichen Lebens ganz gut gelebt habe, kann ich nicht mehr spielen, vor allem darum nicht, weil ich sie mir selbst schon sehr viel länger nicht mehr glaube als die anderen, die mir in der letzten Zeit nun auch zunehmend auf die Spur kommen. Es ist auch wohl jetzt kein Bedarf für solche Leute, die mehr aus Intuitionen als aus Reflexionen, mehr aus der Sprache als aus den Gedanken leben, reden und handeln.

Zurück oder vorwärts zu verborgenen Kräften und Leistungen.
Ernst Lange, 1973

Ich habe auch heute noch Einfälle, Impulse, Perspektiven, Pläne, aber sie sind langfristig, erfordern langwierige, solide Arbeit, sind eher schwer, schwerfällig, schwermütig, und ohnehin habe ich keine Basis und finde auch keine, auf der ich sie systematisch angehen könnte. Ich habe bis etwa vor sieben Jahren, als ich von der Kiho wegging, mit einer für mich heute nahezu unbegreiflichen Naivität leben können. Sie ist restlos dahin, auch nicht wiederzugewinnen. Auch heute noch, das weiß ich, nehmen mir viele Leute die Sachen, die ich mache, ganz gern ab und haben Anregungen davon. Aber ich kann eben kaum mehr etwas machen, nicht mehr auf die alte schlampig-kreative Art.

2. Meine Kompetenzen sind – wenn man's nüchtern betrachtet (und Du verstehst sicher, daß mir jetzt an nichts weniger liegt als am Fischen nach Komplimenten) – sehr vielfältig, aber durchweg Kompetenzen eines erfahrenen Dilettanten. So etwas wie eine professionelle Kompetenz im Vollsinn des Wortes, aufgrund einer langen Lehrzeit und systematisch aufgebauten Erfahrungen und Erprobungen, besitze ich überhaupt nicht. Die zwei Spezialisierungen, die ich versucht habe, an der Kiho und in Genf, sind mir dementsprechend eklatant mißlungen. Natürlich kann ich einiges, zum Beispiel im Feld kirchlicher Kommunikation. Aber grade an diesen Stellen, an denen man weiterbauen könnte, bin ich eigentümlich blockiert, diese Kenntnisse und Fertigkeiten sind von einem Problembewußtsein überflutet, das immer mehr alle Proportionen und auch alle Befestigungen in konkreter Kenntnis verliert, mich dementsprechend aktionsunfähig zu machen droht.

3. Man könnte so sagen: ich habe jetzt eigentlich genau die Chance, auf die ich mich, als es mit der Kiho und dann mit Genf schiefging, immer in Gedanken herausgeredet habe: ich kriege mein Wartegeld (etwa zwei Drittel eines Pfarrergehalts), habe genügend Zeit zum Lesen, Lernen, Schreiben, auch zum Verdienen durch Schreiben, hätte sogar einen begrenzten Experimentierraum in dieser Beraterfunktion für Erwachsenenbildung. Ich habe, mit einigen Einschränkungen, das, was Du Dir als Ideal für mich denkst, die Chance eines think man. Und ich erlebe nun, zu meiner größten Verwirrung, daß ich dieser Chance nicht gewachsen bin. Ein Leben, das so auf dem Kopf steht, auf Schreibtisch, Schreibmaschine und Verlagsterminen, schaffe ich nicht, jedenfalls jetzt nicht, unter den Bedingungen dieses Identitäts- und Motivationszerfalls. Im Grunde ist in diesem letzten Jahr mein Leben gründlicher aus dem

Leim gegangen als in den fünf Jahren der Krise, die dem vorhergingen. Ich habe weitgehend verloren, was zu verlieren ich am wenigsten erwartet hatte, meine Kraft zu reden und zu schreiben und das Selbstvertrauen, das sich im Gebrauch der Sprache ausdrückt und erhält.

Es ist möglich und zu erhoffen, daß manches davon wiederkommt in dem Maße, in dem die Analyse gelingt. Aber das dauert ja sehr lange, und darauf kann man jetzt keine beruflichen Entscheidungen gründen.

4. Was ich mir wünsche (danach hast Du gefragt), ist ganz schlicht: ein bißchen Erfolg. Vielleicht ist das schon ein zu großes Wort. Gelingende Arbeit wäre besser. Etwas tun, was Sinn macht, und dann auf der meinetwegen zunächst dünnen Spur solcher „Erfolgserlebnisse" zurück oder vorwärts zu Kräften und Leistungen, die da vielleicht sind, an die ich aber jetzt nicht herankommen kann.

Von daher, im Sinne eines strategischen Rückzugs auf eine Stellung, die man mit einiger Sicherheit halten kann, bis Progreß wieder möglich ist, komme ich auf das Gemeindepfarramt. Das Geschäft kenne ich, darüber mache ich mir auch, glaube ich, keine Illusionen. Aber es könnte natürlich sein, daß sich noch etwas Genaueres fände, das mich literarisch und in meinem Ausbildungsinteresse nicht so ins Abseits bringt. Das ist der Punkt, an dem ich pussele.

Soweit wollte ich Dich wenigstens ins Bild setzen.

Heiko Rohrbachs berufliche Ratschläge waren weitgefächert und mit eingehenden Erwägungen verbunden. Sie stießen aber allesamt bei Ernst Lange auf Skepsis und resignative Ablehnung. Er blieb am Gedanken eines Gemeindepfarramtes hängen – „als Ergebnis eines Subtraktionsverfahrens", wie Rohrbach es empfand. Daran änderte auch das Gespräch am 22. Januar nichts. Ernst Lange wandte sich wieder der eigenen Spurensuche zu.

Einmischungen: in Deutschland ...

Zunächst führte er das Projekt zu Ende, in das ihn der hessen-nassauische Kirchenpräsident Helmut Hild hineingezogen hatte. Dieser hatte Ende 1971 einen kirchlichen Ausschuß ins Leben gerufen, dem die Fragestellung aufgegeben war: „Kirche – wozu?" Dieser Ausschuß beauftragte Ernst Lange mit einer Untersuchung des sogenannten

„Antirassismusstreits", der sich daran entzündet hatte, daß die hessische Synode im September 1970 beschlossen hatte, DM 100 000.– dem von der EKD abgelehnten Genfer „Programm zur Bekämpfung des Rassismus" zur Verfügung zu stellen. Dieses Programm unterstützte auch Befreiungsbewegungen in der „Dritten Welt", die Gewaltanwendung nicht ausschlossen. Nun sollte Ernst Lange das Akten- und Informationsmaterial durcharbeiten, das sich zwischen dem September 1970 und dem Februar 1971 in der Evangelischen Kirche von Hessen-Nassau (EKHN) angesammelt hatte. Langes Analyse sollte Auskunft geben über die Ergiebigkeit von Konfliktanalysen für die Erkundung und das Verstehen des Spannungsfeldes „Kirche" in der gegenwärtigen westdeutschen Gesellschaft, und zwar im Hinblick auf die Erarbeitung von Gesichtspunkten und Elementen einer Theorie kirchlichen Handelns. Das hatte sich der Arbeitskreis „Kirche – wozu?" zum Ziel gesetzt. So schreibt Lange in einem Vorspann zu dem Papier, das er dann im Frühjahr 1972 dem Ausschuß vorlegt: „Das vorliegende Papier ist nur ein erstes Zwischenergebnis, eine Skizze von Eindrücken und keineswegs hinreichend überprüften Vermutungen." Darum nennt er seine Vorlage „ein Resultat informierter Willkür". Immerhin hat sich für ihn Erschreckendes gezeigt:

Ich habe annähernd tausend Briefe und Dokumente analysieren müssen, die im Zusammenhang mit dem Antirassismusstreit entstanden sind. Und was sich da antiökumenisch äußert, das äußert sich regelmäßig überhaupt gegen Veränderung, gegen eine Zukunft, die mehr wäre als Fortschreibung der vertrauten Vergangenheit, und das heißt, überhaupt gegen jede mögliche Zukunft. Das ist gegen Mitbestimmung und Vermögensausgleich in der Wirtschaft, gegen Chancengleichheit in der Bildung, gegen Entspannung in der Politik, gegen Demokratisierung und Machtkontrolle in der Gesellschaft. Das ist gegen alles, was seit der Studentenrebellion in Gang gekommen ist, und Gott sei Dank, daß Ulrike Meinhof endlich einen mörderischen Vorwand geliefert hat, wieder mit gutem Gewissen dagegen sein zu dürfen.

Am Ende ist die Sache eben leider wirklich „schrecklich einfach". Es gibt einen weltweiten Aufstand gegen Grundlagen unserer Zivilisation: die Frage. Wer fragt, schafft Unruhe. Und wer im Namen der Zukunft fragt, zu deren Planung wir verurteilt sind, schafft doppelte Unruhe.

Und gegen die Frage hilft offenbar – jedenfalls psychologisch – nur die Rezitation herkömmlicher Antworten: mehr Staat, mehr Nation, mehr Deutschtum, mehr preußische Werte, mehr Macht für die Experten, mehr Vertrauen in die universelle Weisheit der Unternehmer, überhaupt der gesellschaftlichen Eliten, mehr Gesetz und Ordnung, mehr Leistung, mehr Polizei – und in dem Zusammenhang: mehr Kirche, mehr Bekenntnis.

Ernst Lange verdichtet seine „höchst vorläufige Zwischenbilanz", die er dem EKHN-Ausschuß vorgelegt hat, zu einem Aufsatz unter dem Titel einer *Theorie kirchlichen Handelns.* Diesen Aufsatz veröffentlicht er in einer Festschrift, die zum 70. Geburtstag seines verehrten Berliner Bischofs Kurt Scharf am 21. Oktober 1972 erscheint. Ernst Lange gehört zum Herausgeberkreis und übernimmt zusammen mit seinem alten Berliner Freund und Kollegen Rudolf Weckerling die anstrengende und zugleich delikate Aufgabe der Endredaktion des umfangreichen Bandes. Rudolf Weckerling erinnert sich an die Arbeiten im Sommer 1972: „Von Ernst Lange stammt der Titel: ‚Jenseits vom Nullpunkt?' Es war dramatisch, wie er in der Endredaktion – gut drauf und wie besessen – die Manuskripte durchpflügte und radikal bearbeitete und auch – was leider Ärger brachte – einige ohne Ansehen der Person einfach nicht aufnahm."

Sein eigener Beitrag zur Festschrift läßt sich als kirchliche Variante seines politischen Memorandums für Erhard Eppler lesen: Hatte er dort „die Aufgaben eines nationalen Entwicklungshilfeministeriums im Kontext weltweiter Bemühungen um soziale Gerechtigkeit und Internationalen Frieden" beschrieben, so hier „die Aufgaben einer deutschen Kirchenleitung im Kontext ihrer Bemühungen um Herstellung von Handlungsfähigkeit zwischen Bestandswahrung und Erneuerung im weltweiten Horizont der ökumenischen Bewegung". Dabei dient der „Antirassismusstreit" als Ausgangspunkt und Beispiel. Angesichts der vielfältigen Konflikte innerhalb der Kirche und zwischen Kirche und Gesellschaft erkennt er zwei „Strategien" in der Kirche am Werk: die Vorwärtsstrategien und die Strategien der Bestandswahrung. Keine ist für sich durchsetzbar. Vielmehr muß eine Theorie kirchlichen Handelns beide Typen von Strategien zueinander in Beziehung setzen, gegeneinander relativieren und in einem größeren Rahmen kombinieren. Das gelingt ihm mit der Einführung einer aus der ökumenischen Praxis gewonnenen „dritten Strategie“: der schon in der Alten Kirche geübten Praxis der „Konziliarität“. Es geht um die konziliare Organisation des Streits um die Wahrheit, in den die Kirche als „Institution im Übergang“ unweigerlich hineingezogen ist.

Was das konziliare Modell so attraktiv macht, ist die Tatsache, daß es Universalität und Partikularität, Einheit und Vielfalt, Autonomie und volle eucharistische Gemeinschaft, Konflikt und Konsensus, Kontinuität und Wandel, auch die Ungleichzeitigkeit des Gleichzeitigen zusammenzusehen erlaubt.

Die Theologie muß ihre verlorengegangene Kompetenz dadurch zurückgewinnen, daß sie sich erneut als „Theorie kirchlicher Praxis“ versteht (Schleiermacher). Mit diesem Aufsatz kam Ernst Langes Nachdenken über die „Anpassung“ der Kirche auf ihren Höhepunkt – allerdings sprach er jetzt nicht mehr von „Anpassung“, sondern von „Indigenisation“, womit er dasselbe Kernproblem ökumenisch deklinierte:

Indigenisation ist ein Kunstwort der englischsprachigen Missionswissenschaft: „indigenous“ heißt eingeboren, einheimisch. In der grenzüberschreitenden Bewegung der Mission muß das Christentum sich in immer neuen soziokulturellen Zusammenhängen einkörpern, verleiblichen, gesellschaftlich verwurzeln. Indigenisation ist mehr als „Anpassung“. Sie entspricht dem Vorgang der Inkarnation, wie die Christologie ihn verwendet. Der Begriff „Indigenisation“ wird hier verwendet, weil er die Spannung von Kontinuität und radikaler Neugestaltung in neuen Situationen besser ausdrückt als andere mögliche Begriffe.

In einer von Helmut Hild 1974 herausgegebenen Schrift der EKHN über „Der konziliare Weg der Kirche“, die im wesentlichen von monatelangen Gesprächen zwischen Roman Roessler und Ernst Lange inspiriert wurde, heißt es in These sieben: „Der konziliare Weg führt uns bei aller Vielfalt der Glaubensweisen als Partner auf der Suche nach einer Einheit und Wahrheit gleichermaßen umfassenden Glaubensgemeinschaft zusammen. Die Hoffnung auf die Gegenwart des Geistes rechnet vielmehr damit, daß Christus auf der Seite des anderen ist.“ Und These acht sagt: „Ein konziliares Verständnis der Kirche weicht dieser Spannung nicht aus; es schließt Christen verschiedenen Glaubens zusammen; es ist ‚Einheit im Konflikt‘,

Gemeinschaft auch im offenen Streit um die Wahrheit, die von uns immer nur in ihrer jeweiligen geschichtlichen Gestalt gelebt, geglaubt und übermittelt werden kann. Es setzt daher die grundsätzliche Gleichberechtigung unterschiedlicher Formen von Kirche voraus."

Vom Frühjahr 1972 an mischte sich Ernst Lange in zwei Wahlkämpfe ein: Der eine lief in der BRD und sollte darüber entscheiden, ob die seit 1969 amtierende Regierung Brandt/Scheel abgelöst werden oder gestärkt in die Regierung zurückkehren würde. Der andere lief seit Monaten in der Genfer Ökumene, wo es um die Nachfolge des ausscheidenden Generalsekretärs Gene Blake ging. Beide Entscheidungen schienen Ernst Lange von solcher Bedeutung, daß er beschloß, sein ganzes persönliches Gewicht in die Waagschale zu werfen.

Im Februar schrieb er an einen kleinen Kreis von Freunden und sondierte ihre Meinung zu einer Wählerinitiative für Brandt/Scheel. Vorgezogene Neuwahlen im Oktober 1972 sollten der sozial-liberalen Koalition eine arbeitsfähige Mehrheit im Bundestag sichern. „Das Echo auf diesen Brief war überwiegend positiv", notierte Ernst Lange. Nun wandte er sich Ende März an einen größeren Kreis, dem er den Entwurf eines Textes für eine „ökumenische Wählerinitiative SPD" zur kritischen Stellungnahme zuleitete. Die Überschrift lautete: *Wider das Geschäft mit der Angst.*

Im Wahlkampf blüht das Geschäft mit der Angst. Dagegen muß man ankämpfen. Es gibt Grund zur Sorge. Aber Angst ist etwas anderes. Angst macht blind für die Wirklichkeit. Angst trübt das Urteil. Angst verführt zu politischen Kurzschlüssen. Und es ist nur ein Schritt von der Sorge zur Angst. Das ist die Chance der Angstmacher.

Die weiteren psychologischen, ökonomischen und politischen Analysen in weltweiter Perspektive führten zur ersten grundlegenden Feststellung: „Mit Brandt und Scheel ist mehr Redlichkeit in die deutsche Politik gekommen: mehr Chancengleichheit, mehr Mitbestimmung der Bürger in Staat und Gesellschaft, mehr Demokratie in Schulen und Hochschulen, in der Stadt- und Umweltplanung – das sind keine ‚sozialistischen Experimente'. Das sind Bedingungen für die Erhaltung der Lebensqualität, fürs Überleben in einer bewohnbaren Welt." Nachdem die Vorurteile und die Ängste geschildert werden, die von den konservativen Parteien in Umlauf gesetzt wurden, besonders die Kommunismusangst, heißt es: „Die Ängste, die sich in uns regen, halten einer vernünftigen Prüfung nicht stand. Unser Rat lautet darum: Jetzt erst recht die Politik Brandt/Scheel wählen.“ Nach den Namen zahlreicher Frauen und Männer aus der ganzen BRD folgen als eine Art „Selbstverpflichtung“ diese Sätze:

Ich wähle ein bewohnbares Deutschland und eine bewohnbare Erde für mich und meine Kinder.

Ich wähle mehr Frieden zwischen den Völkern, mehr Redlichkeit in der Politik, mehr Gerechtigkeit in Wirtschaft und Gesellschaft, mehr Freiheit für jedermann, mehr Sorgfalt in der Planung der Zukunft.

Ich wähle die vertrauenswürdigen Politiker.

Ich wähle die Politik Brandt/Scheel.

Die Wählerinitiative steckte noch in den organisatorischen Anfängen, da erreichte Ernst Lange die Mitteilung, die EKD wolle in ihrer Kirchenkanzlei in Hannover eine „Planungsgruppe“ einrichten. Zu ihrem Stab sollte Ernst Lange gehören sowie ein Jurist und ein Sozialwissenschaftler. Schon bald erhält die Abteilung den mit einem ironischen Unterton versehenen Kosenamen „Spinnstube“ – den Lange vermutlich selbst geprägt hat.

Ernst Langes Arbeitsantritt war für Anfang Oktober im Gespräch – die Bundestagswahl für den 22. Oktober festgelegt. Als Heiko Rohrbach im Februar von dem Projekt erfährt, schreibt er an Ernst Lange: „Ich finde die Sache in Hannover ganz prächtig. Der große Unterschied zu Deiner jetzigen Situation scheint mir zu sein, daß Du dort nicht allein an einem Schreibtisch säßest, sondern mit zwei anderen im Team arbeiten würdest. Das war ja wohl auch einer Deiner Hauptbeweggründe, abgesehen von der Aufgabenstellung selbst, nicht wahr?“

Als die Wählerinitiative Brandt/Scheel öffentlich wird, storniert die Kirchenkanzlei Ernst Langes Berufung. Nachdem jedoch die Regierung Brandt/Scheel mit überzeugender Mehrheit bestätigt worden war, hob Hannover die Stornierung auf. Alfred Butenuth erinnert sich: „Der Ausgang der Wahl war ein Erfolg im Sinne von Langes Initiative. Also war er für die EKD ‚anstellungsfähig‘. Ich erinnere mich noch genau, wie stark der kirchliche Opportunismus damals seinen Anfang in Hannover verdunkelte.“

Am 1. Januar 1973 schließlich konnte Ernst Lange sein Amt als Oberkirchenrat in Hannover antreten – Abteilung „Planungsgruppe der EKD".

... und in Genf

Im Mai 1972 hatte Ernst Lange ein streng vertrauliches Aide mémoire in die Auseinandersetzungen der Genfer Ökumene lanciert, das den unverfänglichen Titel trug: *The WCC facing two options.* Hinter diesem Titel verbarg sich ein Streit von weittragender Bedeutung: Für die Nachfolge des ausscheidenden Generalsekretärs Gene Blake standen sich nicht nur zwei grundverschiedene ökumenische Leitfiguren gegenüber: der schwarze Jamaikaner Philip Potter und der Schweizer Lukas Vischer. Sie personifizierten vielmehr zwei grundverschiedene ökumenische Welten und Visionen. Zwar war ihr ökumenisches Vokabular weithin identisch, „Einheit der Kirchen, Einheit der Menschheit", aber ihre Wurzeln lagen in gegensätzlichem Boden: Philip Potters Vorfahren waren als schwarze Sklaven nach den karibischen Inseln verkauft worden. Lukas Vischer gehörte zur Baseler Crême, einem reichen Kaufmannsgeschlecht der deutschen Schweiz. Philip Potter leitete viele Jahre lang als Direktor die „Kommission für Weltmission und Evangelisation" im ÖRK und war schon als Jugenddelegierter bei der Gründungsversammlung des Weltrats in Amsterdam 1948 dabei. Lukas Vischer vertrat als Direktor der „Kommission für Glauben und Kirchenverfassung" das theologische Gewissen des Weltkirchenrats und war Verhandlungsführer des ÖRK in den Gesprächen mit dem Vatikan. Für Ernst Lange verkörperten diese beiden die „two options" des Weltkirchenrats. Die Wahlentscheidung sollte bei der Sitzung des Zentralausschusses im August 1972 im holländischen Utrecht getroffen werden.

Für Ernst Lange zielte „Option I" – unter Aufnahme des gängigen ökumenischen Vokabulars – auf „Konsolidierung", auf „wachsende Einheit" (im wesentlichen der Kirchen) und darauf, daß der ÖRK nicht nur „solide betrieben", sondern auch auf eine „solide theologische Basis" gestellt wird. Darunter wird ein bestimmter Typus europäischer Theologie verstanden, der es nicht mehr um den

Christlicher Glaube hat es immer mit Neuem zu tun.
Philip Potter

Dialog mit Angehörigen anderen Glaubens geht. Man will „zurückschneiden", „eingrenzen" und versuchen, zum „netten alten Konsens nordatlantischer Art aus den Tagen des old club" zurückzukehren.

„Option II" will natürlich auch theologische (aber auch politische) Probleme aufgreifen, dort, wo die menschlichen Fragen in den Vordergrund treten. Die neuen theologischen Einsichten, die wir nötig haben, können nur zustande gebracht werden, wenn zugleich die Fragen, auf die sie antworten sollen, ebenfalls neu formuliert werden. Lange zitiert D. H. Lawrence:

„Die Welt hat vor einer neuen Erfahrung mehr Angst als sonst etwas. Denn eine neue Erfahrung verjagt viele der alten Erfahrungen. Und dann geht es so, wie wenn man Muskeln versucht, die man nie gebraucht hat oder die vor langer Zeit steif geworden sind. Das tut furchtbar weh." Christlicher Glaube hat es aber immer mit Neuem zu tun ... Und

darum lautet eine zentrale Botschaft Christi: Fürchtet euch nicht! Furcht sollte immer von Hoffnung und Freude überwunden werden. Aber vielleicht tut der Glaube auch weh. Vielleicht sollte er weh tun. Tut er uns heute weh? Tut er uns weh im Kontext von Freude und Hoffnung?

Am 8. August 1972 wählte der Zentralausschuß in Utrecht Philip Potter einstimmig zum neuen Generalsekretär. Die EKD hatte sich bis zuletzt gegen seine Wahl und für Lukas Vischer ausgesprochen. Nun waren die ökumenischen Beziehungen zwischen Genf und Hannover auf Jahre hinaus nachhaltig gestört.

Ehrung in Tübingen, Planung in Hannover

Der November 1972 hatte für Ernst Lange eine unerwartete, wenn auch längst verdiente Ehrung gebracht: die Evangelisch-Theologische Fakultät der Universität Tübingen verlieh ihm den theologischen Ehrendoktor. Am 8. November füllte sich das Auditorium Maximum der Universität mit Professoren und Studenten, die der Zeremonie beiwohnen und den Festvortrag hören wollten, den Ernst Lange unter das Thema stellte: *Von der Schwierigkeit, Pfarrer zu sein.* In diesem Vortrag begegnet er uns in einer ungewohnten Verhaltenheit, ja: Nüchternheit. Hier tritt nicht nur der volkskirchliche Alltag des Gemeindepfarrers in den Vordergrund, sondern nun ist viel die Rede von „Mitgliedserwartungen“ und „Bezugsgruppen“, von Konsens und Konflikt, vom Pflichtenkatalog und von der „Kirche im Übergang“. Das Visionäre ist verschwunden, hier redet nicht mehr der Utopist, sondern der Analyst, der Anwalt der „Realität“, der Sprecher der Praxis. Hier redet der Praktische Theologe von heute zu den Praktikern von morgen:

Die Schwierigkeit, Pfarrer zu sein, ist die Schwierigkeit, als Bürge für morgen an die Tür zu klopfen und als Bürge für gestern eingelassen zu werden.

Man gewinnt den Eindruck, er habe diesen Vortrag nicht nur für Tübingen, sondern auch im Blick auf Hannover geschrieben. Er hat sich vertraut gemacht mit der „Kirchenmitgliedschaft“, mit ihren „Bedürfnisprofilen“ und ihrem „Teilnehmerverhalten“. Und am Schluß erscheint eine Formel, die uns von da an häufig begegnet:

Wenn die Menschen daran zugrunde gehen, daß sie Ende und Anfang nicht zu verknüpfen wissen, dann werden in Übergangszeiten Funktionen, deren traditionelle Aufgabe es ist, Ende und Anfang zu verknüpfen, an Bedeutung nicht verlieren, sondern gewinnen. Der Pfarrer vertritt eine Tradition, die mehr als alle anderen zwischen Ende und Anfang, zwischen Zerfall und Innovation in der Schwebe ist. Es ist nicht unbillig, daß er als Vertreter solcher Überlieferung und als Partner von Menschen, die zwischen Ende und Anfang Hilfe brauchen, selbst beruflich und persönlich einen Anteil an diesem wichtigen Leiden der Menschen zu tragen hat.

Das klingt nicht nur nach Theorie, das klingt auch sehr persönlich. Da redet einer, der, selbst im Übergang, vor der Aufgabe steht, Ende und Anfang zu verknüpfen. Ernst Lange redet aber auch über das Vergnügen, Pfarrer zu sein: über seine Freiheit, über seine innovatorischen Chancen und darüber, daß der Pfarrerberuf alles in allem ein sehr menschlicher Beruf sei, weil er nicht nur in die Nähe bedürftiger Menschen führt, sondern weil man die Chance hat, selber menschlicher zu werden.

Der Pfarrer wird immer mehr so etwas wie ein professioneller Nachbar – aber Nachbarn können ja auch lästig sein.

In allen seinen Ausführungen bleibt Ernst Lange auf eine seltsame Weise distanziert.

Der Dekan der Theologischen Fakultät, Professor Eberhard Jüngel, verliest die Laudatio zur Ehrenpromotion von Pfarrer Ernst Lange – „Reverendissimo viro Ernesto Lange parocho berolinensi iura et privilegia theologia doctoris honoris causa" – „Dem Berliner Pfarrer, der einfallsreich und besonnen dem kirchlichen Dienst in der Gemeinde und an der Jugend neue Wege gezeigt hat, dem theologischen Lehrer, der die Praktische Theologie, besonders in den Fragen des Gottesdienstes, des Pfarramtes und der Erwachsenenbildung durch neue Entwürfe gefördert hat, und dem Ratgeber im Ökumenischen Rat, der in Wort und Schrift Kirchen und Christen mit weitem Blick zum Leben im Wandel der gegenwärtigen Zeiten ermutigt hat, verleihen die Eberhard-Karls-Universität und der Fachbereich Evangelische Theologie als Zeichen ihrer Achtung und ihres Dankes die Würde eines Doktors der Evangelischen Theologie ehrenhalber."

Das Jahr neigt sich dem Ende zu. Noch im November werden drei Rundfunkbeiträge von Ernst Lange ausgestrahlt. Sie markieren – bis auf einen Vortrag beim Düsseldorfer Kirchentag im Juni 1973 – das Ende der öffentlichen Autorentätigkeit Ernst Langes. Unter ihnen befindet sich einer mit dem Titel *Nur noch ein Jahr zu leben.* Er berichtet die Geschichte eines Zweiundvierzigjährigen, der erfährt, daß er eine tödliche Krankheit in sich trägt. „Wenn er Glück hat, hat er noch ein Jahr zu leben", hatte der Facharzt in seiner Gegenwart seiner Frau erklärt. „Dann", so berichtet der Mann, „habe ich mich entschlossen, Tag für Tag zu leben, mich am Leben so herzlich zu freuen, wie es nur geht." Ernst Lange fügt hinzu:

Ich gestehe, daß mir dieser Satz in dem ganzen Artikel am meisten einleuchtet: Ich habe mich entschlossen. Dem Wortsinn nach heißt das: Ich habe den Kerker der Angst, den Kerker der Verzweiflung und der Auflehnung aufgestoßen. Ich habe ihn aufgeschlossen, mich entschlossen und in die Freiheit begeben, in die Freiheit, zu leben im Angesicht des Todes ... Das ist unabhängig von jeder Diagnose. Das ist ganz einfach das Geheimnis bewußten autonomen Lebens im Widerspruch des Menschseins. Ich wünschte, ich könnte mich entschließen zu leben auf Du und Du mit der Gewißheit meines Todes. Das müßte ein Leben von hoher Intensität sein.

Das Bändchen, in dem sechs solcher Texte von Ernst Lange versammelt sind, trägt die Überschrift *Nicht an den Tod glauben – Praktische Konsequenzen aus Ostern.*

Im Januar 1973 siedeln die Langes von Weiterstadt in die Nähe Hannovers über. Wie in Genf ist er nun auch hier leitender Mitarbeiter einer Bürokratie. Es erwarten ihn als Kollegen: Jürgen Linnewedel, ein Jurist, und Rüdiger Schloz, ein aus Württemberg stammender Pfarrer, der eine soziologische Zusatzausbildung gemacht hatte. Schloz gab nach Langes Tod seine Schriften heraus. In Hannover war Ernst Lange nicht „daheim", hier sah er sich nicht wie in Genf auf dem Weg in „mein gelobtes Land".

In Hannover war er tatsächlich „unbekannt". Der Vizepräsident der Kanzlei, Erwin Wilckens, hatte im Sommer die Berufung Langes storniert. Er hat viel später gestanden, er habe sich erst nach Langes Tod seine Personalakte kommen lassen, um zu erfahren, wer da sein Kollege gewesen und in mancher Auseinandersetzung sein Kontrahent geworden war.

Schon bald machte sich Ernst Lange daran, sich und anderen eine Orientierung über die vor ihm liegende Aufgabe zu verschaffen. Im Februar 1973 verfaßte er einen Text, der der Selbstverständigung und der internen Diskussion dienen sollte: *Perspektiven kirchlicher Planung* schrieb er darüber und versuchte, zu ergründen, was es heißen könnte, längerfristige Perspektiven für kirchliche Entscheidungsträger auf allen Ebenen der Kirche zu entwickeln. Er formuliert einen Aufgabenkatalog für die Planungsarbeit und definiert in Absprache mit den landeskirchlichen Partnern gemeinsame und eigene Aufgabenfelder. Übergeordnete Perspektiven werden benannt: „Kirche und Theologie", „Mitbestimmung, Partizipation, Demokratisierung", „Kirche und Staat", „Kirche und gesellschaftliche Verbände" und schließlich „Ökumene als Horizont kirchlichen Handelns" – Themen, die zum großen Teil so nicht vorgesehen waren, ja, auf Mißtrauen stoßen, Ärger machen würden.

Neben den Kontakt zur praktisch-theologischen Forschung und zur Kirchentheorie treten bei Ernst Lange die „innovatorischen Erfahrungen" in den Vordergrund. Auch und gerade sie sind ihm für das planerische Denken unentbehrlich. Die Experimente, die Aktionsgruppen, die Modellversuche der Kirchenreform und die Dienstgruppen im Übergangsfeld zwischen Kirche und Gesellschaft werden als „Testgelände der Kirche" ins Auge gefaßt. Ernst Lange will Planung vor allem als Instrument kirchlicher Erneuerung verstehen und betreiben, und in diesem Zusammenhang schreibt er:

Diese Erfahrungen und Gruppen sind selbst eines der entscheidenden Probleme kirchlicher Planung heute. Sie verkörpern die Alternative zu den herkömmlichen Lösungen, und ebenso relativieren und kritisieren sie die herkömmlichen Lösungen, stellen sie sie in Frage. So erzeugen sie nicht endende Konflikte. Die Frage, welches ekklesiale Recht und welche ekklesiale Notwendigkeit, in der letzten Konsequenz: welche ekklesiologische Relevanz diese Gruppen im Gegenüber, in der Spannung und im Austausch zu den Normalsituationen haben, ist heute – unter den Bedingungen eines wachsenden gesellschaftlichen, kirchlichen und theologischen Wandels – eine Schlüsselfrage, ist eine Schlüsselfrage auch der Kirchenleitung und der Kirchenpolitik. Entweder dieser Dauerkonflikt wird inszeniert und dadurch für beide, für alle Parteien konstruktiv, oder er führt zu einem wachsenden Verschleiß charismatischer Kräfte, zur Emigration von Menschen, Gruppen und Ideen aus der Kirche und zum Verpassen von Lernchancen für die ganze Kirche.

In gewisser Weise den Höhepunkt, auf den die ganze Planungsskizze zuläuft, bildet eine kurze Darstellung der einschlägigen

Erfahrungen und Themen, die der Verfasser aus früheren Beschäftigungen in die Planungsgruppe mitbringt. Auch der Eintritt in eine neue Arbeitsgruppe ist ja unter keinem Betracht eine Nullpunkt-Situation. Ende und Anfang müssen hier wie überall verknüpft werden, wenn der Anfang überhaupt gelingen soll.

Und so läßt Ernst Lange noch einmal seine wichtigsten Erfahrungen und vorrangigen Themen Revue passieren: das Experiment „Ladenkirche" – die „Konfliktorientierte Bildungsarbeit" – „Mehr ökumenische Verbindlichkeit in Westdeutschland!" – „Konfliktanalyse des Streits um das Antirassismusprogramm" – die „Theorie kirchlichen Handelns" und last not least „Beruf und Berufsfeld des Pfarrers". Er schreibt:

Der hier aufgeführte Katalog von Themen wirkt wie ein völlig disparates Sortiment. Der Eindruck täuscht. In dem glücklichen Begriff von W. D. Marsch, „Institution im Übergang", in dem Tradition und Innovation, Kontinuität und Wandel, Ende und Anfang sich verknüpfen, haben alle diese Themen einen gemeinsamen Nenner und verschränken sich auf mehrfache Weise. Organisierend sind dabei der ortsgemeindliche und der ökumenische Aspekt, während offenkundig viele andere wichtige Aspekte einer Planungsarbeit nicht berücksichtigt sind. Einiges mag immerhin im neuen Kontext interessant werden oder bleiben.

Zu jedem Thema kann er veröffentlichte Kompetenz nachweisen. Sie sollten das Spielfeld der „Spinnstube" abstecken, wie er es vor sich sieht.

Doch die Wirklichkeit des Hannover-Alltags spricht eine andere Sprache. Ernst Langes Themen kommen zunächst einmal auf die Warteliste. Auf ihn und sein Team der „Planungsgruppe" warten bereits die Ergebnisse einer „repräsentativen Erhebung", die im Sommer 1972 im Auftrag der EKD zum Thema „Kirchenmitgliedschaft" durchgeführt worden war. Zunächst galt es, ihre Ergebnisse darzustellen, zu interpretieren und handlungsorientiert aufzubereiten. Das Ergebnis war ein 375 Seiten dicker Band, der im Frühjahr 1974 im Burckhardthaus mit dem Titel „Wie stabil ist die Kirche?" herauskam. Der Klappentext gab Auskunft: „Die Meinungsbefragung ‚Kirchenmitgliedschaft' wurde veranstaltet im Auftrage der Evangelischen Kirche in Deutschland, der Evangelischen Kirche in Hessen und Nassau, des Evangelischen Gemeindeverbandes Frankfurt/Main; theoretisch vorbereitet und entwickelt von Hartmut Krebber; ausgewertet und dargestellt von Ernst Lange, Jürgen Linnewedel, Rüdiger Schloz; herausgegeben von Helmut Hild.

Aus dem Inhalt:

Teil I: Hintergrund und Kontext
1 Lautloser Abschied von der Kirche?
2 Austritte – Signal ohne Wirkung?
3 Die Kirche und ihre Mitglieder

Teil II: Ergebnis und Analyse
1 Wie wird Kirchenmitgliedschaft praktiziert?
2 Was begründet und bestimmt das Verhältnis der Mitglieder zur Kirche?
3 Was erwarten die Mitglieder von der Kirche?

Teil III: Die Kirche im Spiegel des Bewußtseins ihrer Mitglieder
1 Ein religiöses Defizit im Handeln der Kirche?
2 Das Bildungsdilemma der Kirche
3 Der Spielraum der Kirche im Bereich gesellschaftlicher Dienstleistungen
4 Das Spektrum unterschiedlicher Distanzen zur Kirche als Kommunikationsproblem
5 Pfarrer und System
6 Frustration und Austritt"

Das Buch enthält eine Fülle von Spuren Ernst Langes – in den Fragestellungen, im Vokabular, im kirchlich-theologischen Ansatz. Mochte ihm die Frage nach der „Stabilität" der Volkskirche unbehaglich sein – er fand sie nicht nur legitim, er fand sie notwendig. In gewisser Weise war es eine Neufassung seiner Arbeit über die „Anpassung" der Kirche. Die Einzelbeiträge des Buches sind nicht namentlich gekennzeichnet – verständlicherweise. Aber der Leser meint, etwa in Abschnitten wie den folgenden, den Ton Ernst Langes herauszuhören: „Der Spielraum der Kirche im Bereich der sozialen Aktivitäten – und vermutlich nicht nur da, sondern überhaupt der Spielraum möglicher Reform der Kirche – ist begrenzter, als die Reformer und die Leitungsgremien bisher gemeint haben. Aber die Grenzen sind nicht starr. Kurzfristige Aktionen freilich haben, soweit man der Erhebung traut, wenig Chancen, das Verhältnis der Evangelischen zur Kirche als solches grundlegend zu verändern. Dieses Verhältnis wird in der Sozialisation geprägt und ist auf kurze Sicht offenbar kaum umzuformen."

„Ist das Handlungsfeld, um das es geht, die Kirche und steht im Zentrum dieses Handlungsfeldes das berufliche Handeln des Pfarrers, dann muß die Praktische Theologie als Theorie der kirchlichen Praxis offenbar aus der Krone zur Wurzel theologischen Forschens und Lehrens werden. Ihre Aufgabe ist es, die aktuellen Fragestellungen und die Prioritäten theologischer Forschung zu formulieren und die Problemlösungen auf ihre kirchliche Praktikabilität und Relevanz zu überprüfen. Sie hat für die sprachliche und die sachliche Vermittlung theologischen Denkens mit der kirchlichen Praxis zu sorgen."

„Wie stabil ist die Kirche? Das Bild, das die Erhebung zeigt, läßt nur einen Schluß zu: Was die Beziehungen der Mitglieder zum System und des Systems zu den Mitgliedern anlangt, ist die Stabilität nach wie vor erstaunlich groß. Andererseits: die Frage nach dem ‚Nutzen der Mitgliedschaft' ist auf der ganzen Breite gestellt. Die Feststellung, die Kirche sei stabil, heißt also konkret: Sie hat, so weit die Erhebung Auskunft gibt, vorerst die Zeit und, was die Unterstützung der Mitglieder anlangt, auch den Kredit und die Kraft zu gezielten Reformen."

Wider die ökumenische Stagnation in der EKD

Auch in Hannover blieb Ernst Lange bei seiner ökumenischen Loyalität, blieb die ökumenische Bewegung sein „Gelobtes Land". 1975 sollte in Djakarta/Indonesien die Fünfte Vollversammlung des Ökumenischen Rates stattfinden. „Jesus Christus befreit und eint!" war als Motto ausgegeben worden. Diese Formulierung wollte die ganze Spannung reflektieren, in die die Ökumene seit dem Beschluß des Antirassismusprogramms geraten war. Ernst Lange trieb die Frage um, was getan werden sollte und konnte, um die Christen in Deutschland als „Provinz der Weltchristenheit" zu mobilisieren. Er

Die ökumenische Herausforderung ist fundamental. Ernst Lange, 1973

gewann den Präsidenten der Kirchenkanzlei, Walter Hammer, dafür, zu einem Planungsgespräch im kleinsten Kreis einzuladen. Am Abend des 22. Oktober 1973 trafen sich Walter Hammer und Ernst Lange mit Konrad Raiser, stellvertretender Generalsekretär des ÖRK, und Werner Simpfendörfer in der Kirchenkanzlei. Der letztere war kurz zuvor als Ökumenereferent der Evangelischen Akademien in Deutschland aus Genf zurückgekehrt und konnte möglicherweise ein großes Multiplikatorenpotential erschließen. Ernst Lange verfaßte als Gesprächsunterlage eine persönliche Einschätzung der ökumenischen Situation in der EKD, die er den Teilnehmern zuleitete. Darin war zu lesen:

Wer von einer „ökumenischen Stagnation" in Deutschland spricht, beurteilt die Lage eher zu harmlos, denn er setzt voraus, daß es zu irgend-

einem Zeitpunkt in Deutschland eine nennenswerte eigenständige ökumenische Bewegung gegeben habe. Das kann man nur sehr eingeschränkt sagen ... Nun zeigt sich, daß es zu einer wirklichen Ökumenisierung des Bewußtseins und des kirchlichen Lebens in Westdeutschland niemals gekommen ist.

Resultat: Ökumenische Bewegung im Sinne einer tiefgreifenden Entschränkung des christlichen und kirchlichen Bewußtseins ist von Grund auf erst noch zu leisten. Dem kommt entgegen: Die Mitgliedschaft beurteilt die Aufgabe „Zusammenarbeit der Kirchen" ausgesprochen positiv. Innovatorische Gruppen und Bewegungen der Kirchenreform sind zum großen Teil ökumenisch orientiert. Freilich ist ihr Ökumene-Verständnis mit einem anti-institutionellen Affekt versehen. Auch wenn man (trotz all dem) eine sehr nüchterne und das heißt negative Bilanz hinsichtlich der Ökumenisierung der westdeutschen Christenheit zieht, bleibt (jedoch) festzuhalten, daß es einen Kreis von ökumenisch erfahrenen und motivierten Mitarbeitern und Mitgliedern in den Kirchen gibt, der vielleicht nur nach Hunderten, wahrscheinlich aber nach Tausenden zählt und Multiplikationsbedeutung hat. Dieses ambivalente Bild der ökumenischen Situation in Westdeutschland ist zu verbinden mit der unleugbaren Tatsache, daß die christliche Kirche sich zunehmend nur noch ökumenisch selbst verstehen und realisieren kann. Die ökumenische Herausforderung ist darum unausweichlich und fundamental.

Bilanz: Es gibt ein ökumenisches Defizit in der westdeutschen Provinz der Christenheit, das nicht leicht überschätzt werden kann. Es gibt (aber auch) ein ökumenisches Kapital, das (freilich) vorerst nur unzureichend realisiert ist. Und schließlich gibt es – funktional und theologisch – eine ökumenische Herausforderung, mit deren Wahrnehmung die Kirchen in Westdeutschland buchstäblich stehen und fallen. Die Organisation und Realisierung des „ökumenischen Kapitals" sind schließlich der letzte Teil dieser dreifachen Aufgabe.

Das vierstündige Gespräch galt zunächst der Verständigung und teilweise verschärfenden Ergänzung und Korrektur des Papiers von Lange. Dann aber wurden konkrete Strategien entworfen, zentrale und regionale Veranstaltungen im Vorfeld der Vollversammlung geplant, die unter den Gesichtspunkten einer „ökumenischen Didaktik" die Christenheit in Deutschland auf die Vollversammlung in Djakarta einstimmen sollten.

Bald darauf ergab sich eine ökumenische Herausforderung, die wesentlich problembeladener, ja: belastet war. Das Klima zwischen der EKD und der Genfer Zentrale war ja schon seit Uppsala 1968 stark abgekühlt. Visser't Hooft, der von den deutschen Kirchen verehrte und ihnen vertraute ökumenische Gewährsmann, war abgetreten; Blake, der kein Deutsch sprach, war für die von der EKD abgelehnten Beschlüsse verantwortlich, die die Um- und Durchsetzung des Antirassismusprogramms betrafen. Nun war der von den Deutschen favorisierte Schweizer Theologe Lukas Vischer gegen den Schwarzen Philip Potter im Kampf um die Nachfolge Blakes unterlegen, und die Überschrift, mit der eine führende deutsche Zeitung Potters Wahl mitteilte, gab die Stimmung auch bis in weite Kreise der Kirche hinein wieder: „Ein Mohr aus Jamaika regiert den Weltkirchenrat." Bald nach Uppsala hatte sich in Lausanne eine weltweite „evangelikale" Gegen-Ökumene gegen Genf etabliert, was auch die EKD innerkirchlich in ein Dilemma stürzte. Die in der EKD wachsenden Widerstände gegen den Weltkirchenrat personalisierten sich im Mißtrauen gegen Philip Potter und thematisierten sich in der Gewaltfrage. Einige vom Sonderfonds des Weltkirchenrats unterstützten „Befreiungsbewegungen" im südlichen Afrika bekannten sich in ihrem Befreiungskampf zum Gebrauch von Gewalt. In dieser hochexplosiven Stimmung wurde der Beschluß gefaßt, den Versuch einer Verständigung zu unternehmen: Am 7./8. Juni 1974 sollte eine Begegnung zwischen dem Rat der EKD und dem Mitarbeiterstab des ÖRK in Genf stattfinden. Von dieser unmittelbaren Gesprächsbegegnung erhoffte sich vor allem Ernst Lange eine Entspannung, vielleicht sogar den Beginn einer positiven Beziehung zwischen Genf und Hannover. Er nahm als Mitglied der Ratsdelegation an dem Treffen teil und war mit dessen Protokollierung beauftragt.

Nach der Rückkehr von Genf war Lange intensiv mit der Abfassung seines Berichts beschäftigt. Ihr opferte er sogar die erste Woche seines dringend nötigen Urlaubs, war er doch im Frühjahr wochenlang krank gewesen. Es ging darum, ebenso wahrheitsgetreu wie diplomatisch zu berichten, um jede Verärgerung oder Verletzung einer Seite zu vermeiden. In Wirklichkeit hatte Ernst Lange das Protokoll eines ökumenischen Desasters zu formulieren. Damit geriet er nicht nur an die Grenzen seiner Formulierungskunst. Er geriet auch an die Grenzen dessen, was er an ökumenischem Konflikt zu ertragen fähig war. Er hatte die ungewöhnlich scharfen Angriffe der deutschen Ratsmitglieder zu referieren:

Aus der Identifizierung mit den Leiden und Kämpfen der eigenen Völker, so notwendig sie ist, kann allzurasch Überidentifizierung und Identitätsverlust werden. Das Evangelium ist und bleibt die Kritik aller Ideologie. Der Rat bittet, daß in dieser Situation alle Kirchen der ökumenischen Bewegung, auch die Kirchen in der Bundesrepublik Deutschland, ins Gespräch voll einbezogen und in ihren spezifischen Erfahrungen beim Kampf um die Wahrheit in Christus ernst genommen werden.

Nach diesem kirchlich-theologischen Wortwechsel kam es zur Auseinandersetzung über die konkreten Programme des ÖRK, speziell das „Programm zur Bekämpfung des Rassismus". Ernst Langes Protokoll hatte zu berichten:

Wirkliche Divergenzen bestanden und bestehen jedoch im Blick auf das ökumenische „Programm zur Bekämpfung des Rassismus". Der Rat konstatiert sein Erstaunen, ja sein Befremden, daß im Antrag der zuständigen Kommission auf Erneuerung des Mandats des Antirassismusprogramms auf die nun Jahre hindurch vorgetragenen Einwände der Mitgliedskirchen in der Bundesrepublik und in anderen Ländern auch nicht mit einem Wort eingegangen worden sei. In der Bewertung dieser Einwände in „A Small Beginning" seien zudem ausgesprochen unerfreuliche Untertöne zu bemerken. Insgesamt könne man diesen Sachverhalt nur als Verweigerung einer ernsthaften Diskussion verstehen.

Nun nahm die Debatte an Schärfe zu. Genf wurde vorgehalten, daß die EKD die schmerzliche Erfahrung gemacht habe, daß „auf der Gewalt kein Segen ruhe". Die Gefahr der Selbsttäuschung sei nirgends so groß wie im Zusammenhang von Zielen wie Gerechtigkeit, Freiheit und Humanität, die gleichsam automatisch den biblischen Segen hätten. Die Entscheidung, eine schismatische Entwicklung zu riskieren, sei gerade in einer Bewegung, deren Ziel die Einheit der Una Sancta Ecclesia sei, mit Sicherheit nur und allein die autonome Entscheidung der einzelnen Mitgliedskirche. Der Rat der EKD sei nicht bereit, sich diese Entscheidung von irgend jemandem aufzwingen zu lassen.

Am Ende heißt es lapidar:

Einen verkehrten Tod gestorben? Das Ferienhaus von Ursula Merck in Windhaag, Oberösterreich

Es gibt Formeln und Programme der ökumenischen Bewegung, die nachzusprechen und zu unterstützen der Rat auch im Namen der Christen, die er vertritt, sich im Gewissen nicht frei fühlt. An solchen Stellen beansprucht er das Recht zum Einspruch und, wo dieser nicht akzeptiert wird, zum Dissensus im Reden und im Handeln.

Die Genfer Begegnung war gescheitert, die Aussicht einer ökumenischen Verständigung zwischen dem ÖRK und der EKD war in weite Ferne gerückt.

Ernst Lange reiste zur Jahrestagung des Orbishöher Kreises. Dort stand seine Studie „Wie stabil ist die Kirche?" zur Debatte. Dann machte er sich auf den Weg ins Ferienhaus seiner Schwester in Windhaag/Oberösterreich. Ihr hatte er im April geschrieben:

Auch ich freue mich auf die Sommerzeit. Die ersten vierzehn Tage, solange ich allein bin, werde ich am Kirchenbuch arbeiten, das wohl doch so etwas wird wie eine Bilanz, bei der, wenn sie gelingt, hinterher vielleicht Platz wird für etwas, das mehr Spaß macht: Kindergeschichten schreiben oder dergleichen, jedenfalls am Feierabend. Hoffentlich ergeben sich in der Zeit unseres Zusammenseins ein paar ungezwungenere Gespräche zwischen uns beiden. Ich leide manchmal etwas unter der Tatsache, daß wir das, vor allem bei den äußeren Umständen, so selten schaffen.

Das Ende – Verknüpfung oder Verhängnis?

Am 3. Juli fuhren Beate Lange und Ursula Merck ebenfalls nach Windhaag, um Ernst Lange dort, wie verabredet, zu treffen. Sie fanden das Haus verriegelt. Sie schlugen ein Fenster ein und kletterten ins Innere. Sie fanden den Toten am Boden des Kellers liegen, in den eine Tür von der Garage her hineinführte. Dort stand das Auto – der Tank war leer, die Batterie ausgebrannt.

„Die Menschen gehen daran zugrunde, daß sie Ende und Anfang nicht zu verknüpfen verstehen." So hatte Ernst Lange seinen letzten öffentlichen Vortrag im Februar 1974 geschlossen.

Als er am 3. Juli in Windhaag starb, war er allein. Er wurde siebenundvierzig Jahre alt – wie sein Vater. Wie sein Vater war er Professor gewesen. Er wählte den Weg der Mutter.

Zeugnisse

Gedächtnis und Vermächtnis

Hans P. Schmidt:
Ernst Lange ist 1927 geboren. Kindheit und Jugendzeit fallen in die Jahre der Wirtschaftskrise und des Faschismus.

Seit früher Jugend war er den Bedrohungen und Widersprüchen des Lebens nahezu wehrlos und verwundbar ausgesetzt; ohne jede Möglichkeit, sich vor ihnen in irgendeine Ideologie zu flüchten. Ein empfindsamer und ausdrucksfähiger Junge, der keine Gelegenheit fand, sich im Bestehenden einzubürgern, aber dafür schon früh auf die zukunftsentscheidenden Defizite des Lebens aufmerksam wurde: auf die Defizite des Menschseins, die das Leben zu einer Suchbewegung werden lassen.

Seine Entscheidung, Theologie zu studieren, löste Überraschung aus. Er war auf den Lebensvorgang Jesu aufmerksam geworden, auf einen Menschen, von dem er glaubte, „daß er so war, wie ein Mensch sein soll". Er lernte hoffen und wollte in Zukunft für diese Hoffnung leben.

Kirchen, die vor allem ihren gegenwärtigen Bestand zu sichern suchen, treiben Zukunftsverweigerung. Sie mißbrauchen den ökumenischen Gedanken als Sanierungsprogramm zerfallender Kirchentümer und lassen ihn damit innerkirchlicher Langeweile verfallen. Mit dieser leid- und hoffnungsvollen Einsicht ist Ernst Lange zum Anwalt kirchlicher Erneuerung im ökumenischen Horizont geworden. Er war auf der Suche nach Worten für das, was noch fehlt. Und was noch fehlt, bewegte ihn.

Es geht um die Kirche von morgen. Und die Kirche von morgen ist nur ökumenisch beschreibbar, als konkrete Utopie. (1975)

Heiko Rohrbach:
Als allererstes spüre ich, wenn ich an ihn denke, den stechenden Schmerz, als ich erfuhr, daß er tot sei ... Ich habe es nicht glauben

wollen, ich habe geweint. Ich habe nach Deutschland telephoniert. Ich war viele Tage wie erschlagen. Ich kann auch geradesogut an dieser Stelle erzählen, was die „Instanz“ Ernst Lange für mich ausgemacht hat und bis heute ausmacht. Ich bin mir natürlich der nahezu Lächerlichkeit dieses Begriffs bewußt. Habe ihn bewußt doch genommen, um mich zu zwingen, dem nicht auszuweichen, was Ernst für mich ist. Es ist, glaube ich, dies, daß Ernst einerseits leidenschaftlich engagiert war – politisch, theologisch, künstlerisch. Aber er erlaubte sich nicht die billigen Triumphe, seine Gegner schlecht zu machen und sich selbst und seine Gesinnungsgenossen oder seine Überzeugung zu idealisieren. Er dachte immer auch gleich die Gegenargumente und die Selbstkritik mit und sprach sie auch aus. Ernst ließ sich selbst und anderen nichts durchgehen. Er war immer engagiert und sah sich und seine Weggenossen dennoch gleichsam von außen, also in all seiner und ihrer Relativität. Er feierte Feste, und an der Wand hing überdeutlich der Spruch: Dies ist der erste Tag vom Rest Deines Lebens.

Ernst hat das alles nicht wirklich leben können. Das hat er auch gespürt. Es war einer der ganz vielen Widersprüche in sich, den er spürte und an dem er wie an anderen Widersprüchen zerbrochen ist. Es ist, weiß Gott, für niemanden leicht gewesen, mit Ernst zusammenzuleben. Er selbst konnte es ja auch nicht ...

Fazit: Über all die Jahre und in wichtigen Fragen noch heute frage ich mich: Was würde Ernst dazu sagen? Wenn ich darüber nachdenke, was für mich seine „Autorität“ ausmacht, dann fällt mir die Formulierung von der Unerbittlichkeit der Liebe ein. Worte wie Unbestechlichkeit und ein sich selbst verzehrendes Erbarmen mit Schwächeren, mit Ausgegrenzten. Wie gesagt: Ernst war bestimmt schwer zu ertragen ... Seltsam, und doch habe ich Ernst geliebt. Ich vermute übrigens, daß auch Jesus aus ähnlichen Gründen kein pflegeleichter Umgang gewesen ist. (1995)

Heinz Zahrnt:
Ernst Lange ist tot. – In seinem Urlaubsort in Österreich ist Ernst Lange, einer der begabtesten und originellsten Köpfe unter den heute lebenden deutschen Theologen, unerwartet früh im Alter von sieben-

undvierzig Jahren gestorben. Lektor im Verlag des Burckhardthauses in Gelnhausen, Pfarrer einer Berliner Ladenkirche, Professor für Praktische Theologie an der Kirchlichen Hochschule in Berlin, Direktor der Abteilung für Ökumenische Aktivitäten und Beigeordneter Generalsekretär im Ökumenischen Rat der Kirchen in Genf und schließlich Oberkirchenrat und Mitglied der Planungsgruppe der EKD – diese Stationen seines Lebens beweisen ebenso die Vielfalt seiner Gaben und die schöpferische Unruhe seines Geistes wie die Titel seiner zahlreichen Veröffentlichungen, etwa „Von der Meisterung des Lebens", „Chancen des Alltags", „Halleluja, Billy" oder „Die ökumenische Utopie". Sein wacher Intellekt, seine hohe Sensibilität und seine aufrichtige Menschlichkeit, verbunden mit stilistischer Formkraft, befähigten ihn ebenso dazu, den Zeitgenossen in seiner täglichen Bedrängnis zu trösten (nicht zu vertrösten), wie die Kirche in ihrer täglichen Ruhe zu stören (nicht zu zerstören). Ernst Lange war ein Mann, der ahnen, denken und schreiben konnte – ein einzelner, dessen Wort und Rat aber viele suchten. (1974)

Christa Werner-Weiß:
Seine Intelligenz paarte sich mit einer vorzüglichen Bildung und immensen sprachlichen Formulierungsgabe. An seinen Texten redigierte nur er selbst. – Solche Begabung wirkte auf mich ungeheuer ansteckend und motivierend: sein Arbeitsdrang eher frustrierend (auf andere auch lähmend). Mit seiner geistigen Überlegenheit mußte sich mancher auseinandersetzen.

Von der Richtigkeit und Wichtigkeit seiner Überlegungen durchdrungen, behauptete er sich eigensinnig und ehrgeizig ...

Es zeigte sich eine Unbedingtheit in seinem Wesen, die ich mit Kultiviertheit, Disziplin und Strenge umschreiben möchte. Mit ihr brachte er andere und auch mich in Distanz zu sich selbst. Diese Distanz konnte an manchen Tagen überaus stark sein. Nähe kam selten auf. Neue Aufgaben ließen ihn grüblerisch und düster erscheinen. War er von Belastungen frei, gab es fröhliches Gelächter, humoriges Palaver. Seine Liebenswürdigkeit und sein Charme konnten schlagartig alle Distanziertheit vergessen lassen ...

Um so stärker wirkten seine geistlichen Aussagen, seine geistigen Entwürfe und Interpretationen. Wobei die Paraphrase eine seiner

Stärken war: die theologische Interpretation gepaart mit der klärenden Kraft der Sprache ...

Ich erinnere mich auch an eine Szene in seinem Büro. Unser Hausgraphiker R. Eberwein hatte R. O. Wiemers „Entwurf für ein Osterlied" als Schriftsatz gestaltet. Nun hing die frischgedruckte, lange Textrolle an der Schreibtischwand: „Ist das schön!?!" sagte Ernst Lange und las uns das Gedicht mit innerer Bewegung und tiefer Freude vor: „Die Erde ist schön, und es lebt sich leicht im Tal der Hoffnung." (1995)

Ingeborg Becker:
Die zierliche, bis in reife Mannesjahre hinein knabenhaft wirkende Gestalt ließ ihn jünger erscheinen, als er war. Was hat seine Freunde, seine Mitarbeiter, die Jugendlichen und Studenten, Gemeindeglieder und Predigthörer an Ernst Lange so fasziniert? Das ist schwer auf einen Nenner zu bringen. Da ist einmal die kompromißlose Verfolgung dessen, was er als nötig und wahr erkannt hatte. Damit war er nicht immer ein bequemer Mitarbeiter ... Er hatte nicht nur Erkenntnisse, sondern eine besondere Fähigkeit, Gedanken und Pläne in die Praxis umzusetzen und auf das Zukünftige auszurichten. Es kommt nicht häufig vor, daß ein Mensch mit einer solchen Schärfe des Denkens soviel Einfälle verbindet, wie es bei Ernst Lange der Fall war. Dabei war er immer darauf bedacht, die Menschen, einzelne und Gemeinden, da abzuholen, wo sie sich befanden. Wie oft hat er in Besprechungen gemahnt: „Was nützen uns die besten Ideen und die kühnsten Pläne, wenn wir damit soviel überspringen, daß uns die Gemeinden nicht folgen können? Wir müssen da anfangen, wo man heute steht!"

Aber der Mann, „der mehr gesehen und weiter gedacht hat als wir alle, hat darum auch mehr gelitten als wir alle", bekannte einer seiner Freunde ...

Wo konnte man Ernst Lange eigentlich einreihen? Unter die Wissenschaftler, Professoren, Lehrer? Unter Schriftsteller, Dichter, Journalisten? Unter Propheten, Verkündiger, Seelsorger? Unter Jugendleiter, Manager, Koordinatoren, Pioniere? Die Vielfalt seiner Anregungen, seiner Wirkung in Bewegungen, seiner Arbeitsgebiete macht es schwer, ihn in einem einzelnen unterzubringen.

Es wird noch einige Zeit dauern, bis wir die Anregungen und Hinweise, die Versuche und Vorschläge Ernst Langes voll aufgenommen und verarbeitet haben. (1974)

Konrad Raiser:
Versucht man die Sache, für die Ernst Lange eintrat, auf eine Formel zu bringen, so bieten sich seine eigenen Worte an: die örtliche Gemeinde als „Normalfall“ und die Ökumene als „Ernstfall des Glaubens“. Beide Pole dieser unlösbaren Spannung haben unmittelbar mit dem Anspruch auf Verwirklichung des Glaubens zu tun. Ernst Lange hat versucht, bewußt in dieser Spannung zu leben, sie zu vermitteln und auszuhalten. Er hat nicht nur alle bequemen Auswege, zum Beispiel die Konzentration auf nur einen der beiden Pole, abgewiesen, sondern er hat gerade in dieser Spannung die Dynamik der notwendigen Erneuerung der Kirche zu entdecken versucht.

Aber die theologischen und kirchlichen Reflexionen von Ernst Lange sind aufs engste verwoben mit seiner gelebten Existenz. Ernst Lange war gewiß ein ungewöhnlich vielseitiger und für die sprachliche Vermittlung seiner Einsichten begabter Theologe. Er beherrschte wie kaum ein anderer Zeitgenosse die Kunst des theologischen Essays, das anspruchsvolle Reflexion mit Allgemeinverständlichkeit verbindet. Aber er war und blieb in erster Linie Pfarrer, und das heißt, nicht ein reflektierender Beobachter, sondern in seiner ganzen Existenz den Menschen verpflichtet, als Bürge für gestern (für die kirchliche Tradition und ihre institutionelle Gestalt) und als Bürge für morgen (das heißt für die Zukunft, für die Befreiung zum Wandel im Wandel der Zeit). Er nannte den Pfarrer einen „professionellen Nachbarn“, einen, der in einer tiefen Solidarität mit den Menschen die Spannung zwischen elementaren Bedürfnissen und beängstigenden Herausforderungen aushält und der nach einer Sprache und Lebenspraxis sucht, welche die im christlichen Glauben verbürgte Freiheit erfahrbar macht. Er kannte all die Gründe, die für den Zerfall des parochialen Systems sprachen, und trotzdem blieb er bei diesem „verlorenen Posten“, weil er überzeugt war, dort am nächsten an der Wirklichkeit zu sein, der die Verkündigung standhalten und begegnen muß. Er nennt in seinem Buch „Chancen des Alltags“, das aus den Erfahrungen dieser Gemeindearbeit erwachsen ist, die Ortsgemeinde das „Ensemble der Opfer der Zeit"; er denkt an die Alten, die Kinder und Jugendlichen, die Schlechtangepaßten, die gesellschaftlich und psychisch Kranken, die vielfältig Beunruhigten, und er schließt das entsprechende Kapitel mit der Frage: „Gibt es eine sachgemäßere Weise für die Kirche, an der Zeit teilzuhaben, als die, an ihren Leiden teilzuhaben?"

Ernst Lange hat der weltweiten ökumenischen Bewegung und der ökumenischen Diskussion in den deutschsprachigen Kirchen entscheidende Impulse vermittelt. In vielen seiner Wahrnehmungen war er seiner Zeit weit voraus. (1987)

Albert van den Heuvel:
Ernst Lange hat alle Schmerzen dieses Jahrhunderts erlitten – die Kriege, die Judenverfolgung ...

Ernst war hochsensibel: Seine Jugend wurde geprägt vom braunen Kollektivismus und vom Individualismus seines Vaters. Damit wurde er von den zwei Krankheiten unseres Jahrhunderts zugleich überfallen. Die meisten Menschen überleben das – wir auch – durch eine halb gnädige, halb dämonische Mischung von Verdrängung und Gleichgültigkeit. Wir bleiben Beobachter mit Abstand. Ernst konnte das nicht. Er war gewissermaßen ein Gottessohn mit aller Begabung, die dazugehört – aber auch mit der Last der Erwählung, die ebenso dazugehört und die sich ausdrückt in der wesentlichen Unmöglichkeit, Leiden links oder rechts liegen zu lassen: Er wußte, daß Versöhnung nur zustande kommt, wo Opfer (oder Opferbereitschaft) gefunden wird. (1996)

Alfred Butenuth:
Wir haben den Eindruck, daß er einen verkehrten Tod gestorben ist. Ernst Lange, der doch als ein „Aufklärer des Todes" hat wirken wollen. Und tatsächlich wußte er über die Verletzbarkeit des Lebens und über unsere Nähe zum Tode mehr als viele von uns. Er wurde von einem Geschick überfallen, das er immer wieder bedacht und in erhellender Weise angesprochen hat. Auch dieser Zusammenhang könnte uns ängstigen. Noch vor wenigen Monaten machte Ernst Lange die Leser der Evangelischen Kommentare aufmerksam auf den Bericht eines Sterbenden, der sich entschließt, den Rest seines Lebens

ganz bewußt anzunehmen, um sich Tag für Tag darüber zu freuen, daß er noch da ist. „Nur noch ein Jahr zu leben" heißt der Artikel, und der Autor schreibt darin: „Ich gestehe, daß mir dieser eine Satz in dem ganzen Artikel am meisten einleuchtet. Ich habe mich entschlossen. Dem Wortsinn nach heißt das: Ich habe den Kerker der Angst, den Kerker der Verzweiflung und Auflehnung aufgestoßen. Ich habe ihn aufgeschlossen, mich entschlossen und in die Freiheit begeben, in die Freiheit, zu leben im Angesicht des Todes. Das ist unabhängig von jeder Diagnose. Das ist einfach das Geheimnis bewußten, autonomen Lebens im Widerspruch des Menschseins."

Wir nehmen diese Sätze jetzt sehr ernst, weil wir den Widerspruch des Menschseins selten so klar vor Augen hatten wie in diesem Gottesdienst.

So handeln wir hier miteinander, singen und beten, wie wir es oft mit dem Verstorbenen zusammen getan haben ... Das, was wir hier tun, nannte er den Ernstfall der Verkündigung.

„Von Gott reden heißt eben nicht: das Thema wechseln, als müßte, wenn dieser Name fällt, nun nicht mehr gestorben werden. ... Aber wenn von Gott in Verbindung mit dem Tod richtig geredet worden ist, dann erheben sich vielleicht die Häupter."

Das sollten wir jetzt versuchen, unsere Häupter wieder zu erheben. Denn das Leben dieses Mannes kann uns ermutigen, auch wenn sein Tod uns Angst machen will.

Wenn wir ihm gerecht werden wollen, dann müssen wir jetzt unsere Angst hintanstellen und seine Angst auch, damit wir sein Leben in den Blick bekommen als eine Predigt, aus der wir heraushören und herauslesen können, wie sehr wir auf Gott angewiesen sind.

Wie die Jünger Jesu den Anfang damit gemacht haben, dem Tod nicht das letzte Wort einzuräumen, sondern die Auferstehung des Herrn zu verkündigen, so klammern wir uns nicht an das angstvolle Sterben unseres Angehörigen und Freundes, sondern lassen uns die Predigt seines Lebens dienen, eine Predigt von der Menschlichkeit Gottes in Jesus Christus. Amen. (1974)

Anhang

Anmerkungen und Zitatnachweis

Vorbemerkung: Mehrere Zitate und sinngemäße Zitate aus einem Text werden, wenn sie aufeinanderfolgen, nur mit der ersten Nennung belegt.

Seite 5 Herz des Wandrers. Nur streunen: aus: Gisela Dreher-Richels, Spur im Sand, © Verlag aktuelle Texte gmbh, 88499 Heiligkreuztal, 1996
Seite 11Der verstorbene Professor der Psychiatrie: Archiv des ÖRK.
Seite 12 Der Mensch beginnt mit der: Brief Heiko Rohrbach an den Autor, 17. Januar 1995.
Seite 14 Er war aber kein Feigling: Ursula Merck in einem Interview mit dem Autor, 27. Februar 1996.
Seite 15 an der man normalerweise nicht: Ebd.
Seite 16 für einen der gescheitesten Menschen: Brief Dr. Hedwig Theisen an den Autor, 20. März 1995.
Seite 16 denn er hatte etwas Düsteres: Brief Dr. Hedwig Theisen an den Autor, 30. März 1995.
Seite 18 auch im sogenannten Dritten Reich: in: Schondorfer Berichte 1994, S. 119.
Seite 19 zu sehr von sich eingenommen: Schulzeugnis 1941/42, 4. Klasse.
Das Urteil mancher seiner Kameraden: Brief Dr. Hedwig Theisen an den Autor, 30. März 1995.
Ich habe tatsächlich kein Kind: Ursula Merck in einem Interview mit dem Autor, 27. Februar 1996.
Ich habe von Anfang an: Freya von Moltke/Michael Balfour/Julian Frishby, Helmuth James von Moltke 1907–1945, Stuttgart 1975, S. 27f.
Seite 20 wenn sie nicht im jüdischen: Raul Hilberg, Die Vernichtung der europäischen Juden, Berlin 1982, S. 118, 125, 300, 302.

Nun gib bloß die Hoffnung: Ernst Lange an Ursula Merck, 4. Dezember 1942.
Seite 21 er hat uns buchstäblich das: Ursula Merck in einem Interview mit dem Autor, 25. August 1994.
Seite 22 Wir lebten beide damals auf: Brief Dr. Lutz Rosenkötter an den Autor, 6. April 1995.
Seite 24 aber das ist nur eine von: Ernst Lange an Ruth Kraft, 2. Februar 1944. Der Briefwechsel zwischen Ernst Lange und Ruth Kraft spielte zwischen September 1943 und Dezember 1944. Er wurde dem Autor von Ruth Kraft für die Benutzung in diesem Buch freundlicherweise zur Verfügung gestellt.
Man muß über jede Stunde: Ernst Lange an Ruth Kraft, 14. September 1943.
Seite 25 Nun also ist Schondorf tot: Ernst Lange an Ruth Kraft, 30. September 1943.
Seite 26 Wir beide nahmen den Schulbesuch: Brief Dr. Lutz Rosenkötter an den Autor, 6. April 1995.
Seite 28 romantischen Jüngling: Beate Lange in einem Interview mit dem Autor, 20. September 1994.
während der Kampfhandlungen im Mai: Brief Peter Heilmann an den Autor, 16. September 1996.
eine freundliche Erfahrung: Ernst Lange an Ursula Merck, 21. April 1974.
Seite 29 Ich erinnere mich an eine: Brief Peter Heilmann an den Autor, 16. September 1996.
Seite 30 Ich erlebe hier eine wunderbare: Ernst Lange an Ruth Kraft, 14. September 1943.
schuld an seinem ganzen Unglück: Beate Lange in einem Interview mit dem Autor, 20. September 1994.
aus dem Glauben eine Form: Ernst Lange an Ruth Kraft, 14. September 1943.
Seite 31f. Er war richtig nett: Beate Lange in einem Interview mit dem Autor, 20. September 1994.
Seite 32 Zufällig weiß ich das Datum: in: „Chancen des Alltags zwischen Wirklichkeit und Verheißung", Ökumenische Materialien, 3. Oktober 1992, hg. vom Ernst Lange-Institut e.V. Rothenburg o.T.
Seite 33 mein Gelobtes Land: Die ökumenische Utopie oder was

bewegt die ökumenische Bewegung? Kreuz-Verlag, Stuttgart 1972, S. 14.
Seite 34 Gelegenheit zu geben, Eindrücke von: Private Dokumentation von Peter Kraske, dem Autor zur Verfügung gestellt am 5. August 1996. (im folgenden: Dokumentation Kraske)
ob und wie das ‚Modell' Sigtuna: Brief Hans Reimer Leptihn an den Autor, 22. September 1996.
Seite 35 Für uns, die jungen Deutschen: Ebd.
wie in einem Rausch: Dokumentation Kraske.
Seite 36 Mein Schwedenplan ist noch um: Ebd.
Am letzten Tag, ehe das: Ebd.
Seite 37 Ich fahre heute abend mit: Ebd.
Ich hatte eine wunderschöne Neujahrsnacht: Ebd.
Seite 38 Meine liebe Ruth! Wir haben: Ebd.
Seite 39f. Ew. Spektabilität! Der Fakultätsrat der: Dokumentation der Freien Universität Berlin.
Seite 40f. Meine liebe Ruth! Du glaubst: Dokumentation Kraske.
Seite 42 Da meine Frau und ich: Brief Hermann Berger an den Autor, 9. Januar 1997.
Seite 43 Jeder arbeitende Berliner muß zwei: „Unterwegs" 4/1951.
Seite 44 Spielen ist die Weise, in: sinngemäß nach: Mehr Freizeit – Chance für unser Menschsein, in: Sprachschule für die Freiheit. Bildung als Problem und Funktion der Kirche, hg. und eingeleitet von Rüdiger Schloz, Chr. Kaiser-/ Burckhardthaus-Verlag, München/ Gelnhausen 1980, S. 52.
Wir beten jeden Tag: ‚Komm: zitiert nach: Kurt Liedtke, Wirklichkeit im Licht der Verheißung. Der Beitrag Ernst Langes zu einer Theorie kirchlichen Handelns, Würzburg 1987, S. 34.
Seite 45ff. Das Laienspiel war neben Volkslied: Private Mitteilung von Ulrich Kabitz, August 1996.
Seite 47 Aus dem Spiel muß der Ernstfall: Ebd.
Seite 48 Es mag sein, daß der: Materialmappe „Osterzeit", hg. von Ernst Lange und Ulrich Kabitz, Burckhardthaus-Verlag 1958.
Das Leben der Zeit ist: „Wählt das Leben" – Der vierte Deutsche Evangelische Kirchentag vom 27. bis 31. August 1952 in Stuttgart. Hg. im Auftrag des Präsidiums des Deutschen Evangelischen Kirchentages, Kreuz-Verlag, Stuttgart, S. 540–541, hektographiert.

Seite 49 an diese ausgezeichnete Predigt erinnert: Telefonische Mitteilung an den Autor, 27. Februar 1996.
Seite 50 Drei Wochen Abenteuer. Eine englische: Brief Heiko Rohrbach an den Autor, 17. Januar 1995.
Seite 51 Einwohnung Gottes unter den Ärmsten: Frömmigkeit in einer weltlichen Welt, Kreuz-Verlag, Stuttgart 1959, S. 195.
Seite 52 Ich glaube fest an ein: Ernst Lange an Ursula Merck, 4. Dezember 1942.
Wir Geretteten bitten Euch: zeigt: Nelly Sachs, Ausgewählte Gedichte, Frankfurt 1996, S. 7.
Seite 54 Man resigniert nicht, man prosigniert: Chancen des Alltags. Überlegungen zur Funktion des christlichen Gottesdienstes in der Gegenwart, Handbücherei des Christen in der Welt, Band 8, Burckhardthaus-/ Kreuz-Verlag, Gelnhausen/ Stuttgart 1965, S. 258.
Seite 56 Dann wieder ein evangelischer Pastor: „Süddeutsche Zeitung“, 29. Januar 1955.
Seite 57 Sie sind der geborene Demagoge: Private Mitteilung von Hans Jürgen Schultz.
Wir glauben, daß wir ein: „Junge Kirche“, Jg. 16, Heft 3/ 4 (1955).
Seite 58 schweren Herzens: Kontinuität und Wandel. Festschrift aus Anlaß des 100. Geburtstages des Burckhardthauses e.V., Band 1/ 1993, S. 74.
Seite 59 Hulda Zarnack ist eine große: Ernst Lange an Ulrich Kabitz, 20. Dezember 1954.
Seite 60 Er hatte die Idee einer: „Erinnerungen an Ernst Lange“, Brief Christa Werner-Weiß an den Autor, 25. Juni 1995.
Seite 61 Er war ein Licht, das: Brief Elisabeth Specht an den Autor, 18. August 1994.
Seite 62 Herr Vikar Ernst Lange, Berlin-Wilmersdorf: Zeugnis in Kopie von Rudolf Weckerling dem Autor übersandt, 25. Juni 1995.
Seite 63 Er war ein überzeugter Schüler: „Erinnerungen an Ernst Lange“, Brief Christa Werner-Weiß an den Autor, 25. Juni 1995.
Seite 64 Die Idee stammt, wie nahezu: Ernst Lange an Rudolf Weckerling, 22. Januar 1955.
man kam bald wieder zu: Brief Ulrich Kabitz an den Autor, 20. Juli 1996.
1994 veröffentlichte, sorgfältig recherchierte Bibliographie: „Man resi-

gniert nicht, man prosigniert" – die Bibliographie der Schriften Ernst Langes zusammengestellt von Jaap van der Laan, Ernst Lange-Institut für ökumenische Studien e.V. Rothenburg, Ökumenische Materialien Heft 8, November 1994.

Seite 65 Kirchentagsbesucher aus Ost und West: in: „Sonntagsgruß", 47/1976.

Seite 66 Ich will nur schreiben, was: Jörg Zink in einem Interview mit dem Autor, 20. Februar 1995.

Sein Arbeitsstil war fordernd. Er: „Erinnerungen an Ernst Lange", Brief von Christa Werner-Weiß an den Autor, 25. Juni 1995.

J. B. Phillips: Letter to young churches, first edition 1947, Collins, London & Glasgow 1958.

Seite 67 Von der Liebe Christi. Eine: Hektographiertes Manuskript aus Besitz Ulrich Kabitz.

Seite 68 Diese Übertragung ist für Menschen: Das Neue Testament, übertragen von Jörg Zink, Kreuz-Verlag, Stuttgart 1965 (Vorspann).

Seite 69 Auf die Frage, was das: Die Zehn Großen Freiheiten, Burckhardthaus-Verlag, Gelnhausen 1965; zuerst veröffentlicht in: offene blende, April 1958.

müssen wir unsere Laien erziehen: Ernst Lange an Ulrich Kabitz, 20. Dezember 1954.

Unser ursprüngliches gemeinsames Interesse am: Ulrich Kabitz, Persönliche Erinnerungen, dem Autor zur Verfügung gestellt, April 1996.

Seite 72 Wir wollen weder eine „Tagung": Ernst Lange Einladungsbrief, 18. April 1955.

Seite 73 Die Begegnung von Werk zu: Ernst Lange An liebe Freunde, 22. September 1955.

Seite 74 mündiges Leben als Diakonie: Private Mitteilung Ulrich Kabitz.

daß wir von nun an: Ernst Lange An liebe Freunde, Juni 1956.

wir es uns nicht erlauben: Ernst Lange an Ulrich Kabitz, 8. November 1956.

Seite 74ff. Wir empfanden von Anfang an: Ulrich Kabitz, Persönliche Erinnerungen, dem Autor zur Verfügung gestellt, April 1996.

Seite 76 Wir sind als evangelische Jugendleiter: Hektographierte Erklärung aus Besitz Ulrich Kabitz.

Seite 77 Mehr und mehr wird mir: Aktennotiz an die Mitglieder des Konsistoriums Berlin.
Seite 78 Entwurf für eine Gemeindearbeit von: Anlage zu Brief an Oberkonsistorialrat Schröter, 7. Januar 1958. Diesen Entwurf hat Ernst Lange nicht in die später veröffentlichte „Bilanz '65" aufgenommen, weil sich zahlreiche Annahmen in der Entwicklung der Ladenkirche nicht realisiert haben. Siehe die dortige Schilderung der Ausgangslage in: „Bilanz '65". Die evangelische Gemeinde am Brunsbütteler Damm, 1. Februar 1960 bis 1. November 1965, eine Dokumentation. Mit der freundlichen Hilfe des Kreuz-Verlags Stuttgart als Manuskript gedruckt, S. 19ff. (im folgenden: Bilanz '65).
Seite 79 Pastor Lange soll an der: Aktenvermerk beim Evangelischen Konsistorium vom November 1958.
Wenn Sie die ersten Seiten: Ernst Lange an die Mitglieder des Orbishöher Kreises, 25. März 1957.
Seite 81 Ich hasse nichts so sehr: Ernst Lange an Ruth Kraft, 24. September 1943.
Eine Korrespondenz muß einen inneren: Ernst Lange an Ruth Kraft, 22. September 1943.
Seite 81f. Ernst Lange ist für mich gegenwärtig: Brief Heiko Rohrbach an den Autor, 17. Januar 1995.
Seite 83 Das Stück heißt: Der Flammenwerfer: Private Mitteilung Hans Jürgen Schultz.
Seite 83 In seinen Veröffentlichungen, Büchern, Studien: in: Die Christenlehre – Zeitschrift für den Katechetischen Dienst, 27. Jg., November 1974.
Seite 84 Unsere Urmutter als geschichtliches Wesen: Mehr Freizeit – Chance für unser Menschsein, in: Sprachschule für die Freiheit. Bildung als Problem und Funktion der Kirche, hg. und eingeleitet von Rüdiger Schloz, Chr. Kaiser-/ Burckhardthaus-Verlag, München/ Gelnhausen 1980, S. 27.
Spiel, in dem der Mensch: Sinngemäß ebd., S. 52.
Seite 85 seine geistlichen Aussagen um so: „Erinnerungen an Ernst Lange", Brief Christa Werner-Weiß an den Autor, 25. Juni 1995.
Gottes Entscheidungen machen immer Geschichte: Hektographiertes Blatt „Andacht am 26.8.1959" mit Vermerk: „gehalten in Gelnhausen am Morgen seiner Abreise nach Berlin"; dem Autor zur

Verfügung gestellt von Pfarrerin i.R. Elisabeth Specht, 18. August 1994.
Seite 87 Der Abschied vom Burckhardthaus war: Ernst Lange Brief nach Gelnhausen, 4. Oktober 1959.
Seite 88 Die Welt ist anders geworden: Titel eines Buches von Eberhard Müller, Furche-Verlag, Hamburg 1955.
Zum 1. Februar 1960 wurde: Bilanz '65, S.10.
Der Plan entstand in Westdeutschland: Ebd., S. 89.
Seite 88f. Es geht nicht um Vermehrung: Brief Hans Jürgen Schultz an Ernst Lange, 4. Juni 1958.
Seite 90 den Initiatoren lag daran, den: Bilanz '65, S. 90.
Seite 90f. über den ersten Versammlungen lag: Ebd., S. 21
Wir wollen mit unserem Gottesdienst: in dieser Fassung in: Kirche für die Welt. Aufsätze zur Theorie kirchlichen Handelns, hg. von Rüdiger Schloz, Chr. Kaiser-/Burckhardthaus-Verlag, München/Gelnhausen 1981, S. 63.
Versuch in Spandau ... Anfang Juni: Evangelisches Gemeindeblatt Berlin Spandau, Dezember 1960.
Seite 93ff. Wir folgerten, daß wir vor: „Was wir in der Ladenkirche gelernt haben: uns einzumischen in diese Welt und auch in das Innenleben unserer Kirche". Gespräch mit Renate und Walther Germershausen, Gemeindeglieder der ersten Stunde der Ladenkirche am Brunsbütteler Damm, in: Thomas-Dietrich Lehmann in Zusammenarbeit mit Isabel Enzenbach und Christian Staffa (Hg.), Kirche, die aus der Reihe tanzt? Spurensichernde Gespräche über Kirchenreform in Berlin (1960–1990), Alektor-Verlag, Berlin 1992.
Seite 96 unruhige Zeit der Expansion: Bilanz '65, S. 23.
das Experiment hat bisher längst: Ebd., S. 63.
Seite 97 manchmal mit zwei parallel laufenden: Ebd., S. 22.
Die wenigen Kräfte, die der: Ebd., S. 23.
Zu den Gottesdiensten kamen die: Ebd., S. 23.
Seite 98 Jenseits der Türe liegt kein: Worum es geht, wenn wir nach Hause kommen, Referat bei der Jugendkonferenz, Lausanne Juli 1960, hektographiertes Manuskript Archiv ÖRK.
Seite 101 Die Frage ist also, wie: „Kurzbericht" an das Evangelische Konsistorium, 7. September 1965.
Seite 102 Es dauerte lange, bis herausgefunden: Bilanz '65, S. 155.

Thesen zu Theorie und Praxis: Ebd., S. 158ff.
Seite 103 gleichsam im Tor stattfindet, im: Chancen des Alltags. Überlegungen zur Funktion des christlichen Gottesdienstes in der Gegenwart, Handbücherei des Christen in der Welt, Band 8, Burckhardthaus-/Kreuz-Verlag, Gelnhausen/Stuttgart 1965, S. 147.
Das Maß der Verständlichkeit ist: Bilanz '65, S. 161.
Seite 103f. Meine Predigt soll also eine: Ebd., S. 175.
Seite 104 Alles, was zu verstehen war: Ebd., S. 175.
unnötige Unschlüssigkeit Ihres Gebetsverständnisses: Ernst Lange in: Gebet, Themen der Theologie Bd. 6, hg. von Hans Jürgen Schultz, Kreuz-Verlag, Stuttgart 1970, S. 154ff.
Als Ernst Lange erschien, saßen: Georg F. Pfäfflin in einem Interview mit dem Autor, 20. August 1996.
einen Quellort des möglichen Gebets: Georg F. Pfäfflin, handschriftliche Nachschrift, dem Autor zur Verfügung gestellt, August 1996.
Seite 105 Wir werden nicht anfangen zu: Ebd.
Onesimus – oder von der möglichen: Deutscher Laienspielverlag, Weinheim/Bergstraße 1968. Daraus alle Zitate.
Seite 106 ist es wirklich richtig, daß: Ernst Lange nach Gelnhausen, 4. Oktober 1959.
Seite 107 Ich habe eine kleine Bitte: Ernst Lange an Ulrich Kabitz, 22. Januar 1962.
Seite 108 Nun haben sich unsere beiden: Ernst Lange an Ulrich Kabitz, 14. Februar 1962.
Seite 109 Nun ist er ja inzwischen bei: Ernst Lange an Ulrich Kabitz, 26. Juli 1962.
das Manuskript in seiner letzten: Ernst Lange an Ulrich Kabitz, 19. März 1963.
Seite 110 Ich muß einen genauen Überblick: Ernst Lange an Ulrich Kabitz, 26. Juli 1962.
Seinen Grundsatz, ein praktischer Theologe: in: Ökumenische Materialien, 3. Oktober 1992, S. 41.
Seite 111 Nach meiner Erinnerung und nach: Brief Heiko Rohrbach an den Autor, 17. Januar 1995.
Seite 112 Es bestand eine klare Absprache: Bilanz '65, S. 23.
Das Durchhalten dieses Engagements bedeutete: Ebd., S. 24.
die das Moment des Abenteuerlichen: Hans Jürgen Schultz an Ernst

Lange, 2. März 1963.

Seite 114 Er hat es versucht, als: in: Ökumenische Materialien, 3. Oktober 1992, S. 46.

Seite 115 Wir bekommen einen zweiten Professor: Ebd., S. 41.

Lange hatte einen Hang zur: Georg F. Pfäfflin in einem Interview mit dem Autor, 20. August 1996.

Seite 116 außerdem verbietet der Massenbetrieb leider: Dokumentation Kraske.

Ich bin an die Kiho: Georg F. Pfäfflin in einem Interview mit dem Autor, 20. August 1996.

Seite 116f. Seine Fähigkeit, schwärmerisch-charismatisch den: Brief Helmut Ruppel an den Autor, 29. Juli 1996.

Seite 117 In der Kiho fühlte er: Georg F. Pfäfflin in einem Interview mit dem Autor, 20. August 1996.

Aber bei studentischen Abenden hat: Brief Helmut Ruppel an den Autor, 29. Juli 1996.

Einmal wollte ich ihm näher: Georg F. Pfäfflin in einem Interview mit dem Autor, 20. August 1996.

Seite 118 Was Jesus über seine Brüder: Hektographiertes Manuskript, Anlage zum Brief Hans Schmidt an Gerhard Stoll, 1. Advent 1958.

Seite 119 Ich spreche jetzt den Text: Bilanz '65, S. 172.

Seite 120 Als der Herr Zions Schicksal: Faksimile dem Autor zur Verfügung gestellt von Georg F. Pfäfflin.

Was damit gemeint ist, wird: Bilanz '65, S. 174.

Meditation ist die Kunst, sich: Thesen zur „Meditation", zur Verfügung gestellt von Georg F. Pfäfflin.

Trotz seiner gefährlichen Untertöne leistet: Predigtstudien für das Kirchenjahr 1968/69 – Perikopenreihe III – Erster Halbband, hg. von Ernst Lange in Verbindung mit Peter Krusche und Dietrich Rössler, Kreuz-Verlag, Stuttgart 1968, S. 13.

Seite 121 Textbezug und Hörerbezug verhindern die: Thesen zur „Meditation", zur Verfügung gestellt von Georg F. Pfäfflin.

Was dem einen steht, macht: Bilanz '65, S. 178.

Die Predigtarbeit beginnt in der: Ebd., S. 169.

Die gesamte Debatte um die: Brief Helmut Ruppel an den Autor, 29. Juli 1996.

Seite 122 Formal betrachtet ist Predigen eine: Bilanz '65, S. 164.

Man stirbt nicht weg von: Nicht an den Tod glauben. Praktische Konsequenzen aus Ostern, hg. von Rüdiger Schloz, Furche-Verlag, Bielefeld 1975, S. 86.
Das Fremde soll nicht mehr: Die ökumenische Utopie oder was bewegt die ökumenische Bewegung? Kreuz-Verlag, Stuttgart 1972, S. 97.
Seite 123 bis zu jenem Punkt, an: Bilanz '65, S. 167.
Seite 124 Als Zeuge der Relevanz der: Ebd., S. 168.
Seite 125 Als solcher hat er das: Ulrich Wilckens in einem Brief an den Autor vom 18. Juni 1997. In der Einleitung des Neuen Testaments schreibt er: „Zusammen mit Werner Jetter und Rudolf Pesch hat Ernst Lange das Manuskript Seite um Seite durchgearbeitet und durch kritischen Rat entscheidend gefördert." Das Neue Testament. Übersetzt und kommentiert von Ulrich Wilckens, beraten von Werner Jetter, Ernst Lange und Rudolf Pesch, Furche-Verlag, Hamburg 1970, S. 8.
Die Kirche hat dann abgewirtschaftet: Brief Helmut Ruppel an den Autor, 29. Juli 1996.
Seite 126 versteht, inwiefern das Zeugnis uns: Bilanz '65, S. 168.
Ernst Langes theologische Prägung läßt: Jan Hermelink, Artikel „Ernst Lange", in: TRE 20, De Gruyter, Berlin 1991; dort auch umfassende Quellen- und Literaturangaben.
Ich will nur schreiben, was: Jörg Zink in einem Interview mit dem Autor, 20. Februar 1995.
Chancen des Alltags: Überlegungen zur Funktion des christlichen Gottesdienstes in der Gegenwart, Handbücherei des Christen in der Welt, Band 8, Burckhardthaus-/Kreuz-Verlag, Gelnhausen/Stuttgart 1965.
koste es, was es wolle: Ernst Lange an Ulrich Kabitz, 14. Februar 1962.
Seite 127 unüberhörbare und immer noch aktuelle: in: Kirche für die Welt. Aufsätze zur Theorie kirchlichen Handelns, hg. von Rüdiger Schloz, Chr. Kaiser-/Burckhardthaus-Verlag, München/Gelnhausen 1981, S. 56.
Seite 129 jedenfalls zum gegenwärtigen Zeitpunkt: Ernst Lange in einer Eingabe an das Evangelische Konsistorium, 7. September 1965.
Seite 130 dringend nahe, einen Wechsel der: Dietrich Langen, Mainz, Fachärztliche Bescheinigung zur Vorlage beim Konsistorium Berlin.
Das ist zwar nicht ganz: Ernst Lange an Ulrich Kabitz, 14. Februar 1967.
sich hier im Alter niederzulassen: Ebd.

Seite 131 eklatant mißlungen: Ernst Lange an Heiko Rohrbach, 5. Januar 1972.
Von irgendwoher muß doch dieses: Ernst Lange an Ursula Merck, 21. April 1974.
unbegreiflichen Naivität: Ernst Lange an Heiko Rohrbach, 5. Januar 1972.
Seite 132 Es war nicht ausgemacht, ob: Gerhard Rein, Das Fremde soll nicht mehr fremd sein. Rundfunkmanuskript der Sendung vom 28. März 1975, Archiv Süddeutscher Rundfunk.
Ich glaube so fest an: Ernst Lange an Ursula Merck, 4. Dezember 1942.
Die Courage, Aufgaben niederzulegen, denen: Hans Jürgen Schultz an Ernst Lange, 1. Juli 1965.
Seite 133 Eine Theologiegeschichte müßte die tatsächlich: Ernst Lange an Hans Jürgen Schultz, 14. April 1965.
einen für mich unerwarteten Verlauf: Hans Jürgen Schultz an Ernst Lange, 24. Januar 1966.
Predigtstudien: für das Kirchenjahr 1968/69 – Perikopenreihe III – Erster Halbband, hg. von Ernst Lange in Verbindung mit Peter Krusche und Dietrich Rössler, Kreuz-Verlag, Stuttgart 1968.
Seite 134 Nur im methodisch kontrollierten und: Ernst Lange Brief an Dietrich Rössler, hektographiert, 2. Februar 1966; Archiv Süddeutscher Rundfunk.
Seite 137 Die verbesserliche Welt – Möglichkeiten christlicher: mit einer Predigtkritik von Dietrich Rössler, Kreuz-Verlag, Stuttgart 1968.
Predigen ist nicht ein partikulares: sinngemäß in: Ernst Lange, Predigen als Beruf. Aufsätze, hg. von Rüdiger Schloz, Chr. Kaiser-Verlag, München 1982, S. 7f.
In der Praktischen Theologie wird: Werner Jetter in: Predigtstudien IV/1, 1975/76, S. 7ff.
Lektüre des Briefes an D. Rössler: Hans Jürgen Schultz an Ernst Lange, 16. Februar 1966.
Seite 139 Es entstehen für die Herstellung: Brief Sekretariat Schultz an Ernst Lange, 23. März 1966.
Ich hab's wochenlang versucht: Ernst Lange an Hans Jürgen Schultz, 13. April 1966.
Seite 140 Beide Vorträge sind nicht sonderlich: Ernst Lange an Ulrich Kabitz, 5. Juni 1967.

Seite 144 He wants to do things: Brief Kathleen Bliss an Eugene C. Blake, 21. Mai 1967 Alle folgenden Briefe aus der Zeit Ernst Langes in Genf im Archiv des ÖRK.
Ich bin ihm während des: Eugene C. Blake an Kathleen Bliss, 28. Mai 1967.
Seite 145 depressiven Erlebnisreaktion: Ärztliches Zeugnis von Dietrich Langen an ÖRK, 7. März 1967.
vor allem wichtig, wieder einen: Ernst Lange an Eugene C. Blake, 20. Juni 1967. Originaltext: „One of the main reasons that I should welcome an invitation now, is the international situation ..."
Heute weiß ich: Die ökumenische Utopie oder was bewegt die ökumenische Bewegung? Kreuz-Verlag, Stuttgart 1972, S. 208.
Seite 146 Es wäre mir eine große: Eugene C. Blake an Kurt Scharf, 7. Juli 1967.
Seite 147 Der Rat der Evangelischen Kirche in: Kurt Scharf an Eugene C. Blake, 7. August 1967.
Ich hoffe und bete, daß: Eugene C. Blake an Kurt Scharf, 30. August 1967.
Ich bin ganz sicher, daß: Ernst Lange an Eugene C. Blake, 8. März 1967.
Ich werde ein homiletisches Handbuch: Ernst Lange an Eugene C. Blake, 20. Juni 1967.
Seite 148 Ich habe mich endgültig entschlossen: Eugene C. Blake an Ernst Lange, 23. Juni 1967.
Dies nicht nur wegen der: Ernst Lange teilte das Blake mit, 3. Juli 1967.
von Gottschick habe ich übrigens: Ernst Lange an Hans Jürgen Schultz, 19. Juli 1967.
Hoffentlich wird Sie dieser Job: Hans Jürgen Schultz an Ernst Lange, 4. September 1967.
Seite 149 Das Gefühl, an einem zu: Ernst Lange an Ulrich Kabitz, 12. August 1967.
Das Buch Jona erzählt die: Die verbesserliche Welt. Möglichkeiten christlicher Rede erprobt an der Geschichte vom Propheten Jona. Mit einer Predigtkritik von Dietrich Rössler, Kreuz-Verlag, Stuttgart 1968, S. 45.
Seite 150 Die Voraussetzung für ein solches: Hans Jürgen Schultz an Ernst Lange, 14. April 1967.

Die Aufgabe, einen zweieinhalbstündigen Vortrag: Ernst Lange an Hans Jürgen Schultz, 17. Juni 1967.
Seite 151 Krusche hat mir von Bissingers: Ernst Lange an Ulrich Kabitz, 12. August 1967.
Seite 152f. Barmen sieht in einer Art: Kirche für die Welt. Aufsätze zur Theorie kirchlichen Handelns, hg. von Rüdiger Schloz, Chr. Kaiser-/Burckhardthaus-Verlag, München/Gelnhausen 1981, S. 169ff.
Seite 153 In dem von ihm skizzierten: Beilage zu dem Brief an Ulrich Kabitz, 12. August 1967.
Seite 154 Ernst Lange hatte Ulrich Kabitz: In einem Brief vom 5. Juni 1967.
Das Buch von der Russell: Ernst Lange an Ulrich Kabitz, 28. Juli 1967.
Mit der Russell bin ich: Ernst Lange an Ulrich Kabitz, 12. August 1967.
Seite 154f. Die Anfechtung des Hörers, das: Ernst Lange, Zwischen Modernismus und Tradition – das Anpassungsproblem in der Kirche, Rundfunkmanuskript 30. Juli 1967, Archiv Süddeutscher Rundfunk.
Seite 155f. Die Kommunikationschancen der Kirchen jenseits: Ernst Lange in: Predigen als Beruf. Aufsätze, hg. von Rüdiger Schloz, Kreuz-Verlag, Stuttgart 1976, S. 9.ff.
Seite 157 Wir haben kein Schema für: Predigtstudien für das Kirchenjahr 1968/69 – Perikopenreihe III – Erster Halbband, hg. von Ernst Lange in Verbindung mit Peter Krusche und Dietrich Rössler, Kreuz-Verlag, Stuttgart 1968, S. 17.
sehr einverstanden. Freilich möchte ich: Hans Jürgen Schultz an Ernst Lange, 21. Dezember 1967.
Seite 157ff. ein ganz gewöhnliches kleines Kind: Die verbesserliche Welt. Möglichkeiten christlicher Rede erprobt an der Geschichte vom Propheten Jona. Mit einer Predigtkritik von Dietrich Rössler, Kreuz-Verlag, Stuttgart 1968, S. 58ff.
Seite 159 das Boot hat den Hafen: Ans van der Bent, W. A. Visser't Hooft, hektographiertes Manuskript 1986.
Seite 161 wie ich höre: Dorothee Sölle in: Meditationen & Gebrauchstexte, © Wolfgang Fietkau Verlag, Berlin 1969, S. 28.
Seite 162 Ich war nun in Genf: Die ökumenische Utopie oder was bewegt die ökumenische Bewegung? Kreuz-Verlag, Stuttgart 1972, S. 14.

Das Fremde soll nicht mehr: Ebd., S. 97.
Seite 164 daß ich mit Herrn Lange: Eugene C. Blake an Kurt Scharf, 30. August 1967.
Ich habe das große Vergnügen: Eugene C. Blake an Ernst Lange, 12. Januar 1968.
Seite 166 Ich kann verstehen, wenn Kinder: Ernst Lange an William B. Kennedy, 19. September 1968.
Seite 167 Warum diskutieren wir überhaupt die: Memorandum Ernst Lange 7/1968 Archiv ÖRK.
Seite 169 Das Schlimmste verhüten könnte nur: Ernst Lange, Wille zum Dienst – eine Schicksalsfrage an die Überflußgesellschaft, Sonderdruck der Evangelischen Akademie Bad Boll, April 1968.
In einer Lesart der Lukasfassung: Mit „Lesart" meint Ernst Lange den Zusatz „Ihr seid durch meinen Dienst gewachsen". Er erscheint im griechischen Urtext als Variante von Vers 28 im Kodex D. Wegen der mangelhaften Bezeugung wurde er nicht in den kanonischen Text aufgenommen.
Seite 170 nicht noch einmal riskieren: Ernst Lange an Eugene C. Blake, 1. Juni 1968.
daß ich dich und alle: Ernst Lange an Ralph Young, 16. Mai 1968, handschriftlich.
Seite 170f. Nos autem in experimentis volvimur: Ernst Lange, Pfingsten 1968, Privatdruck, verschickt an Freunde.
Seite 171 Entwurf für ein Osterlied: Rudolf Otto Wiemer in: Ernstfall, J.F. Steinkopf Verlag, Stuttgart/ Kiel.
Seite 173 Die Bildungsaufgabe ist für DEA: „Draft" – DEA 7/68, Why do we discuss re-organization?
Seite 176 Ich wußte in jedem Fall: Private Mitteilung Ulrich Kabitz, 20. Dezember 1995.
Ernst hatte von Genf aus: Ebd.
Seite 177f. Hochzuverehrender Herr Vizekanzler! Lieber Genosse: Der Briefwechsel zwischen Ernst Lange und Willy Brandt sowie zwischen Ernst Lange und Erhard Eppler befindet sich im Archiv des ÖRK.
Seite 178 Sehr verehrter Reverend Lange und: Ebd.
Seite 178ff. Zur Aufgabe eines nationalen Ministeriums: Ebd.
Ja, Ernst Lange war bei: Brief Erhard Eppler an den Autor, 10. Juli 1995.

Seite 181 Nur wußte Lange natürlich nicht: Ebd.
ein besonderes Sekretariat beim Heiligen: The Laity Today. Bulletin of the Consilium de Laicis, No. 19/20 1975, S. 104.
Seite 182 Persönliche Anmerkungen von Ernst Lange: Ernst Lange Memorandum 23rd August 1968, Archiv ÖRK.
Seite 184 Für die Kinder, die dem: Die ökumenische Utopie oder was bewegt die ökumenische Bewegung? Kreuz-Verlag, Stuttgart 1972, Vorspann.
Er lag in seinem Bett: Brief Albert van den Heuvel an den Autor, 30. September 1996.
Seite 185 Wir sind dazu berufen, die: Gerechtigkeit in einer revolutionären Welt, 14. Deutscher Evangelischer Kirchentag 1969, Kreuz-Verlag, Stuttgart 1969, S. 25.
Seite 186 Bemerkungen zur Sektion V in: Ökumenische Rundschau, 18. Jahrgang 1969/2, S. 211–221.
Seite 188f. Die Armen werden die Reichen: in: Gerechtigkeit in einer revolutionären Welt, 14. Deutscher Evangelischer Kirchentag 1969, Kreuz-Verlag, Stuttgart 1969, S. 5ff. Bibelarbeiten Ernst Lange: „Die Gerechtigkeit des Jüngers“, „Die Kosten des Friedens“, „Planung oder Vertrauen“.
Seite 189f. Es geht um die Anzettelung: Ebd., S. 18ff.
Seite 190f. Es gibt bestimmte Stellen in: Ebd., S. 25ff.
Seite 191 ein recht ernster depressiver Versagenszustand: Dietrich Langen an Eugene C. Blake, 16. September 1969.
Seite 192 Ich versuchte, ihn etwas aufzumuntern: Brief Alfred Butenuth an den Autor, 4. Juni 1987.
Ich gehe davon aus, daß: Eugene C. Blake an Ernst Lange, 23. August 1969.
daß Herr Lange durchaus in: Dietrich Langen an Eugene C. Blake, 16. September 1969.
Seite 193 Es ist nur billig, daß: Ernst Lange an Eugene C. Blake, 23. September 1969.
Seite 194 Es sollte aber klar sein: Rundschreiben Eugene C. Blake an alle leitenden Mitarbeiter, 1. Oktober 1969.
Seite 195 Die ökumenische Erfahrung ist eine: „Das ökumenische Unbehagen“, in: Herausforderung durch die Zeit – Festgabe für Erich Breitsohl zum 65. Geburtstag, Kreuz-Verlag, Stuttgart 1970, S. 122.

Seite 196 Fremd bin ich eingezogen, fremd: Wilhelm Müller, Urania, 1823 – Gedicht, von Franz Schubert in der „Winterreise" vertont.
Erwachsenenbildung in der Freizeitgesellschaft: in: Sprachschule für die Freiheit. Bildung als Problem und als Funktion der Kirche, hg. und eingeleitet von Rüdiger Schloz, Chr. Kaiser-/Burckhardthaus-Verlag, München/Gelnhausen 1980, S. 56ff.
Seite 197 Es fällt mir heute schwer: William B. Kennedy, „Memories of Ernst Lange", Oktober 1995 sowie Ernst Lange an Heiko Rohrbach, 23. Mai 1970.
Daß Beate dieses schwere Leben: Ursula Merck in einem Interview mit dem Autor, 27. Februar 1996.
das Gespräch mit dem Freund: „Chancen des Alltags zwischen Wirklichkeit und Verheißung", Ökumenische Materialien, 3. Oktober 1992, hg. vom Ernst Lange-Institut e.V. Rothenburg o.T, S. 4.
Seite 198 Schon seit Du uns Dein: Ernst Lange an Eugene C. Blake, 5. Februar 1970.
Seite 199 daß Herr Lange eine neue: Dietrich Langen an Eugene C. Blake, 18. März 1970.
Ich möchte das Pfarramt ganz: Ernst Lange an Eugene C. Blake, 22. März 1970.
Seite 200 22. März 1970 Lieber Dr.: Rücktrittsschreiben Ernst Lange an Eugene C. Blake, 22. März 1970.
Seite 202 Ich möchte kein privates literarisches: Ernst Lange an Eugene C. Blake, 20. März 1970.
der Rücktritt von Ernst Lange: Rundschreiben Eugene C. Blake an alle leitenden Mitarbeiter, 1. April 1970.
Mit Freude und Dankbarkeit nehme: Ernst Lange an Eugene C. Blake, 15. April 1970 .
Die Mainzer Diagnose ist hier: Ernst Lange an Eugene C. Blake, 9. Juni 1970.
Dieses Memorandum ist eine Liebeserklärung: Ernst Lange, Evaluationpaper concerning DEA, 24. September 1970, Archiv ÖRK.
Seite 204 Today is the first day: in: Nicht an den Tod glauben. Praktische Konsequenzen aus Ostern, hg. von Rüdiger Schloz, Furche-Verlag, Bielefeld 1975, S. 101ff.
durchaus vernünftige Wohnung: Ernst Lange an Hans Jürgen Schultz, 24. Juni 1970.

Leben im Wandel. Überlegungen zu: Burckhardthaus-Verlag 1971. Mit seiner Mitteilung an Blake vom 9. Juni 1970 (s.o.) hat Ernst Lange eine gewisse Unklarheit gestiftet, die heute nicht mehr aufzulösen ist. Sein Buch „Leben im Wandel" ist erschienen und liegt vor. Daneben existiert aber ein Fragment gebliebenes Manuskript mit dem Titel „Hüter der Moral?" „im Stil einer sozialethischen Monographie" (Mitteilung von Ulrich Kabitz vom 5. November 1996). Ob und inwiefern beide Manuskripte zusammenhängen, läßt sich nur vermuten.
Daß diese frühe Arbeitsunterlage für: Ebd., S. 7ff.
Seite 206 Die Lektüre der Fahnen hat: Ernst Lange, Notizen zu Theodore A. Gills „Memo for a Movie", in: Verspieltes Erbe? – Dietrich Bonhoeffer und der deutsche Nachkriegsprotestantismus, hg. von Ernst Feil, Chr. Kaiser-Verlag, München 1979, S. 131ff.
Seite 207 Ich finde, das ist eine: Hans Jürgen Schultz an Ernst Lange, 1. Juli 1970.
Ich finde den Gedanken immer: Hans Jürgen Schultz an Ernst Lange, 14. Juli 1970.
Seite 208 Solange die Grundmodelle nicht verändert: Ernst Lange, Erneuerung im Laienreferat, hektographiertes Manuskript 1970.
Seite 209 als fundamentale Bildungsprobleme dar in: in: Bildung – ganz! Hg. vom Büro für Bildungsfragen beim Ökumenischen Rat der Kirchen, Kreuz-Verlag, Stuttgart 1971.
Seite 212 Liebe Kollegen, wir haben den: Dear colleagues, Brief Ernst Lange an DEA-Kollegen, 8. Oktober 1970.
Lieber Freund, ich habe kaum: Dear friend, Brief Ernst Lange an Ralph Young, 5. Oktober 1970. Die unterschiedlichen Daten im Original.
Seite 214 bereits 1978 in englischer Übersetzung: ... and yet it moves – dream and reality of the Ecumenial Movement, translated by Edwin Robertson, Christian Journals Limited 1978; engl. edition abridged by Dr. Konrad Raiser and Dr. Lukas Vischer.
Seite 215 Es gibt für die ökumenische: Die ökumenische Utopie oder was bewegt die ökumenische Bewegung?, Kreuz-Verlag, Stuttgart 1972, S. 96.
bei der Lektüre gelegentlich vor: Ebd., S. 7.
Seite 216 Die ökumenische Bewegung ist eine: Ebd., S. 208.

Der Streit um die Verdienste des: Ebd., S. 224.
Seite 217 Es gibt keine ökumenische Didaktik: Ebd., S. 197–199.
Seite 218 ein pädagogisches Naturtalent: Georg F. Pfäfflin in einem Interview mit dem Autor, 20. August 1996.
Christen sind Leute, die das: in: Sprachschule für die Freiheit. Bildung als Problem und als Funktion der Kirche, hg. und eingeleitet von Rüdiger Schloz, Chr. Kaiser-/Burckhardthaus-Verlag, München/ Gelnhausen 1980, S. 50.
Seite 219 das Spiel mit den Möglichkeiten: Ebd., S. 54.
in einem Heft – der Märzausgabe: Lutherische Monatshefte 3/1973: Ernst Lange, Im Schatten der Krisen; W.A. Visser't Hooft, Neue Perspektiven, S. 149–151.
Seite 221 Wenn ich wieder ins Geschirr gehe: Ernst Lange an Hans Jürgen Schultz, 31. Juli 1971.
Die Pädagogik der Unterdrückten: Mit einer Einführung von Ernst Lange. Deutsche Übertragung vom Autor autorisiert Werner Simpfendörfer, Kreuz-Verlag, Stuttgart 1971.
Seite 221f. Ohne diese Entscheidung kann man: Ebd., S. 20.
Seite 223 This is a fantastic man: William B. Kennedy, „Memories of Ernst Lange", Oktober 1995.
Seite 223f. Der kirchliche Leser des Westens: Paulo Freire, Die Pädagogik der Unterdrückten. Mit einer Einführung von Ernst Lange. Deutsche Übertragung vom Autor autorisiert Werner Simpfendörfer, Kreuz-Verlag, Stuttgart 1971, S. 28.
Seite 224 Mir geht's im Moment: Ernst Lange an Hans Jürgen Schultz, 21. April 1971.
Seite 224f. Es ist eine ironische Umkehr: Ernst Lange an Hans Jürgen Schultz, 31. Juli 1971.
Seite 225 Dabei bin ich weniger an: Hans Jürgen Schultz an Ernst Lange, 20. Januar 1969.
Seite 225f. Eine Analyse der ekklesiologischen Texte: Ernst Lange an Hans Jürgen Schultz, 31. Juli 1971.
Seite 226 am Kirchenbuch zu arbeiten, das: Ernst Lange an Ursula Merck, 21. April 1974.
Seite 226f. Ein kleines Stück der Dankesschuld: Wolfgang Huber, Kirche, Themen der Theologie, Ergänzungsband, Kreuz-Verlag, Stuttgart 1979, S. 10.

Seite 227 Nach wie vor ist für: Wolfgang Huber, Folgen christlicher Freiheit, Neukirchener Verlag, Neukirchen-Vluyn 2. Auflage 1985, S. 10.
Seite 228 Für 1971 – die Durchführung des: Brief Theo Vogt an den Autor, 12. April 1995.
Der Impulswert ist ziemlich groß: Ernst Lange an Hans Jürgen Schultz, 25. November 1971.
Dein Züricher Vortrag gefällt mir: Hans Jürgen Schultz an Ernst Lange, 29. November 1971.
Seite 228f. Der Zerfall der traditionellen Sprache: Predigtmeditationen 1973, Perikopenreihe II/2, S. 246ff.
Seite 229 meine Höhle der Niederlagen: Ernst Lange an Heiko Rohrbach, 5. Januar 1972.
Der Tod ist kein Argument: Today is the first day of the rest of your life, in: Nicht an den Tod glauben, hg. von Rüdiger Schloz, Furche-Verlag, Bielefeld 1975, S. 85f.
Seite 229f. Bevor ich, womöglich bald, eine: Ernst Lange an Heiko Rohrbach, 30. Dezember 1971.
Seite 230 Ich vermute, ich habe endlich: Ebd.
Daß ich dich überhaupt so: Ernst Lange an Heiko Rohrbach, 5. Januar 1972.
Seite 230ff. Die Lage, wie ich sie: Ebd.
Seite 233 als Ergebnis eines Subtraktionsverfahren: Private Mitteilung Heiko Rohrbach an den Autor.
Seite 234 Das vorliegende Papier ist nur: Ernst Lange, Eingabe an einen westdeutschen Kirchenführer, in: Kirche für die Welt. Aufsätze zur Theorie kirchlichen Handelns, hg. von Rüdiger Schloz, Chr. Kaiser-/Burckhardthaus-Verlag, München/Gelnhausen 1981, S. 310.
Seite 235 Von Ernst Lange stammt der: Brief Rudolf Weckerling an den Autor, 27. Februar 1995.
Seite 236 Was das konziliare Modell so: Ernst Lange, Überlegungen zu einer Theorie kirchlichen Handelns, in: Jenseits vom Nullpunkt? Christsein im westlichen Deutschland, hg. von Rudolf Weckerling in Verbindung mit Günter Brakelmann, Wilhelm Dittmann, Reinhard Groscurth, Reinhard Henkys und Ernst Lange – Festschrift zum 70. Geburtstag von Kurt Scharf, Kreuz-Verlag, Stuttgart 1972, S. 361.

Seite 236f. Der konziliare Weg führt uns: in: Der konziliare Weg der Kirche – Versuche zur kirchlichen Praxis, hg. von der Evangelischen Kirche in Hessen und Nassau, Heft 6/1974, S. 24.
Seite 237 Das Echo auf diesen Brief: Ernst Lange an Freunde (ohne Anrede), 22. März 1972.
Wider das Geschäft mit der: Erwägungen zur Bundestagswahl, Beiheft 10/1972 der Jungen Kirche, Zeitschrift für europäische Christen, Bremen.
Seite 238 Ich finde die Sache in: Heiko Rohrbach an Ernst Lange, 28. Februar 1972.
Der Ausgang der Wahl war: in: „Chancen des Alltags zwischen Wirklichkeit und Verheißung", Ökumenische Materialien, 3. Oktober 1992, hg. vom Ernst Lange-Institut e.V. Rothenburg o.T., S. 8.
Seite 240 netten alten Konsens nordatlantischer Art: The WCC facing two options, hektographiertes Manuskript, 20. Mai 1972, S. 3.
Seite 241 Von der Schwierigkeit Pfarrer zu: in: Predigen als Beruf. Aufsätze, hg. von Rüdiger Schloz, Kreuz-Verlag, Stuttgart 1976, S. 142.
Seite 242 Reverendissimo viro Ernesto Lange parocho: Kopie der Urkunde zur Verfügung gestellt von der Universität Tübingen.
Seite 243 Nur noch ein Jahr zu leben: in: Nicht an den Tod glauben, hg. von Rüdiger Schloz, Furche-Verlag, Bielefeld 1975, S. 23.
Seite 244 Perspektiven kirchlicher Planung: in: Kirche für die Welt. Aufsätze zur Theorie kirchlichen Handelns, hg. von Rüdiger Schloz, Chr. Kaiser-/Burckhardthaus-Verlag, München/Gelnhausen 1981, S. 267.
Diese Erfahrungen und Gruppen sind: Ebd., S. 284.
Seite 245 Der hier aufgeführte Katalog von: Ebd., S. 295.
Seite 245f. Wie stabil ist die Kirche?: Bestand und Erneuerung, hg. von Helmut Hild, Burckhardthaus-Verlag, Gelnhausen 1974.
Seite 246f. Der Spielraum der Kirche im: Ebd., S. 258.
Seite 247 Ist das Handlungsfeld, um das: Ebd., S. 283.
Wie stabil ist die Kirche?: Ebd., S. 288.
Seite 248f. Wer von einer „ökumenischen Stagnation": zitiert aus: Hans P. Schmidt, Kirchliche Erneuerung im ökumenischen Horizont – eine Einführung in das Denken von Ernst Lange, hektographiertes Manuskript aus einer Tagung der Evangelischen Akademie Arnoldshain, September 1975.

Seite 250 Ein Mohr aus Jamaika regiert: „Der Arbeitgeber", September 1972.
Seite 251 Aus der Identifizierung mit den: Bericht über die Begegnung des Rates der EKD mit Mitgliedern des Stabes des Ökumenischen Rates der Kirchen in Genf am 7./8. Juni 1974, in: Kirche für die Welt. Aufsätze zur Theorie kirchlichen Handelns, hg. von Rüdiger Schloz, Chr. Kaiser-/Burckhardthaus-Verlag, München/Gelnhausen 1981, S. 333.
Seite 252 Es gibt Formeln und Programme: Ebd., S. 342.
Seite 253 Auch ich freue mich auf: Ernst Lange an Ursula Merck, 21. April 1974.
Die Menschen gehen daran zugrunde: Sprachschule für die Freiheit. Bildung als Problem und Funktion der Kirche, hg. und eingeleitet von Rüdiger Schloz, Chr. Kaiser-/ Burckhardthaus-Verlag, München/ Gelnhausen 1980, S. 200.
Seite 254 Hans P. Schmidt: Kirchliche Erneuerung im ökumenischen Horizont – eine Einführung in das Denken von Ernst Lange, hektographiertes Manuskript aus einer Tagung der Evangelischen Akademie Arnoldshain, September 1975.
Heiko Rohrbach: Brief an den Autor, 17. Januar 1995.
Seite 255 Heinz Zahrnt: „Ernst Lange ist tot", Deutsches Allgemeines Sonntagsblatt, Hamburg, Nr. 28, 14. Juli 1974, S. 10.
Seite 256 Christa Werner-Weiß: „Erinnerungen an Ernst Lange", Brief an den Autor, 25. Juni 1995.
Seite 257 Ingeborg Becker: „Um den rechten Weg der Kirchen", in: Die Christenlehre – Zeitschrift für den Katechetischen Dienst, 27. Jg., November 1974, S. 340ff.
Seite 258 Konrad Raiser: „Bürge für die Kirche – im Licht ihrer ökumenischen Möglichkeit". Zum Gedenken an Ernst Lange, in: Ökumenische Rundschau, 36. Jahrgang 1987/3, S. 277ff.
Seite 259 Albert van den Heuvel: Brief an den Autor, 30. September 1996.
Alfred Butenuth: in: „Der Überschuß der Verheißung". Predigt bei der Beerdigung von Ernst Lange in Windhaag bei Freistadt, 10. Juli 1974, Pastoraltheologie, 76. Jg., 12 (1987), S. 483ff.

Namenregister

Bild- und Textnachweis

Bilder: Umschlagbild, Seiten 27, 29, 61 Peter Heilmann; Seiten12, 13,14, 15, 17 unten, 22, 23, 33, 53, 134, 211, 231, 248, 252 Ursula Merck; Seite 17 oben aus: Erinnerung an Julie Reisinger, Augsburg 1950; Seite 18 Landschulheim Schondorf; Seite 36 Sigtunastiftelsen; Seiten 46, 75 Ulrich Kabitz; Seite 47 Simon-Peter Gerlach, dpa; Seite 56 Bilderdienst Süddeutscher Verlag; Seite 59 Archiv Burckhardthaus; Seite 65 Lohrisch-Achilles, Bremen; Seite 67 Alfred Butenuth; Seite 73 Erholungsheim Orbishöhe; Seite 82 Süddeutscher Rundfunk Stuttgart; Seiten 89, 94, 95, 111 Familie Germershausen; Seite 99 aus: Horizont 9/1960; Seite 142 Katinka Kaden, Stuttgart; Seite 146 Baldwin Sjollema, Genf; Seite 160 Peter Williams/ WCC, Photo Oikoumene; Seite 165 Thomas Wieser, Genf; Seite 168 Herbert-G. Massold, Boll; Seite 175 Visual Arts Section of WCC; Seite 222 Werner Simpfendörfer; Seite 240 Bärbel Wartenberg-Potter, Stuttgart.
Texte: Seite 5 Herz des Wandrers, aus: Gisela Dreher-Richels, Spur im Sand, Verlag aktuelle Texte gmbh, 88499 Heiligkreuztal, 1996; Seite 161 wie ich höre, aus: Dorothee Sölle in: Meditationen & Gebrauchstexte, © Wolfgang Fietkau Verlag, Berlin 1969, S. 28; Seite 171f. Entwurf für ein Osterlied, aus: Rudolf Otto Wiemer, Ernstfall, J.F. Steinkopf Verlag, Stuttgart/ Kiel.

Besonders hingewiesen sei auf die in den Anmerkungen bereits genannte Bibliographie der Schriften Ernst Langes, zusammengestellt von Jaap van der Laan, mit begleitenden Texten von Gottfried Orth, Gerhard Rein und Werner Simpfendörfer: „Man resigniert nicht, man prosigniert“, Ökumenische Materialien Heft 8, November 1994, Ernst Lange-Institut für ökumenische Studien, Rothenburg.